KEY TERMS IN DISCOURSE ANALYSIS

談話分析キーターム事典

KEY TERMS

IN DISCOURSE ANALYSIS
Paul Baker and Sibonile Ellece

談話分析
キーターム事典

[訳]
澤田治美
澤田　治
澤田　淳

開拓社

KEY TERMS IN DISCOURSE ANALYSIS

by Paul Baker and Sibonile Ellece

Copyright © Paul Baker and Sibonile Ellece, 2010
Japanese edition © Harumi Sawada et al., 2018

This translation is published by arrangement
with Bloomsbury Publishing Plc
through Tuttle-Mori Agency, Inc., Tokyo.

訳者まえがき

　本書は，ロンドンの Continuum から出版されている "Key Terms" シリーズ（全 11 冊）のうちの 1 冊，Baker, P. and S. Ellece (2011) *Key Terms in Discourse Analysis* の日本語版である．本書は，3 部構成となっている．第 1 部が「キーターム」(The Key Terms)，第 2 部が「重要思想家・学者」(The Key Thinkers)，そして，第 3 部が「重要テキスト」(The Key Texts) である．

　本書の特徴として，以下の 2 点が挙げられよう．第 1 点は，エントリーされているキータームの数とその範囲が豊富で広いことである．キータームの数は 309 語に及び，分野も多岐にわたっている．談話分析はもとより，文法論，意味論，会話分析，語用論，社会言語学，エスノメソドロジー，文体論，コーパス言語学などの用語に加えて，ポストモダニズム，政治的・社会的不平等，差別，フェミニズム，ジェンダー，クイア理論，さらには，資本，イデオロギー，アイデンティティ，新自由主義などの用語も挙げられている．省察性 (reflexivity)，三角法 (triangulation) といった用語も入っていることからうかがえるように，談話分析が，研究者個人の偏向を斥け，多方面からのアプローチを取り入れて，客観的妥当性を高める努力を払うべきであることも述べられている．

　第 2 点は，「重要思想家・学者」，ならびに，「重要テキスト」に挙げられている人物と書物のすばらしさである．「重要思想家・学者」として 42 名が，「重要テキスト」として 24 冊が挙げられている．特

筆すべきは，ここに含まれているのは，すべてが言語学者，言語学書というわけではないということである．42 名の中には，哲学者・社会学者ルイ・アルチュセール，社会学者・文化理論家ピエール・ブルデュー，哲学者ジャック・デリダ，哲学者・歴史家・社会学者ミシェル・フーコー，社会学者アーヴィング・ゴッフマン，社会学者・文化理論家スチュアート・ホール，政治理論家エルネスト・ラクラウ，哲学者・政治理論家・経済学者カール・マルクスなどが含まれている．

さらに，本文中には，ロシアの哲学者・文芸批評家ミハイル・ミハイロビッチ・バフチンに言及があり（genre（ジャンル）の項参照），「フレーム理論」で知られるアメリカの認知科学者マーヴィン・ミンスキーや，イギリスの社会学者バジル・バーンステインにも言及がある（recontextualization（再コンテクスト化）の項参照）．バーンステインは，「制限コード」と「精密コード」の区別に基づく言語コード論に基づいた独自の教育社会学理論でよく知られている学者である．

重要なことは，このような思想家・学者の著作を学ぶことによってこそ，「ことばとは何か」，「社会とは何か」，「差別や偏見はどこから来るのか」といった問題を根底的に問うことができることである．こういった編集の仕方に，編者の洞察力が見てとれる．

「談話分析」は複合的・学際的な分野であり，関連した幾つもの理論的・方法論的枠組みから成る総合的分野である．そのため，「談話分析」は，人によって，指す内容が異なる場合もある．しかし，本書は，こうした場合に有益である．談話分析における様々なアプローチをわかりやすくまとめあげてくれているからである．

本書の中では，フェミニズムやジェンダーに関する用語がかなり多く解説されているが，「重要テキスト」の中に，以下の書物が紹介されている．

Lakoff, R. (1975) *Language and Woman's Place* （邦訳『言語と性——英語における女の地位』）**. New York: Harper & Row.**

本書は，ジェンダーと言語の研究のパイオニアとなった古典的な書で

ある．この中で，著者の R. レイコフが論じていることは，女性が使う言語および女性に関する言語は女性の無力さ（powerlessness）を表していると主張したが，この名著は，大きな反響を巻き起こし，2004 年に，メアリー・ブチョルツ（Mary Bucholtz）編集の下に，以下の論評付き拡大版が出版された．

> **Lakoff, R. (2004)** *Language and Woman's Place: Text and Commentaries* (*Revised and Expanded Edition*)（『言語と女性の地位―テクストと論評』（改訂・拡大版））**. Oxford: Oxford University Press.**

R. レイコフは，自分がかつて書いたこの本に，約 30 年たった時点で，詳細な「注」を付けている．

Language and Woman's Place は，次のような「宣言」で始まっている（以下，便宜上，引用は日本語で示す）．

> <u>言語は，私たちが言語を使うのに負けず劣らず，私たちを使っている</u>．私たちが表現の形式を選択する仕方は，私たちが表現したいと望む思考内容に支配されているが，それと同程度に，私たちが現実世界の事物に関して表現する仕方は，それらに関して私たちが抱く感情にも支配されている．

この冒頭の一文（＝下線部）に対して，R. レイコフは，次のような注を付けている．

> 上の冒頭の内容（「言語は，… 私たちを使っている」）が表しているのは，間接的ではあるが，生成意味論（generative semantics）の暗黙の想定にほかならない．例えば，今，私が想定しているのは，言語形式，社会状況，話し手の心的態度などの間に存在する，直接的で，規則に支配された結びつきであり，さらに，言語学の仕事の一つは，こうした相互的結びつきを説明し，それを正確に記述することにあるということ

である.

R. レイコフは, 冒頭の一文を, 現時点で書き換えるならば, 以下のようになろうと述べている. この文は, 重要なメッセージを含んだ「談話」である.

> 話し手は自分の目標を達成するために言語を使うが, 話し手は完全に自分の表現をコントロールできているわけではない (ひょっとして『鏡の国のアリス』に出てくる) ハンプティ・ダンプティや規範的文法家なら私たちにそうあって欲しいと願うかもしれないが). 言語形式の選択の仕方は, 話し手自身とは誰か (何者か), 聞き手は誰か, 話し手・聞き手はどこにいるのか, 話し手・聞き手は何を達成したいのか, 話し手・聞き手は何について話しているのか, といったことに基づいており, こちらのほうが人間の自己認識を生み出しているとも言える. 言語形式の選択の仕方は, まさに言語使用者がその形式を構築している時にも, 言語使用者を構築しているのである.

実は, R. レイコフの *Language and Woman's Place* が書かれた1970年代初頭は, 疾風怒濤の時代であった. ベトナム反戦運動, 市民権運動, 体制側に対する異議申し立ての時代であり, 言語学においても, チョムスキーの「標準理論」に対抗して, 「生成意味論」が唱えられていた. J. R. ロス, R. レイコフ, G. レイコフ, J. D. マコーレイ, P. ポスタル, C. フィルモアなどのすぐれた言語学者が中心であった. 生成意味論は, 言語の形式的特性を重視して統語論の自律性を貫くチョムスキー流統語論に対する「反旗」であった. 生成意味論的思考法によれば, 言語形式は, 前提, 言語行為, (発話および社会状況を含む) 場面, 主体性・主観性 (＝心的態度), さらには, 会話の目的, 話題, ポライトネスを直接に反映したものである.

筆者の考えでは, 統語構造も, 概念, 外界に対する捉え方, 視点,

モダリティ，聞き手に対する態度などを忠実に反映している面がある．例えば，「雨が降ってしまったってね」という文を考えてみよう．この文において，「雨が降って」は客体的な概念（もしくは，外界の事象）そのものを表しており，「しまった」はその事象が起こったことに対するモダリティ（話し手の残念な気持ち）を表している．さらに，「って」はその情報が「伝聞」であることを表しており，「ね」は聞き手に対する確認を表している．これらの成分がこの順序で連結している（そして，それ以外の順序は存在し得ない）ということは，統語構造が外界に対する捉え方，心的態度，聞き手に対する言語行為を反映したものであることを示唆しているように思われる．

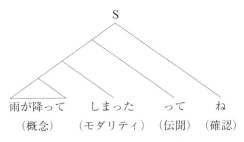

図：構造と意味の相関性

いずれにせよ，生成意味論の精神は，形を変えて，認知言語学や構文文法に取り入れられている．

談話分析の観点から言えば，言語形式（とその選択）は，さらに広く，社会的・政治的コンテクスト，差別，アイデンティティ，ジェンダーなどと切っても切れない関係にある．談話分析の任務の一つは，こうした関係を明らかにすることにあろう．

翻訳に際しては，読者の便宜のために，用語の解説が簡単すぎたり，わかりにくかったりする場合には，説明を補ったり，意訳したり，訳注を付けたりした．例えば，"neoliberalism"（新自由主義）という用語の説明の中に，Harvey (2005) が挙げられている．しかし，

Harvey とは，デヴィッド・ハーヴェイ（1935–）のことで，『資本論』を中心としてマルクス主義を地理学に応用したイギリスの地理学者・社会理論家であることがわかればいっそう理解が深まるであろう．また，Harvey（2005）とは，*A Brief History of Neoliberalism*（邦訳『新自由主義—その歴史的展開と現在』）を指している．この類の「背景情報」に関しては，訳文の中に短いことばを添えたり，訳注で（文献を挙げて）補足したりした．

　本書が，談話分析を学んでおられる方々，談話分析を志す方々への助けとなるならば，訳者一同，これに過ぎる喜びはない．

　2018 年 8 月 27 日

訳者代表　澤田治美

Notes on Examples
用例に関する注記

　本書の方針として，例を挙げるに際して作成にばかり頼るのではなく，実際の言語生活の用法に基づいた実例を用いるようにした．このために採った方法は，コーパスを使うことであった．ここで言う「コーパス」とは，自然に生起しているテクストの集積であり，言語分析のために収集され，電子的に文字起こしされたものである．ここで用いたコーパスは，以下の2つである．

　　The British National Corpus（BNC）
　　The British English 2006（BE06）Corpus

前者の場合，約1億語の，書きことば（90%）と話しことば（10%）のイギリス英語から成っており，主として1990年代初頭に用いられていたものである．一方，後者の場合，約100万語の標準イギリス英語から成っており，2006年頃に出版された15の書きことばのジャンルから収集されたデータである．コーパスからの用例には参照番号も付けた．

Contents
目 次

訳者まえがき …………………………………………………………… v

Notes on Examples（用例に関する注記）………………………………… xi

Key Terms
キーターム ……………………………………………………………… 1

The Key Thinkers
重要思想家・学者 ……………………………………………………… 257

The Key Texts
重要テキスト …………………………………………………………… 289

References
参考文献 ………………………………………………………………… 307

訳注に際しての参考文献	337

Index
索　引	341

訳者あとがき	371
著者・監訳者・訳者紹介	375

Key Terms
キーターム

absence（不在）

批判的談話分析学者テオ・ヴァン・レーウェン（Theo van Leeuwen）によると，「不在」（**absence**）とは，使用されている言語，もしくは談話の中に存在してもおかしくないが，イデオロギー上の理由もあって，実際には存在していない状態を指している（van Leeuwen 1996, 1997）．例えば，Hollway（1995: 60）は，「現在，異性間のセックスにおいて，… 女性の快楽や積極的な性的欲望を概念化する方法はない．しかし，こうした快楽や欲望は，女性解放の原理と矛盾するものではない」と述べている．談話分析学者にとって，「不在」はわかりにくいことがある．その理由は，テクストからでは，不在となっているものが見えにくいからである．それゆえ，分析に際しては，別の資料を参照する必要がある．特定のテクストの中から「不在」を見つけ出すための方法としては，比較をしてみることが有効である．例えば，2つの同じテクストを相互に比較するとか，コーパス言語学の手法を用いて，単一のテクストと「準拠テクスト」（reference texts）のはるかに大きな集合とを比較してみることである．さらに，できればいろいろな分析者に同一のテクストを分析してもらい，存在してもおかしくないのに実際には存在していないものは何かについて，分析の視野を広げることが上策である．**backgrounding**（背景化），**erasure**（消去），**exclusion**（排除），**silence**（沈黙）なども参

照のこと.[1]

access（アクセス）

批判的談話分析（**critical discourse analysis**）で用いられる「アクセス」（**access**）は，あるタイプの談話や役割（roles）にアクセス（接近・利用・入手・閲覧）できるのは誰か，そして，人々のアクセスをコントロールしているのは誰かということに関係している．よって，アクセスは**権力**（**power**）と密接につながった概念である．批判的談話分析学者ヴァン・デイク（Van Dijk）によると，いくつかの談話の場においては，ある役割・立場にある者は他の者よりもより多くのアクセス権を持っている（Van Dijk 1996: 86）．例えば，教育の場では，教師は学生よりも教育上の談話を制御する力をよけいに持っており，医療の場では，医者は患者よりも医療上の談話を制御する力をよけい

---

[1] 訳者注：本書で解説されている「不在」は基本的にイデオロギー的観点からのものであるが，違う観点からのものも考えられる．『朝日新聞』2018 年 6 月 16 日号の『be on Saturday』の「みちものがたり」というエッセイに，1968 年から『週刊少年マガジン』に連載された有名な漫画『あしたのジョー』に関して，次のような興味深い文章が載っている．

　ところで記者には，以前から気になって仕方ないことがある．試合会場となった日本武道館には，少年院時代の悪友や，喧嘩屋，ライバルの元ボクサーら懐かしい顔ぶれが続々と現れる．しかし，だれか足りない．とても大切な，この場面に不可欠な人物．
　紀ちゃんは，どこにいる？
紀ちゃんはジョーの元を去り，西寛一と結婚した．西は鑑別所時代からジョーの親友．世界戦の直前，ジョーは結婚式でスピーチをしている．
「ちんまりおとなしくおさまりやがって」「まあせいぜいしあわせになってくれや！」
新郎新婦に，残酷とさえ思える言葉を投げつける．うつむいた紀ちゃんの瞳に百万言の重さがある．
全巻を通じても最重要人物であるこの 2 人が，ジョー最後の戦いの，どのコマにも，いっさい現れないのだ．
不在が，その存在を，かえって浮き上がらせる．
　　　　　　　　　（近藤康太郎「あしたのジョーの泪橋（東京都）」）（下線筆者）

accounts 3

に持っている．それゆえ，アクセス（あるいは，その欠如）は，現存する力関係を強化する際に重要な役割を果たしていると言えよう．多くの西欧社会では，「言論の自由」とか「平等の機会」といった概念が唱えられているものの，アクセスのパタンはこういった理念を反映していない場合もある．

　例えば，イギリスの批判的談話分析学者ノーマン・フェアクラフ（Norman Fairclough）は，談話へのアクセスが社会によっては不平等になっているような状況をいくつか論じている（Fairclough 1989: 62-68）．読み書き能力は，アクセス権を決定する際に重要な役割を果たしている．読み書き能力が低い人々（英国における労働者階級の大多数）は高等教育へのアクセス権を手に入れる公算は低い．フェアクラフによれば，「教育システムは，労働の現存する社会的分化と階層関係の現存する体系を再生産しているにすぎない」という（Fairclough 1989: 65）．

　さらには，形式的手続き（formality）もアクセス権が制約されるもう1つの要因である．権力の行使を伴うコンテクストの多くは（例えば，政治，法律，教育，医療，メディアなど），人々に公の場に参加することを強制する．それゆえ，人々がこうした場にアクセスしようとすれば，特殊な知識・手続きが必要とされるのが普通である．特殊な専門用語や**ポライトネス**（**politeness**）のストラテジーが習得されなければならない．しかし，こうした場に参加するための方法を会得する術がない者もいる．よって，こうした人々は公的な場から締め出されているのである．さらに，**資本**（**capital**）も参照のこと．

accounts（釈明）

　Scott and Lyman（1968: 46）によると，「釈明」（**accounts**）とは，慣習性（conventionality）が破綻してしまった際に，人々がどのように振る舞うのかという社会的なプロセスであると定義されている．こうした状況に陥った人々は，「釈明，すなわち不意の予期しない行動

を説明するための陳述を用いる傾向がある」という．Scott and Lyman（1968）は，「釈明」を「弁解」（excuses）と「正当化」（justifications）に二分している．「釈明」の分析は，**談話心理学**（**discursive psychology**）（e.g. Potter and Wetherell 1987）の重要なテーマの1つであるが，談話心理学によると，人々は振る舞いや態度について理路整然とした釈明をしようと試みるものの，釈明の中身を定性的（もしくは，質的）分析（qualitative analysis）によって吟味してみると，実際には矛盾している場合があるという．

adjacency pair（隣接ペア）

「**会話分析**」（**conversation analysis**）において，「隣接ペア」（**adjacency pair**）とは機能的な関連のある一対のやり取りから成る単位であり，話者は交替する（Schegloff and Sacks 1973）．このペアの第1発話は関連のある応答（第2発話）を要求する．隣接ペアには，「招待―受諾（あるいは，断り）」，「依頼―受諾（あるいは，拒否）」，「挨拶―挨拶」，「評価―賛成（あるいは，反対）」，「非難―拒否（あるいは，受け入れ）」，「質問―返答」などがある．第2発話の応答は「好ましいもの」か「好ましくないもの」かに分類可能である．一般に，「好ましいもの」は短くて単純な応答となるが，「好ましくないもの」は長くて面倒な応答となる．以下の例を見てみよう（例（1）はAtkinson and Drew 1979: 58 による）．

(1)　A:　Why don't you come up and see me some time?
　　　　（いつか遊びに来ませんか？）

　　　B:　I would like to.（ぜひとも）

(2)　A:　Uh, if you'd care to come and visit a little while this morning, I'll give you a cup of coffee.
　　　　（今朝君が遊びに来てくれたら，コーヒーを振る舞うよ）

　　　B:　Hehh, well, that's awfully sweet of you. I don't think

I can make it this morning, hh uhm, I'm running an ad in the paper and uh I have to stay near the phone.

（ええ，あの，それは御親切に．今朝はちょっと都合がつかないと思う．ええっと，新聞に広告を出しているもんで，電話のそばにいないといけないんだ）

例（1）の第2発話は「好ましいもの」である．一方，例（2）の第2発話は「好ましくないもの」であり，「遅れ」(hehh)，談話標識 (well)，「申し出への感謝」(That's awfully sweet of you.)，「辞退」(I don't think I can make it this morning.)，「さらなる遅れ」(hh uhm)，最後に「**釈明**」(**account**)(I'm running an ad ... and I have to stay near the phone.) が生起している．さらに，「**順番交替**」(**turn-taking**) も参照のこと．

adjective（形容詞）

「形容詞」(**adjective**) とは，事物を描写する語のことであり，通例，名詞類に情報を追加するのに用いられる．形容詞の多くは評価に関わるものであり，作者の立場を表していることから談話表象に際して重要である．次例参照．

The waiter was a portly middle-aged man, deferential but dignified.
                                                              (BNC, ASN)

（そのウェイターは太った中年の男で，丁重であったが，威厳もあった）

Leech (1966: 151) は，形容詞は，広告談話において極めてよく使われるとしている．形容詞には，段階的な語 (happy, happier, happiest) と非段階的な語 (dead) とがある．

さらに，形容詞は，「限定形容詞」(attributive adjectives) と「叙述形容詞」(predicative adjectives) に分類可能である．この分類は，談話表象にとって重要な意味を持っている．限定形容詞は直接名詞を

修飾するが（the *gay* man），叙述形容詞はコピュラの後に用いられる（he is *gay*）．限定形容詞の用法では，当該の形容詞は，ある人物の**アイデンティティ**（**identity**）を表す記述的成分となっているが，（他の形容詞を用いた）他の表象の仕方も可能である．一方，叙述形容詞の用法では，形容詞の意味は前景化（foreground）されているために，他の表象の仕方は不可能である．さらに，形容詞が名詞的に用いられた場合には（he's *a gay*），その人物は本質を体現した存在としての人物を表象することになる．[2]

agency（動作主性）

「動作主性」（**agency**）は，**社会的行為者**（**social actors**）の**表象**（**representation**）の重要な側面である．文法的な動作主（agent）は，ある状況において行為を実行する参与者である．言語的な動作主性は，登場人物や対象物が互いにどのような関係にあるかを示している．例えば，以下の例（1）において，

(1) The policeman attacked the woman.
   （その警官はその女性を襲った）

the policeman は動作主であり，the woman は受動者（被動作主）（＝動作を受ける事物）（patient）である．「動作主」という用語は「主

---

[2] 訳者注：叙述形容詞の用法では，形容詞が名詞的に用いられた場合には，主語指示物は，一時的な状態・局面でなく，永続的・本質的な特質を表すとされているが，このことは，以下のような例からも支持される．

(i) She was too *drunk* to remember anything about the party.

(OALD[9])

(ii) ?John was *a drunk* at Mary's party. (Milsark 1977: 14)

一時的な状態・局面を表す場面（すなわち，パーティ）で，(i) では，状態的・局面的な形容詞 drunk（酔っ払っている）が用いられているために適格であるが，(ii) では，永続的・本質的な特質を表す名詞句 a drunk（酔っ払い）が用いられているために，不適格となっている．

語」（**subject**）という用語と混同されがちである．例（1）では，たまたま，動作主と主語は同一である．しかしながら，動作主性は，動詞に対する事物の明示的な関係によって決定されるが，主語の場合，情報の流れ，語順，文における重要性によって決定される．それゆえ，以下の例（2）においては，

(2) The woman was attacked by the policeman.
（その女性はその警官によって襲われた）

動作主はやはり the policeman であるものの，主語は，the policeman から the woman に変わっている．批判的談話分析学者テオ・ヴァン・レーウェン（Theo van Leeuwen）によれば，社会的な動作主は「動作主」という文法的な役割を有する名詞句によって実現されるとは限らない（van Leeuwen 1996: 32–33）．それ以外の方法，例えば，from を用いた前置詞句を使うことによって，文法的な動作主を社会的な受動者にすることもできる．例えば，以下の例（3）では，

(3) People of Asian descent say they received a cold shoulder *from* neighbours and co-workers.
（アジア系の人々が言うには，彼らは隣人や同僚から冷たい仕打ちを受けたという）

動作主性は，文中に存在していない場合もある．例えば，以下の例（4）の場合，誰がその女性を襲ったのかわからない．

(4) The woman was attacked.
（その女性は襲われた）

さらに，動作主性は，（例えば，名詞化（nominalization）といった）文法的操作，抽象名詞，無生物に影響されて，曖昧にされてしまうこともある．以下の例（5）は，イギリスの批判的談話分析学者ノーマン・フェアクラフ（Norman Fairclough）によるものである（Fairclough 1989: 123）．

(5)　Unsheeted lorries from Middlebarrow Quarry were still causing problems by shedding stones.
（ミドルバロー採石場からやってくる，シートをかぶせていないトラックは石をこぼして今だに問題を引き起こしている）

この例では，動作主は無生物である「ミドルバロー採石場からやってくる，シートをかぶせていないトラック」である（トラックにシートをかぶせないで，石をこぼしている張本人はいったい誰なのかは露わになってはいない）．仮にその張本人がトラックではなく，トラックの管理人となっていたら，動作主はもっと明確にできよう．フェアクラフによれば，動作主が表象される（あるいは，誤表象される）仕方にはイデオロギーがからんでいる可能性があるという．Fairclough (1989: 52) は，「ここで行使されている権力とは，権力を隠蔽する権力である．…それは，内容に制限を加えるという権力の形を取っている．すなわち，出来事に関して都合のいい解釈と「ことば遣い」を選んで，そうでないものを排除するのである．それは隠れた権力の形と言えよう」と述べている．さらに，**absence**（不在），**backgrounding**（背景化），**exclusion**（排除），**nominalization**（名詞化），**subject**（主語），**transitivity**（他動性）も参照のこと．

aggregation（合算）

　「合算」（**aggregation**）とは，「同化」（**assimilation**）の一タイプであり，数量を用いて人々をまとめて表象することである．批判的談話分析学者テオ・ヴァン・レーウェン（Theo van Leeuwen）によると，「合算は，たんに事実を記録しているにすぎないにもかかわらず実践を調整したり意見の一致を醸成したりするのに用いられることが多い」（van Leeuwen 1996: 49）．合算には，実際の統計が含まれている場合もある（eight out of ten cats prefer it（10匹の猫のうちの8匹はそれが好きだ）が，以下の例におけるように，some とか most といっ

た非特定的な限定詞（determiner）が用いられることもある．

Some men have a check up every few months just to be sure they haven't got any infections without knowing.
（男性の中には，知らないうちに感染症にかかっていやしないかと心配で2，3か月おきに診断を受ける者もいる）［イギリス慈善団体「テランス・ヒギンズ・トラスト」（Terrance Higgins Trust）の安全なセックスに関するパンフレット（2002年）から］

さらに，**集合化**（**collectivization**）も参照のこと．

anaphora（前方照応）

「前方照応」（**anaphora**）とは，前に生起した語句を指すことである．前方照応は代名詞や指示詞・定冠詞付きの名詞を用いてなされる場合が多い．以下の例において，

John Prescott yesterday unveiled proposals to stop Gypsies and travellers from exploiting legal loopholes which have allowed *them* to buy up green belt land then set up camp.　(BE06, A02)
（ジョン・プレスコットは，昨日，ジプシーや旅行者が法的抜け道を不当に利用するのを止める提案を明らかにした．この抜け道によって，彼らは緑地帯（＝都市近郊の建築規制地帯）の土地を買い，キャンプをすることができているというのである）

代名詞 them は既出の名詞句 Gypsies and travellers を指している．さらに，**後方照応**（**cataphora**），**ダイクシス**（**deixis**），**代用**（**substitution**）も参照のこと．[3]

---

[3] 訳者注：三人称代名詞は，照応のみならず，ダイクシス（直示）としても使われる．例えば，次の (i) の he は前方照応，(ii) の he はダイクシス（直示）である．
　　(i)　John came in and he lit a fire.　　　　　　　　　(Levinson 1983: 67)

anti-language（反言語）

　ここでの「反言語」（**anti-language**）とは，言語学者マイケル・ハリディ（Michael Halliday）の用語で，サブカルチャーを理解するための概念である．「反言語」とは，反体制側の社会（主流社会に抵抗する社会）によって用いられることばを指している．こうした反体制側の社会は，主流社会が違法・禁忌とみなすような行為に関わっている可能性がある．反言語は，秘密の場合が多く，文字ではなく音声で伝達され，急速に変化する（あるいは，**同義語過剰使用**（**overwording**）がなされる）．なぜなら，従来の語が主流社会に知れ渡った場合には，新しい語に変えなければならないからである．

　反言語は，全く新しい言語であるというわけではなく，新しい語彙（主として，名詞，動詞，形容詞であり，サブカルチャーの行為にとって重要である）を含んでおり，文法規則は主流社会のそれを採用している．例えば，違法な薬物使用に関係した反体制側の社会では，薬物の種類，効き目，密売人，警察，お金などを表す語を用いる．ハリディによれば，こうした語句の社会的価値とは，反社会のメンバーが互いを認識したり，アイデンティティ（仲間意識）を醸成したりすることにあり，主流社会よりも重要視される傾向にあるとし，この現象を「社会言語的なコード・オリエンテーション」（sociolinguistic coding orientation）と称している（Halliday 1978: 166）．さらに，ハリディによると，反言語の使用者は，この言語を用いることによって自らの主観的な現実を再構築することができるとされる．「反体制言語が作られるのは，当該の反体制的な現実が対抗的現実であり，主流の規範に敵対して生じたものである場合である」（Halliday 1978: 171）．それゆえ，反言語は「象徴的な権力」（symbolic power）の好例である（Bourdieu 1991）．さらに，**資本**（**capital**）も参照のこと．

　(ii)　（指をさして）He's not the Duke, he is.　He's the butler.

（Levinson 1983: 65）

Beier (1995: 65) によると，16 ～ 17 世紀の悪党が用いたカント (cant)（＝一部の人が仲間うちで用いる隠語）は，社会的，宗教的，政治的な体制を攻撃する語は皆無に等しいため，反言語とは言えず，ジャーゴン (jargon)（＝特殊用語）とみなせるという．他方，Baker (2002: 15) によると，ポラーリ (Polari)（＝20 世紀初めから中ごろにかけて英国で男性同性愛者によって用いられた隠語）は，反言語とみなせるという．[4] なぜなら，ポラーリの語彙は警察のような組織をあざけり，女々しいものと見下しており，こうした語彙を用いることによって，体制側の社会とは一線を画し，組織のメンバーの態度によって反体制的な価値体系を再構築しているからである．

anti-semitism（反ユダヤ主義）

「反ユダヤ主義」(anti-semitism) とは，ユダヤ人に対する偏見ないしは差別のことである．Pauley (2002:1) によると，反ユダヤ主義は「すべての文明の中でユダヤ人を例外視し，劣等人種として貶め，ユダヤ人も住んでいるその国家において，彼らをその国家の構成員として認めない」．さらに，Reisigl and Wodak (2001) も参照のこと．

archaeology（考古学）

ここでの「考古学」(archaeology) とは，フランスの哲学者ミシェル・フーコー (Michel Foucault) が唱えた分析法である (Foucault 1972)．この分析法が主として扱うのは，談話が権威的主張を創造するシステムとして作用する方法である．この分析法は，歴史は長いものの，他の歴史的な分析（例えば，人類学）とは異なっている．その

---

[4] 訳者注：「ポラーリ」とは，18 世紀以来，演劇・サーカス関係の人々，のち同性愛者の間で用いられてきた英語の隠語である．ことに役者にはゲイが少なくなかったことから役者の間で生き残ったとされる（『リーダーズ英和辞典』（第 3 版））．

理由は，この場合，人々が特定のテクストを書いたり，ある方法で活動したりした際にその「真実を」を突き止めたり，発話の実際の意味を追究したりするのではなく，人々が様々な時点で自らの考えを表現したり，正確に理解してもらったりするためのメカニズムや構造のほうに関心を抱いているためである．それゆえ，この分析法は談話の実践や規則に関係している．

argumentation（論証）

Bowell and Kemp（2002: 8）は，批判的思考の視点から，「論証」（**argumentation**）について，「命題の集合であり，一方は結論，他方は前提となっている．結論を支えるためになされるものである」としている．さらに，Walton（1990）参照．レトリックと異なる点は，論証は，人々の批判的能力に訴えるが，レトリックは，言語技術の説得力を用いて人の信念，願望，恐れなどに影響を及ぼすという点である．

　論証理論は**談話・歴史的アプローチ**（**discourse-historical approach**），**批判的談話分析**（**critical discourse analysis**）において用いられ，論証を，同定したり，再構築したり，査定したりするだけでなく，ある集団が別の集団を排除したり，差別したりすることを正当化するのに，どのように論証を活用しているのかを明らかにしたりもする．Wodak（2001: 73）は，「論証」を**談話ストラテジー**（**discursive strategy**）とみなしているが，このストラテジーはある立場を正当化するという目的を持っている．さらに，**虚偽**（**fallacy**），**トポス**（**topoi**）も参照のこと．

assimilation（同化）

批判的談話分析学者テオ・ヴァン・レーウェン（Theo van Leeuwen）によると，「同化」（**assimilation**）とは，社会的行為者を 1 つの

attitudes

まとまった集団として表象する方法である（van Leeuwen 1996: 48-50）．これは「**合算**」（**aggregation**）と「**集合化**」（**collectivization**）に大別される．さらに，「**個人化**」（**individualization**）も参照のこと．

attitudes（態度）

ここでの「態度」（**attitudes**）とは，ある事物に対する判断の仕方のことである．態度は，一般に肯定的か否定的であるかのどちらかであるが，両方の態度を併せ持っている場合も考えられる（肯定的でもあり，否定的でもある）．あるいは，特定の態度を持たないと公言する場合もある（例：どちらでもかまわない）．伝統的な社会科学研究においては，態度はアンケートその他の調査で測定される場合が多かった．こうした調査では，チェック欄に印を付けて尺度上のどの位置に当人の態度があるかを示してもらうようになっている（一方の端は完全に肯定的であり，他方の端は完全に否定的である）．こうした尺度は「リッカート尺度」（Likert scale）と呼ばれる（Likert 1932 参照）．典型的な「リッカート尺度」は 5 段階から成っている（回答者にどちらかを選択させるために，中間段階の選択肢 3 は省かれる場合もある）．

1. 強く同意する（Strongly agree）
2. 同意する（Agree）
3. どちらとも言えない（Neither agree nor disagree）
4. 反対する（Disagree）
5. 強く反対する（Strongly disagree）

1980 年代以降，この類のアンケート式の態度調査は批判にさらされてきた．というのは，人々は，あるトピックに関する考え方・意見について，複雑かつ矛盾した態度を抱いている可能性があるからである．さらに，人々はこうした自分の態度に気づいていないこともあ

り，十分に区分できないこともある．例えば，Potter and Wetherell (1987) が，人々にインタビューをして，民族関係に対する態度を聞き出した結果明らかにしたことは，インタビューにおいては，回答者は支離滅裂なことを述べる傾向があること，自己矛盾をきたすことがあること，そして，「リッカート尺度」によっては態度を分類することが困難であるということである．Potter and Wetherell (1987) によれば，人々があるトピックをどう理解しているのか，そして，それに関して自分の態度をどのように位置づけているのかということをより明確に理解しようとすれば，インタビューによって調査すべきであるという．それゆえ，こうしたインタビュー的アプローチによれば，態度は安定的で首尾一貫した内的構造を持っているという考えは斥けられ，人々は談話の違いに影響を受けるものとみなされる．さらに，批判的談話分析学者ヴァン・デイク (Van Dijk) による「態度」についての分析も参照のこと (Van Dijk 1998).

audience design（聴衆デザイン，オーディエンス・デザイン）

「聴衆デザイン」（もしくは，オーディエンス・デザイン）(**audience design**) とは，ニュージーランドの社会言語学者アラン・ベル (Allan Bell) が提唱した理論である (Bell 1984). この理論によると，話し手 (speaker) は，聴衆 (audience) に合わせて，話のスタイルを変えるとされる．ベルは，次の 3 つの基準に基づいて聴衆の分類システムを確立した．第 1 の基準は，聴衆が話のコンテクストの一部であると「知られている」(known) かどうかである．第 2 の基準は，話し手が聞き手 (listener) の存在を「承認している」(ratify)，もしくは，認めている (acknowledge) かどうかである．第 3 の基準は，聞き手が直接に「話しかけられている」(addressed) かどうかである．ベルによれば，話し相手 (addressee) とは，「（その存在が）知られており」，「（その存在が）承認されており」，「直接に話しかけられている」という条件を満たしている類の聞き手をいう．一方，聴者 (audi-

audience design

tor) とは,「(その存在が) 知られており」,「(その存在が) 承認されている」ものの,「直接に話しかけられているわけではない」類の聞き手のことである．最後に,「偶然耳にする人」(overhearers) や「盗み聞きする人」(eavesdroppers) の場合には, 両者とも「(その存在が) 承認されてはいない」．しかし, 前者の場合,「(その存在が) 知られている」可能性があるが, 後者の場合,「(その存在が) 知られていない」．さらに, **受容** (**reception**) も参照のこと．

back channels（あいづち）

「あいづち」（**back channels**）とは，Duncan（1973）の用語で，会話の中で，聞き手が相手の話を注意して聞いているということを示すための反応のことである．例えば，うなずき，ジェスチャー，顔の表情といった非言語的なケース，yeah, right, okay といった言語的なケース，mm, uh-huh といったたんなる発声のケース，さらには，聞き手が話し手の発話を完結させてしまうようなケースもある．

backgrounding（背景化）

「背景化」（**backgrounding**）とは，**排除**（**exclusion**）の一タイプである．しかし，それは，**抑制**（**suppression**）ほどラディカルではない．批判的談話分析学者テオ・ヴァン・レーウェン（Theo van Leeuwen）は，「排除された社会的行為者は，ある行為に関しては言及されていない可能性があるにせよ，テクストのどこかでは言及されている．そして，その行為者が誰であるかについて，かなりの（完全ではないが）確信をもって推測できる．彼らは排除されているというよりも，むしろ，背景に追いやられている」と述べている（van Leeuwen 1996: 39）．

その一例として，イギリスの批判的談話分析学者ジェーン・サンダーランド（Jane Sunderland）は，「夢の結婚式」（dream weddings）に関する新聞記事を挙げている（Sunderland 2004: 34, 40）．そこでは，階段を下りて「息を飲むような入場」をする花嫁に焦点が当てられている．「新郎新婦」（couples）や「参列者」（people）への言及はあるものの，「花婿」（bridegroom）への言及はない．「この「おとぎ話」のテクストにおいて花婿が背景化されているとすれば，彼の重要

な，地に付いた「実生活」の関心事はどこか別の所に追いやられているに違いない」(ibid.: 40)．

biological sex（生物学的な性）

　「生物学的な性」(**biological sex**) とは，通常，男性か女性かのどちらかである．人の性別は生殖器官に基づいている（ただしごくまれに両性具有のケースも存在する）．生殖器官の違いに加えて，別の違いもある．すなわち，男性は1つの X 染色体と1つの Y 染色体を持ち，女性は2つの X 染色体を持っている．さらに，研究者によって，男性と女性の脳の違いも明らかになった (Baron-Cohen 2004)．「生物学的な性」という概念は，多くの言語変異主義的な言語研究 (variationist linguistic research) の中で援用されてきた．例えば，男性はどのように女性とは違ったことば遣いをするのかといった研究である．しかしながら，多くの言語学者は，性とジェンダー (**gender**) は別物であり，後者は，社会的に作られたものであるとみなしている．ただし，両者が同じ意味で使われる場合もあり，性の役割がジェンダーの役割を規定することもしばしばである（それゆえ，男性は女性とは違ったように話し，着，振る舞うことを期待される．そうして，男女の違いを強め，誇張するのである）．Wittig (1992: 2) は，より急進的な立場を取り，生物学的な性はイデオロギー (**ideology**) を宣伝する社会的構築物であり，「男性」と「女性」は固定されたカテゴリーではないとしている．すなわち，「性」などというものはなく，あるのは，抑圧される側の性と抑圧する側の性だけであると言う．

bourgeois（ブルジョア）

　「ブルジョア」(**bourgeois**) とは，カール・マルクス (Karl Marx) が『資本論』の中で 資本主義社会において上流階級あるいは支配階級を表すために用いた用語である．ブルジョアは生産手段を所有し，

プロレタリア（賃金のために働く人々）と対立的に定義される．マルクスは，ブルジョアを，自らの社会・文化観が普遍的に正当であると信じている（例えば，権力の維持に役立っている資本主義体制を支えている）として攻撃し，社会も文化もイデオロギーにすぎないことを指摘した．さらに，**ヘゲモニー**（もしくは，**覇権**）（**hegemony**）も参照のこと．

capital（資本）

「資本」（**capital**）には多くのタイプがあるが，すべて利潤と**権力**（**power**）の概念と関係している．資本を所有している（もしくは，それにアクセスできる）人々は資本を所有しない人々よりも有利である．この用語の適用範囲は広い．例えば，象徴的資本，肉体的資本，知的資本，自然の資本などである．フランスの社会学者・文化理論家ピエール・ブルデュー（Pierre Bourdieu）は，経済資本，社会資本，文化資本の3つを区別している（Bourdieu 1986）．経済資本は，品物やサービスを生産するために用いられる生産の要素であり，それには土地，労働，経営が含まれている．社会資本には，個人と個人のつながり，社会的ネットワーク，グループ組織などが含まれている．文化資本には，教育，知識，態度，技術への**アクセス**（**access**）などが含まれており，これらによって社会においてより高い地位を手に入れることができる．例えば，就職活動をする際には，その職業に適した技術や経験を有していることが必要とされるだけでなく，応募書類や履歴書の書き方も知っていなくてはならない．さらに，応募者は面接でどのように振る舞うか（例えば，どのような服装をするか，あるいは，いかにして，訛りを直して折り目正しい丁寧なことば遣いをするか，そして，面接の「台本」に従うかなど）についてわきまえている必要がある．資本は，物理的・本質的な対象と，より抽象的な現象との関係に関わっている場合が多い．例えば，高価な美術作品を所有していることは文化資本の一側面ではあるが，この文化資本はその所有者が当該の美術作品が高い文化的価値を有している逸品であることを知っている場合にしか成立し得ない．

capitalism（資本主義）

　「資本主義」（**capitalism**）とは，私的所有，自由市場，選択，競争，起業主義を強調する経済体制のことである．資本主義を唱える人物として，資本主義は経済成長を推進すると論じたアダム・スミス（Adam Smith），資本主義は自由にとって重要であるという信念を抱いていたジョン・メイナード・ケインズ（John Maynard Keynes）などがいる．哲学者のアイン・ランド（Ayn Rand）も資本主義を唱えた．それは，資本主義によってこそ人々は自分たちの合理的な自己利益のために行動することができるというものだった．Klein（2007）によると，20世紀後半において，アメリカの経済学者ミルトン・フリードマン（Milton Friedman）やオーストリアの経済学者・社会哲学者フリードリヒ・ハイエク（Friedrich Hayek）の影響の下で，アメリカやイギリスをはじめとして，資本主義の「レッセフェール」（経済において国家の介入を排除するという自由放任主義政策）モデルに向かって突き進んでいった国々が多かった．しかし，今や資本主義は，社会的・財政的な不平等を作り出し，それを維持・助長しているとして批判にさらされている．さらに，資本主義は好況と不況の循環に陥るとされており，環境主義者の言うところによると，資本主義は絶えず経済成長を必要とし，最後には世界の資源を枯渇させてしまうという．大多数の批判的談話分析は，西欧化された資本主義国家で生み出され，程度の差こそあれ，資本主義への批判に基づいている．

cataphora（後方照応）

　「後方照応」（**cataphora**）とは，後ろに生起する語句を指す表現のことである．**前方照応**（**anaphora**）の場合と同じく，代名詞や定冠詞・指示詞付きの名詞がこうした働きをすることが多い．下の例は新聞記事からのものである．

cataphora   21

He'll be cleared says Blair

Tony Blair threw a protective shield around David Blunkett
yesterday, insisting he would be cleared of using high office to
help his ex-lover Kimberly Quinn.   (BE06, A02)

（彼は容疑を晴らされると，ブレア

トニー・ブレアは，昨日デビッド・ブランケットを擁護して，彼が高官
を使って元愛人のキンバリー・クインを助けたという容疑は晴らされる
と主張した）

ここでは，代名詞 he が見出しに生起しているが，後ろの記事に出て
くる David Blunkett を指している.[5]

---

[5] 訳者注：指示詞（demonstratives）も，後方照応の機能を持つ．日本語の
場合，指示詞による後方照応はコ系で実現する場合が多いが，ソ系で実現する
こともある（(i) のコはソに変えられないが，(ii) のソはコに変えられる）（澤
田淳（2016）参照）．

(i)   こちらは，よく知られたジョークである．豪華客船が沈み始めた．
      脱出を促そうと，船長は英国人に「飛び込めばあなたは紳士です」と
      言い，ドイツ人には「飛び込むのが規則となっています」と訴えた．
      日本人にはこうだった．「みんな飛び込んでますよ」
                          （「天声人語」『朝日新聞』2017 年 10 月 28 日，朝刊）
(ii) 今もそう言うのだろうか．サッカー少年だった昔，高く浮いて派手
      に外れたシュートを「宇宙開発」と言ってからかい合った．
                           （「天声人語」『朝日新聞』2014 年 11 月 4 日，朝刊）
英語では，前方照応は this, that の双方で見られるが，後方照応は原則 this
に見られる．

(iii) He told the story like {this/?that}: 'Once upon a time …'
                                              (Quirk et al. 1985: 375)
ただし，「憤慨」（indignation）を表すような限られたコンテクストの中では，
that が後方照応的に使用可能である（Quirk et al. 1985: 375–376）．

(iv) What do you think of *THÀT*! Bob smashes up my car, and then
      expects me to pay for the repairs.   (Quirk et al. 1985: 376)
(v)   It affects me. It gives you that feeling: Oh hell, what's the use?
      I've got to get out of this.   (Studs Terkel, *Working*)
      （こんなことの影響がないはずはありません．こんな気になりますよ．
      エイ，クソ，コンナノクソクラエダ，って．）（スタッズ・ターケル
      （著）・中山容ほか（訳）『仕事！』東京：晶文社）

categorization（カテゴリー化）

「カテゴリー化」（**categorization**）は，以下の 2 通りの意味で用いられている．

1. 談話分析の観点から言えば，「カテゴリー化」とは，何かを特定のカテゴリーに割り当てることである．例えば，語は文法的，意味的カテゴリーに，発話は機能（謝罪，依頼，反駁など）に応じて語用論的カテゴリーに割り当てられる．多義的なケースがある場合，カテゴリー化の体系に割り当てることが困難となる．さらに，既存のカテゴリーに割り当てられないようなケースが出てきた場合には，カテゴリーの数は増えることになる．カテゴリー化をしている間に，カテゴリーの数は増えていくにしても，最終的には，多義的なケースまでも含み得るようなしっかりした体系が構築されなければならない．また，カテゴリーの体系は他の研究者たちが同じ結論に達し得るべく明確なものでなければならない．

2. 批判的談話分析学者テオ・ヴァン・レーウェン（Theo van Leeuwen）は，「カテゴリー化」とは，社会的行為者を表象する方法であるとし，2 つのタイプを区別している（van Leeuwen 1996: 55）．すなわち，**機能化**（**functionalisation**）（人々は何を為すのか）と**同定**（**identification**）（人々は何者なのか）である．彼によると，カテゴリー化の場合，「英語では，機能化と同定のどちらを選択してもよく，談話においてどちらのカテゴリーが用いられているのかは談話分析学者にとって極めて重要である」．フランスの哲学者ミシェル・フーコーは，19 世紀の終わりになって性的関心がどのように変化したか（例えば，男色者から同性愛者へと）という問題について論じている（Foucault 1979a）．

classroom discourse（教室談話，クラスルーム・ディスコース）

「教室談話」（もしくは，クラスルーム・ディスコース）（**classroom discourse**）とは，教室の中で教師と生徒が互いに伝達しあうことばのことである．この場合の談話とは，用いられる言語のタイプ，ジャンル，あるいはコンテクストを指している．教室談話の分析では，実際の会話の録音が用いられるだけでなく，参与者との反射的なフィードバック面接やテキストの相談なども含まれる．Cazden（2001: 3）は，教室談話分析者が問うべき問題を3つ挙げている．①言語使用の型はどのように「知識」や「学習」に影響を与えているのか，②こうした型はどのように生徒の教育の機会の平等性と不平等性に影響を与えているのか，③こうした型はどのような伝達能力を想定および［または］育成するのか，である．教室談話分析のための方法は1つだけではなく，多様な方法が提唱されている．例えば，Walsh（2006）は「教師発話の自己評価」（Self-Evaluation of Teacher Talk）（SETT）と呼ばれる教室談話を調査するための枠組みを提案している．

clause（節）

「節」（**clause**）とは，主語と述語から成り，命題を表す語の集合のことである．言語学者マイケル・ハリディ（Michael Halliday）の**体系機能文法**（**systemic functional grammar**）では，文（sentence）ではなく，節こそが文法分析の基本単位であるとされている．節はそれ自体が文である場合もある．例えば，

The man replied.　　　　　　　　　　　　　　（BNC, AOR）
（男は答えた）

のような場合である．しかし，実際には，複数の節や，節の内部にさらに節を埋め込んでいる複文のほうが多い．それ自体では文として独立できないような節は従属節（dependent clauses）と呼ばれる．節は，

さらなる下位分類が可能である．例えば，以下のように，副詞として
機能する副詞節（adverbial clauses）もあれば，

> I left *when I was about eight*. (BNC, CH8)
> （私は約 8 歳の時に家を出た）

名詞を修飾する関係節（relative clauses）もある．

> We can return for a moment to talk to the girl *who went to*
> *Italy*. (BNC, A04)
> （イタリアに行った例の少女と話をするために短期間帰ることができる）

さらに，述語の項（arguments）として機能する補文もある．

> I am sure *that it would be welcomed by them*. (BNC, K98)
> （それはあの人たちに喜んで受け入れられると確信している）

さらに，**句**（**phrase**）も参照のこと．

code switching（コード・スイッチング）

　「コード・スイッチング」（**code switching**）とは，（通常は会話の
中でだが，コンピュータ媒介的コミュニケーションのような他のレジ
スターなどにも適用されることがある）複数の言語あるいは言語変種
が切り替わることである．語彙レベルでは借用が，文法レベル・談話
レベルではコード・スイッチングが起こる．コード・スイッチング
は，当初，非標準的な言語能力の証拠とみなされたが，1980 年代以
降は，仲間や 2 言語話者・多言語話者の間ではごく普通になされる
ものとみなされるに至っている．コード・スイッチングは，民族的に
少数派の人々がアイデンティティ意識を維持するための方法である．
さらに，相互行為において「足場」（**footing**）を転換して相手に対す
る対応を変えたり，話を構築したりするためにも用いられる（Auer
1984）．

Meyerhoff（2006）は「コード・スイッチング」と「コード・ミキシング」（code mixing）を区別している．前者の場合，「異なった言語変種の間を往復する現象」であり，「文や節の境界を越えて言語変種，すなわち，コードが交代する」（ibid.: 116）が，後者の場合，「一般に，節や句の内部でこの現象が生じる」（ibid.: 120）．

coherence（首尾一貫性）

「首尾一貫性」（**coherence**）とは，テクストが意味的なつながりを持っていることを指す（他方，**結束性**（**cohesion**）のほうは，文法に関係したものである）．首尾一貫性は，**推意**（もしくは，**含み**）（**implicature**）や行為者の**背景化**（**backgrounding**）といった技法によって達成可能である．De Beaugrande and Dressier（1981: 4）では，首尾一貫性は7つの「テクスト性の基準」（standards of textuality）の1つとみなされており，テクスト世界（すなわち，表層のテクストに横たわっている概念（concept）や関係（relations）の構成）の要素が相互に接近可能であり，かつ関係しあっている状態のことである．[6]

---

[6] 訳者注：例えば，次の例を比較してみよう．
(i) a. I had trouble with the car yesterday. The carburetor was dirty.
    b. I had trouble with the car yesterday. The ash-tray was dirty.
（Fillmore 1977: 75）
これらのテクストを理解しようとする際，前の文と後の文との間に意味的関係性（因果関係）を読み込もうとするのが普通であるが，(a) 文と異なり，(b) 文では，そのような意味的関係性が捉えにくく，それゆえ，不自然なテクストに感じられる．(a) 文と (b) 文の自然さの違いには，「キャブレター（気化器）」（carburetor）（ガソリンと空気とを混ぜた混同ガスを作る装置）と「タバコの灰皿」（ash-tray）に対して我々が持つ背景知識が関係している．すなわち，キャブレターの汚れが車の故障の原因となることは容易に想像できるが，タバコの灰入れの汚れが車の故障の原因となることは直ちには想像しにくいのである（Fillmore 1977: 75 参照）

cohesion（結束性）

「結束性」（**cohesion**）とは，テクストが文法的に意味をなす状態を指す．Halliday and Hasan（1976）によれば，結束性には以下のタイプがあるとされる．

① 指示（reference）（例： **前方照応（anaphora）**，**後方照応（cataphora）**）
② **代用（substitution）**
③ **省略（ellipsis）**
④ 接続（conjunction）
⑤ **語彙的結束性（lexical cohesion）**

De Beaugrande and Dressler（1981: 3）では，結束性は 7 つの「テクスト性の基準」（standards of textuality）の 1 つとみなされており，「表層テクスト」（surface text）（すなわち，私たちが見聞きする実際の語）が相互に関係しあっている状態のことである．表層の構成要素は，文法形式や慣習に従って相互に依存しており，それゆえ，結束性は「文法的依存性」（grammatical dependencies）に依拠している．さらに，**首尾一貫性（coherence）**も参照のこと．

collectivization（集合化）

「集合化」（**collectivization**）とは，「**同化**」（**assimilataion**）の一タイプであり，（統計を用いることなく）人々を一括して表象することである．批判的談話分析学者テオ・ヴァン・レーウェン（Theo van Leeuwen）によると，we という語は「集合化」を表すのに用いられる（van Leeuwen 1996: 49-50）．また，this nation（我が国家），the community（（共通の利益・職業などをもつ人の）社会，…界），あるいは，Australia（オーストラリア）といった国名さえも集合的アイデンティティを表すことができる．以下のテクストの抜粋はバラク・オバ

マ大統領の就任演説（2009年1月20日）から採ったものであるが，集合化の例がいくつか含まれている（太字で表示）.

> … **America** has carried on not simply because of the skill or vision of **those in high office**, but because **We the people** have remained faithful to the ideals of **our forbearers**, and true to **our** founding documents. So it has been. So it must be with **this generation of Americans**. That **we** are in the midst of crisis is now well understood. **Our nation** is at war ...
>
> （… **アメリカ**が進展してきたのは，たんに**優秀なエリートたち**の技術や理念によるものではなく，**私たち庶民**が**私たちの祖先**の理念に忠実であり，**私たちの**建国の文書を守り続けた結果なのです．これまでずっとそうやってきました．そして，**この世代のアメリカ人**においてもそうあらねばなりません．**私たち**が危機の時代のさなかにあるということは今やよく理解されています．**私たちの国家**はいまだ闘いの渦中にあるのです．…）

さらに，**合算**（**aggregation**）と**個人化**（**individualization**）も参照のこと.

collocation（コロケーション）

　「コロケーション」（**collocation**）とは，ある語が別の語と規則的に結びつく場合の結びつき方のことである．それは，ある意味，「語が持っている仲間」と言えよう．英語母語話者であれば，コロケーションについてはわかっているが（例えば，tough と luck が結びついて tough luck となると「おあいにく様」の意味になる），（特に，非母語話者には）気がつかない場合が多い．こうしたことは**コーパス言語学**（**corpus linguistics**）の手法によってしか明らかにならない．コーパス言語学者・談話分析学者マイケル・スタッブズ（Michael Stubbs）は，コロケーションのイデオロギー的効力について，コロケーションを分析することで，「コロケーションの有する結びつきや含蓄，さら

には，それが体現している想定が明確になる」としている（Stubbs 1996: 172）．コロケーションの中には，慣習化され過ぎてしまった結果，内部に含まれている情報や想定を明るみに出すことが困難なものもある．その一例として，スタッブズは，"working mother"（「仕事を持っている女性」）を挙げている．この場合，家庭で育児をしている母親は働いていないという**推意**（もしくは，**含み**）（**implicature**）があり，社会では，「仕事」は有給の場合しか価値がないとみなされていることが示唆されているのである．さらに，スタッブズによると，コロケーションがあることによって，読者は集団に関してある特定の考え方をするようになるという（Stubbs 1996）．例えば，illegal（不法）と immigrant（移民）の強い結びつきによって，immigrant（移民）という語を聞くと，ただちに illegal（不法）を連想してしまうというのである．さらに，**意味的韻律**（もしくは，**意味的プロソディ**）（**semantic prosody**），**意味的選好**（もしくは，**優先的意味選択**）（**semantic preference**）も参照のこと．

colonization（植民地化）

「植民地化」（**colonization**）とは，元は，ある種（動植物，人間）が新しい土地に入植・移入することを意味していた．ドイツの社会哲学者ユルゲン・ハーバーマス（Jürgen Habermas）は，現代の**資本主義**（**capitalism**）を分析するに際してこの用語を採用し，経済，国家，体制といったシステムがいかに人々の生活に大きなインパクトを与えているかについて論じた（Habermas 1984）．イギリスの批判的談話分析学者ノーマン・フェアクラフ（Norman Fairclough）は，この用語を用いて談話の社会的秩序における植民地化を論じ，「消費主義や官僚制が他の談話のタイプを「植民地化」し，それを犠牲にして拡大してきた」としている（Fairclough 1989: 197-198）．フェアクラフは，広告の植民地化を論じて，「この30年広告が劇的に拡大し，人々が日常的に広告にさらされており，テレビを通して生活の非経済的な

側面や家庭の中まで浸入してきている」と述べている（Fairclough 1989）．広告による植民地化の例として，さらに，映画の中で製品を紹介するとか，市場調査会社が学者に調査を依頼し，その調査がスポンサー企業に言及することによって，メディアにも引用されるといった現象が挙げられる．

colony text（コロニーテクスト）

「コロニーテクスト」（**colony text**）とは，Hoey（1986）が自然科学から造った用語である．「コロニー」（群棲，群生）（colony）とは，蟻塚やミツバチの巣箱などに見られる．コロニーの構成要素はいろいろ変わるものの，そのコロニー自体の意味は一定である．これは多くの別々の類似した項目から成るテクストについても言えることである．例えば，買い物リスト，星占い，辞書，個人的な宣伝欄などである．

community of practice（実践共同体）

「実践共同体」（**community of practice**）とは，Lave and Wenger（1991）の用語で，目的を共有するために互いに交流する集団，とりわけ，「徒弟見習い」として修業に励んでいる集団のことである．これは，「人々，行為，世界における関係であり，長期間にわたり，つながりのある他の修業共同体と関係を持っている．実践共同体は知識の存在にとって不可欠の条件である」（ibid.: 29）．Eckert and Mc-Connell-Ginet（1998: 491）によると，実践共同体は「観察可能な行為・相互行為が，社会や，性・年齢・人種などの社会的実践における力の組織を生産・再生産し，またそれに抵抗する場でもある」．実践共同体は，極めて形式的なものから，略式で短期間，かつ自然発生的なものまで様々である（例えば，食事の後で一緒に洗い物をする人たちなど）．この用語は**談話共同体**（**discourse community**）と似た面がある．

computer-mediated communication (CMC)
（コンピュータ媒介的コミュニケーション）

　「コンピュータ媒介的コミュニケーション」（**computer-mediated communication**）とは，コンピュータを使っている人たちの間でなされる，Eメール，チャットルーム，インスタントメッセージング，ブロギング，コメンティングのような相互行為の形式のことである．この用語は，モバイル電話によるテクストメッセージ送信なども指す．CMCには，同時的なものと非同時的なものとがある（前者は，チャットルームのように「リアルタイム」の相互行為であり，後者は，（すぐに返事をする必要のないEメールのように）伝達の「順番」と「順番」の間に長い途切れがある）．談話分析学者は，CMCをやっている人たちがどのようにして様々なアフォーダンス（affordance）（＝環境や事物が，それに働きかけようとする人や動物に対して与える価値のある情報）を用いて効果的に伝達しあい（例えば，顔文字（Eメールなどで使う感情表現のマーク）など），関係を維持しているのか，**順番交替**（**turn-taking**）のような談話の側面はどのように管理されているのか，匿名の書き手のアイデンティティをはじめとして，オンラインのアイデンティティを構築するのにどのように言語が用いられているのか，といった問題を考察している．

connotation（暗示）

　「暗示」（**connotation**）は，記号論の一側面である．スイスの言語学者フェルディナン・ド・ソシュールによれば，**記号**（**sign**）は「表すもの」（signifier）（記号表現）（＝何かの表象）と「表されるもの」（what is signified）（記号内容）（表象される心的概念）から成る（Saussure 1966）．語は「表すもの」である．例えば，「青」という語は，青い色の心的概念を表象している．この形式と概念の関係は恣意的であり，両者の関係に必然性はない．「表すもの」は語に限られな

い．画像，交通信号，身ぶりなどでもかまわない．言語使用者は，
「表すもの」と「表されるもの」との関係を了解しているのである．こ
うした関係には「明示的」（denotative）（＝字義的）意味（例えば，
「青」という語には，色の心的概念を表象している）以外にも，それ
に添えられた「暗示的」（connotative）（非字義的）意味がある．例え
ば，「青」という語は文化によって異なった感情的な意味合いがある．
それは，高貴さ（*blue* blood（貴族の生まれ），セックス（*blue* movie
（ポルノ映画）），憂鬱さ（feeling *blue*（気が滅入る）），珍しさ（once in
a *blue* moon（ごく稀に）），寒さ（turning *blue* with cold（寒さで青ざ
める））などである．こうした意味を正確に解釈するためには，社会
的コンテクストに関する，プラスアルファの知識が必要とされる．暗
示的意味には，肯定的なものと否定的なものとがある．

consumerism（大量消費主義）

　「大量消費主義」（**consumerism**）とは，商品として一括される品
物とサービスを消費することであり，現代の**資本主義**（**capitalism**）
の重要な側面となっている．それゆえ，この概念は，西欧の**批判的談
話分析**（**critical discourse analysis**）にとって中心的なものである．
イギリスの批判的談話分析学者ノーマン・フェアクラフ（Norman
Fairclough）によると，大量消費主義の高まりには3つの条件が関与
している（Fairclough 1989: 199–201）．①経済的条件（例えば，大
量に多品種の商品を生産する能力と人々における賃金上昇と余暇），
②技術的条件（例えば，マスメディアの発達），③文化的条件（例え
ば，個人主義の高まりと文化的共同体の衰退）．大量消費主義にとっ
ては広告談話が不可欠である．フェアクラフは，広告テクストを調査
しただけでなく，広告談話がいかに他のコンテクストに浸入している
かを明らかにした（**植民地化**（**colonization**）参照）．この用語は，「消
費至上主義」として批判的に用いられる場合もある．例えば，「消費
者フェミニズム」（consumer feminism）とは，広告主は，女性に製

品を購入することを勧めつつ，女性の「力を高める（empower）」な
どと主張する．例えば，整形手術を勧める広告である（さらに，女性
を消費者として位置付ける「消費者女性性」（consumer femininity）
に関する研究については，Talbot 1998 参照）．

content analysis（内容分析）

　ここでの「内容分析」（**content analysis**）とは，心理学者アルフ
レッド・リンドスミス（Alfred Lindesmith）が 1930 年代に提唱した，
伝達内容を研究する方法であり，Glaser（1965）が採用したことで
1960 年代に一般的になった．内容分析にはコード枠の開発と使用が
含まれる．それは，しばしば，複数のテクスト間の比較をするためで
ある．例えば，分析者は，政治あるいはメディアの複数のテクストに
おける**キーワード**（**keyword**）のタイプの頻度の比較に焦点を当てる
かもしれない．分類システムは，信頼できるものでなければならな
い．なぜなら，評価者が異なっても同じカテゴリー化ができなければ
ならないからである（Weber 1990: 12）．さらに，分析者は，著者の
意図を解釈しようとすることよりも，むしろテクストの「顕在的」
（manifest）意味（すなわち，書かれた，あるいは言われた事柄）に焦
点を当てる傾向がある．Krippendorff（2004）は，内容分析が論じる
べき問題を 6 つ挙げている．

①　どのデータが分析されているのか．
②　そのデータはどのように定義されているのか．
③　そのデータが収集された集団とはどのような集団か．
④　そのデータが分析されたコンテクストとは何か．
⑤　分析者の専門分野は何か．
⑥　推論のターゲットは何か．

内容分析は，通例，電子的にコード化されたテクスト上で遂行される
ため，大量のデータがすばやく正確に処理可能である（よって，**コー**

パス言語学（**corpus linguistics**）に似た面がある）．

context（コンテクスト）

　「コンテクスト」（**context**）は，**談話分析**（**discourse analysis**）の重要な側面であり，この概念によって言語現象を解釈したり，説明をしたりする際の支えとなる．コンテクストの分析はほとんどの**批判的談話分析**（**critical discourse analysis**）が行っている．批判的談話分析学者ヴァン・デイク（Van Dijk）は，コンテクストを，「局所的コンテクスト」（local context）と「全体的コンテクスト」（global context）に二分する（Van Dijk 2001: 108）．前者は，「伝達事象が起こる際の相互行為の直近の場の特質」であり，後者は「伝達事象が起こる際の社会的，政治的，文化的，歴史的構造」である．批判的談話分析学者ルート・ヴォダック（Ruth Wodak）は「談話・歴史的アプローチ」（discourse-historical approach）において用いられるコンテクストとして4つのレベルを設けている（Wodak 2001: 67）．

① 直近の，言語内部もしくはテクスト内部の「**共テクスト（もしくは，コテクスト）**」（**co-text**）

② 発話と発話，テクストとテクスト，ジャンルとジャンル，談話と談話の間のテクスト相互的（もしくは，間テクスト的）・談話相互的（もしくは，間談話的）な関係

③ 特定の「場のコンテクスト」の言語外的な社会(学)的変数や制度的な枠（中規模理論）

④ 談話的実践が埋め込まれているより広い社会政治的・歴史的コンテクスト（大規模理論）

conversation analysis（CA）（会話分析）

　「**会話分析**」（**conversation analysis**）とは，リアルタイムの会話を

記録することに焦点を当てる言語分析のことである.「相互行為における会話の研究」とも称される. 分析者は, 通例, 私的でインフォーマルな会話を研究するが, 制度的な相互行為を取り上げる場合もある（例：医師と患者, 法的相互行為, 警察の尋問, 教室における会話など. Drew and Heritage 1992 参照）.

会話分析は, 1960 年代に, 社会学者のハーヴェイ・サックス（Harvey Sacks）, エマニュエル・シェグロフ（Emanuel Schegloff）, ガイル・ジェファーソン（Gail Jefferson）などによって始められた（例えば, Sacks et al. 1974 参照）. 彼らは**エスノメソドロジー（ethnomethdology**）の影響を受けた. 会話分析が焦点を当てるのは会話の内部構造で, とりわけ, **順番交代（turn-taking**）組織, 連鎖組織（sequence organization）（**隣接ペア（adjacency pair**）参照）, **修復（repair**）などである. 会話分析の重要な点として, 会話は, 規則的な構造に従っており, こうした構造が壊れるという現象もまた興味深いという考え方がある. それゆえ, 会話分析者は, ポーズ（休止）, 中断, 笑いなどの「ささいな」現象に焦点を当てつつ, 記録をきめ細かく解読する. ほとんどの会話分析は, 詳細な記録を用いて研究される. ジェファーソンは**転写（transcription**）のシステムを開発した. これによって, 話し手の音量, イントネーション, スピード, 強調, さらには, 息継ぎや舌なめずりといった現象までも考察できるようになった（Atkinson and Heritage 1984 参照）.

会話分析者は, 会話の記録に焦点を当てるので, 通常, 自らの分析の助けとなる別の情報源は用いない. 例えば, 人々が考えていることについて推論したりはせず, 参与者と面接して内面の感情を問うこともしない. さらに, 多くの会話分析者は, 会話のデータに関して, 人の**アイデンティティ（identity**）と関係づけたり, より広い社会的な**コンテクスト（context**）あるいは現存する理論を考察することによって説明しようともしない（この点で, 会話分析は**批判的談話分析（critical discourse analysis**）とは異なっている）.

conversationalization（会話化）

「会話化」（**conversationalization**）とは，イギリスの批判的談話分析学者ノーマン・フェアクラフ（Norman Fairclough）の用語である（Fairclough 1994: 260）．フェアクラフは，これを「談話の，公的秩序と私的秩序の境界の再構築」としている．さらに，フェアクラフによれば，「会話化」には，通常は会話で用いられることば遣い（例えば，口語的な語彙，なまり，韻律的・パラ言語的特徴，（会話的な語りといった）特定ジャンル）が，以前は見られなかったようなジャンルやコンテクストにおいてますます頻繁になされつつあるという状態が関わっている．会話化の場合，言語はたんに情報伝達的であるよりも，むしろ，話し手と聞き手との間に（時々見せかけの（synthetic））関係を構築・維持するために用いられるという．それゆえ，ここには，感情的・主観的な言語的ストラテジーが潜んでいる．例えば，評価的語彙（e.g. very, really），曖昧さ（e.g. sort of, kinda），反復（e.g. That's really really great!），1人称，2人称代名詞，縮約，能動文，インフォーマルな**呼びかけ語**（**terms of address**），スラング，ののしり，ユーモア，アイロニーなどがそれに当たる．会話化は「にせの親密さ」（fake intimacy）（Hoggart 1957），公的かつ口語的な文体（public-colloquial style）（Leech 1966）や「**見せかけの個人化**」（**synthetic personalization**）（Fairclough 1989）といった用語と類似している．会話化は，社会における民主化への運動を反映しているとも言えよう．すなわち，会話化を通して，人々は，社会的，政治的討論の場に参画することが可能となるのである．さらには，これはくつろいだ略式の相互行為を反映し，構築しているとも言えるかもしれない．しかしながら，次のようにも言えよう．すなわち，**資本主義**（**capitalism**）社会においては，会話化は，うわべだけの私的な関係を構築することによって，例えば，サービス提供者と顧客との間，あるいは，政治家と投票者との間に，顧客に対する忠誠を確保するための方法として用いられている場合が多い．さらに，会話化は，たん

に，対等な，あるいは親密な関係らしきものを（幻想として）ふりまいているにすぎないとして批判されてきた．やりとりにおいて，会話化が適切なのか，あるいは逆に，より上下関係的な伝達のほうが適切なのかを決定できるのは，一般に，実際に**権力**（**power**）を握っている人々だけである．例えば，医者は患者に対して会話化を用いるかもしれないが，最終的にはそのやりとりにおいて権力を握っているのは，（患者でなく）医者のほうなのである．このことを医者はいかなる時点でも示すことが可能なのである．

conversational maxims（会話の公理）

「会話の公理」（**conversational maxims**）とは，言語哲学者ポール・グライス（Paul Grice）によって生み出された4つの公理（すなわち，支配原理）であり，人々がどのように会話を行っているかを説明するものである（Grice 1975）．これらの公理は，礼儀作法の指針と捉えてはならない（**ポライトネス**（**politeness**）参照）．人々が一般に会話をどのように進めているのかについての「想定」と捉えるのが適切である．しかし，これらの公理は，様々な理由で無視（flout）され得る．話し手は誤った方向に導くためにひそかにその公理に違反（violate）したり，その公理を拒否（opt out）したり，あるいは公理の衝突（clash）に直面したりする（ibid.: 49）．全体として，公理は，グライスの「協調の原則」（**cooperative principle**）と関係している．Mey（2001: 76-77）は，協調がどのようになされるべきであるかについて，文化によって異なった原則があり得ることから，公理は普遍的には適用され得ないと主張している．グライスが（カントの『純粋理性批判』におけるカテゴリー表にならって）提出した4つの公理とは，以下のようなものである．

① 量の公理（The Maxim of Quantity）（会話における情報の適切な量を管理する公理）：

（1）当該のやりとりのその場の目的のために要求されるだけの十分な量の情報を与えよ（情報の出し惜しみをするな）.

（2）必要とされる以上の情報を与えるな.

② 質の公理（The Maxim of Quality）（真実性を管理する公理）：
（1）偽だと信じていることを言うな,
（2）十分な証拠がないことを言うな.

③ 関連性の公理（The Maxim of Relevance）：
関連性のあることを言え.
研究者の中には（例えば Sperber and Wilson 1986 など）, この公理が最も重要な公理であり, 他の公理はこの公理の中に包括されると考える研究者もいる（**relevance theory**（関連性理論）参照）.

④ 様態の公理（The Maxim of Manner）（明解な言い方をせよ）：
（1）不明瞭な言い方を避けよ.
（2）曖昧な言い方を避けよ.
（3）簡潔な言い方をせよ.
（4）順序立てて言え（例：出来事を語る場合には, 起きた順序で言え）.

公理が意図的に破られた場合, 聞き手はなぜ話し手は公理を破ったのかについて推論をする. 例えば,「質の公理」は, 皮肉やいやみを伝達するために意図的に破られる場合がある. 悪いニュースを聞いたのに, "That's great!" と言ったような場合がそれに当たる.[7]

---

[7] 訳者注：以下, グライスによる4つの公理から自然に生じる会話的推意（もしくは, 含み）の具体例を挙げてみたい.

第一に,「量の公理」から生じる推意がある.「量の公理」は2つの下位ルールから構成されているが, ここでは, 第1のルールから生じる推意に焦点を当てる. 男の子のうち, サッカーの試合に行った者がいたかどうかを聞かれて, some を用いて,（i）のように答えたとする.

（i）*Some* of the boys went to the soccer match.

cooperative principle (協調の原則)

「協調の原則」（**cooperative principle**）とは，言語哲学者ポール・グライス（Paul Grice）が立てた一般的な会話の原則である（Grice 1975: 45）．グライスは，この原則を次のように定義している．

(男の子のなかで，サッカーの試合に行った者はいました)

(Levinson 1983: 119)

この発話から，一般に，次のような推意が生じる．

(ii) *Not all* of the boys went to the soccer match.

(男の子は全員がサッカーの試合に行ったわけではない)

ただし，推意はしょせん推意にすぎない．それゆえ，「必ずしもそんな意味で言ったのではない」として，in fact（＝実は）といった語句を付加することによって，(ii) の推意を取り消すこともできる．例えば，以下のような発話である．

(iii) *Some* of the boys went to the soccer match, in fact *all*.

(男の子のなかで，サッカーの試合に行った者はいました．実は，全員行ったんです)

第二に，「質の公理」から生じる推意がある．例えば，東京で，初対面の人から，いきなり，次のように言われたとしてみよう．

(iv) あなたは出雲地方出身ですね．

「質の公理」からすると，この発話から，一般に，次の推意が生じる．

(v) 話し手は，（ただそう言っているのではなく）ある根拠に基づいて，相手が出雲地方出身であると信じている．

自分が出雲出身であるということを相手に伝えてはいないような場合，びっくりして，「え，どうしてそんなことがわかるんですか？」と問い返すであろう．

第三に，「関連性の公理」から生じる推意がある．次の一風変わった会話は，二人が明け方まで話しこんでいた時のものであるとする（Levinson 1983 参照）．

(vi) A: 今何時頃かな？

B: さっき，新聞配達の人が来たよね．

この会話は，一見すると支離滅裂である．しかし，実は，2 つの発話には関連性がある．B の答えが「関連性の公理」を遵守していると想定した場合，B の発話から「新聞配達の人がいつも来る時間だ」という推意が生じる．ここで重要なことは，A も B も新聞配達の人が来る時間帯（例えば，早朝の 5 時頃）を知っているということである．

第四に，「様態の公理」から生じる推意がある．「様態の公理」は 4 つの下位ルールから構成されているが，ここでは，第 4 のルール（「順序立てて言え」）から生じる推意に焦点を当てる．次の例を見られたい．

(vii) チケットを買って，映画館に行った．

この例から，一般に，以下の推意が生じる．

会話の段階で，あなたが行っているやりとりの共通の目的・方向性という点から，要求されるだけの貢献をせよ．

「協調の原則」は，4つの「**会話の公理**」（**conversational maxims**）によって支えられている．

corpus-assisted discourse studies (CADS)
（コーパスに支援された談話研究）

「コーパスに支援された談話研究」（**corpus-assisted discourse studies（CADS）**）とは，**コーパス言語学**（**corpus linguistics**）の手法を取り入れて批判的アプローチをする談話分析の一タイプのことである．この分野に関係した重要な研究として，Hardt-Mautner（1995）と Stubbs（1996, 2001）が挙げられよう．しかし，CADS という用語自体は Alan Partington（2004）による．CADS は，コンピュータのソフトウェアを用いて大量の言語データの中に存在する言語的パタン（例えば，頻度や連語など）を明らかにする．このパタンによって，特定の談話的・イデオロギー的な立場の存在が立証できるのである．Baker（2006: 13）によると，こうしたコーパス的アプローチによって，「談話の漸増的効果」（incremental effect of discourse）を考慮に入れることが可能となるという．CADS のアプローチは，さらに調査結果を「説明」することに重きを置く．このことは，しばしば，**三角法**（**triangulation**）の実践として，他の分析方法も援用して複眼的に検証すること，そして，**テクスト相互性**（もしくは，**間テクスト性**）

（viii）　チケットを買ってから，映画館に行った．
（vii）の2つの文の順序は，行動の順序と一致している．第4のルールによれば，（vii）の2つの文の順序を入れ替えると，行動の順序も逆になると予測されるが，この予測は以下の例（ix）から裏付けられる．
（ix）　映画館に行って，チケットを買った．
この例からは，以下の推意が生じるからである．
（x）　映画館に行ってから，チケットを買った．

（**intertextuality**）のみならず，テクストの**生産**（**production**）と**受容**（**reception**）の仕方に関するコンテクスト的情報を考慮に入れることにつながっている．CADS に包含される（もしくは，関係する）可能性がある例として，イギリスの批判的談話分析学者ノーマン・フェアクラフ（Norman Fairclough）による新労働（New Labour）談話における**キーワード**（**keyword**）の分析（Fairclough 2000a），Hunston（2002）による聴覚障害者の表象に関する調査，Partington（2003）によるアメリカの記者会見に関する研究，Baker（2005）による公的談話における男性同性愛者の構文に関する研究などが挙げられる．

corpus linguistics（コーパス言語学）

「コーパス言語学」（**corpus linguistics**）について，McEnery and Wilson（1996: 1）は「「実生活の」言語使用の例に基づいた言語の研究」であると述べ，それは「説明や記述を要する言語の側面ではなく，1 つの方法論」であるとしている．コーパス言語学はコンピュータソフトウェアを用いて，電子的に入力された生の（しばしば大規模な）テクストにおける語の頻度や語と語の関係を調査する．Baker（2006: 10–12）によれば，こうした方法の長所は，研究者の先入観を取り去って，現存する言語理論について，言語データの大規模な代表的サンプルに基づいて検証することが可能になり，さらには，**キーワード**（**keyword**）や**コロケーション**（**collocation**）といったプロセスがこれまで（これなしでは）思いつかなかったような言語パタンを露わにしてくれるといったことがある．Hunston（2002）は，コーパス言語学の応用分野として多くの分野を挙げている．例えば，言語教育，文体論，辞書作成，法言語学（forensic linguistics），言語変異，イデオロギー研究，翻訳研究などである．さらに，**コーパスに支援された談話研究**（**corpus-assisted discourse studies**）も参照のこと．

co-text (共テクスト，コテクスト)

　「共テクスト（もしくは，コテクスト）」（**co-text**）とは，特定のテクスト（**text**）（文や発話）の前後に生起するテクストのことである．コンテクスト（**context**）参照．

critical discourse analysis (CDA) (批判的談話分析)

　「批判的談話分析」（**critical discourse analysis（CDA**)）とは，談話分析の一アプローチであり，言語を社会実践とみなし，イデオロギーや権力関係がどのように言語に具現されているかに焦点を当てるアプローチのことである．CDA は，とりわけ不平等性の問題に関心を向け，分析を進めるに際して「誰が利益を得るのか」という問題を念頭に置く場合がある．

　他の多くの言語分析と異なって，CDA は，1 ページ上の語に関心を向けるだけでなく，社会的コンテクストまでも考慮に入れる．例えば，なぜ当該の語が書かれ，話されたのか，それらの語によって言及されている他のテクストとは何か（**テクスト相互性**（もしくは，**間テクスト性**）（**intertextuality**）参照）といった問題である．こうしたアプローチを最初に提唱したのは，イギリスの批判的談話分析学者ノーマン・フェアクラフ（Norman Fairclough）であった（Fairclough 1989）．彼は，以下のような三段階的（もしくは，三次元的）な枠組みを用いている．

　第一の段階（＝**記述**（**description**））は，テクスト分析であり，**批判的言語学**（**critical linguistics**）と関係がある．この言語学は，言語学者マイケル・ハリディ（Michael Halliday）の**体系機能文法**（**systemic functional grammar**）から生まれたものである．

　第二の段階（＝**解釈**（**interpretation**））は，テクストと相互行為に焦点を当て，テクストを生産の営みの産物（product）であると共に解釈の営み（process）における資源（resource）とみなす．

第三の段階（＝**説明**（**explanation**））は，相互行為と社会的コンテクストの関係を調べ，生産と解釈の営みの社会的影響を考察する．

批判的談話分析に対しては，他にも様々なアプローチが提唱されてきたが，すべてはテクスト分析と広範な社会的コンテクストとを結びつけることに向けられている．Reisigl and Wodak（2001）の**談話・歴史的アプローチ**（**discourse-historical approach**）は**論証**（**argumentation**）理論を用いており，批判的談話分析学者テオ・ヴァン・レーウェン（Theo van Leeuwen）は社会的行為者表象（social actor representation）に焦点を当てている（van Leeuwen 1996, 1997）．ジークフリート・イェーガー（Siegfried Jäger）のアプローチは，基本的に，「装置分析」（dispositive analysis）を用いた，フランスの哲学者ミシェル・フーコー（Michel Foucault）流の批判的談話分析の理論的・方法論的側面に基づいている（Jäger 2001）．CDA に対するヴァン・ディク（Van Dijk）の**社会認知的アプローチ**（**socio-cognitive approach**）は記憶の 3 部モデルを採用している．また，Hart and Luke（2007）は，認知言語学と CDA との相乗作用に焦点を当てている．O'Halloran（2003）は，CDA の解釈段階のモデルを提唱しているが，その際に，「コネクショニズム」（connectionism），[8] 認知言語学，推論，**関連性理論**（**Relevaqnce Theory**）などからアイデアを取り入れている．CDA に対する Partington（2004）や Baker（2006）のアプローチは，コーパス言語学の方法論を用いて大規模なパタンを明らかにするというものである（**コーパスに支援された談話研究**（**corpus-assisted discourse studies**）参照）．CDA のこうした様々な「変種」（flavour）の内部においてさえも，一般的には，これと決まった分析法というものはない．分析者は自由にテクストを選択したり，様々な分析手法を組み合わせたり，分析が実行される際の順序を決めたりすることが可能である．それゆえ，初心者にとってはか

---

[8] 訳者注：「コネクショニズム」とは，人間の認知システムを神経回路網の基本構造としてモデル化する立場を指す．

えって分析しにくい面があることも否めない．こうした自由さは，CDA が偏見や排除といった社会問題にハイライトを当てていることともあいまって，研究者が先入観を持って研究をしているという非難を受けがちである（例えば，「自分の都合のよいテクストだけを選び，そうでないテクストは無視しているのではないか」）．こうした批判に対して，CDA は以下のように答える．第一に，「中立的な（neutral）研究者」などという観念は誤謬である．そのうえで，「**省察性**」（**reflexivity**）を取り入れることによって，研究者は自分の立場について，そして，自分の立場がいかに自らの研究の進展に応じて発展するかについて省察する．第二に，**三角法**（**triangulation**）を取り入れる．例えば，小規模な「定性的分析」（qualitative analysis）と，**サンプリング**（**sampling**）や「定量的手法」（quantitative techniques）による**コーパス言語学**（**corpus linguistics**）のアプローチとを組み合わせる．コーパス言語学を取り入れることによって，より広範な傾向に対する証拠を発見することができるからである．

critical linguistics（批判的言語学）

「批判的言語学」（**critical linguistics**）とは，社会に関心を向ける言語学であり，1970 年代にロジャー・ファウラー（Roger Fowler）とギュンター・クレス（Gunther Kress）によって提唱されたアプローチである．このアプローチは，『言語とコントロール』（*Language and Control*）（Fowler et al. 1979）から誕生した．批判的言語学は，言語学者マイケル・ハリディ（Michael Halliday）の**体系機能文法**（**Systemic Functional Grammar**）の枠組みに依拠しており，例えば，名詞化（nominalizations）や無動作主受動文（agentless passives）の使用を通して，どのように現象がテクストの中に表象されるかを調べ，文法体系が社会的・人間的な必要性と深く関わっていることを指摘する．批判的言語学は，さらに**言語行為論**（**speech act theory**）や**会話分析**（**conversational analysis**）といったモデルも援

用する．批判的言語学は，イギリスの批判的談話分析学者ノーマン・フェアクラフ（Norman Fairclough）による**批判的談話分析**（**critical discourse analysis**）における談話の「三段階モデル」の中の第一段階である（テクストの）「**記述**」（**description**）のための基礎として用いられ，批判的談話分析学者ルート・ヴォダック（Ruth Wodak）の**談話・歴史的アプローチ**（**discourse-historical approach**）やヴァン・デイク（Van Dijk）の**社会認知的アプローチ**（**socio-cognitive approach**）といったアプローチの発展に寄与している．

cultural relativism（文化相対主義）

「**文化相対主義**」（**cultural relativism**）とは，ドイツ生まれのアメリカの文化人類学者フランツ・ボアズ（Franz Boas）が唱えた概念で，彼によれば，「文明（civilization）は絶対的なものではなく，… 相対的なものである」という（Boas 1887: 589）.[9] ボアズ自身はこの用語を用いてはおらず，彼の死後，1940 年代に造られたものである．もともとは認識論的な主張であるものの，方法論的な道具として用いられ，西欧の研究者たちの**自民族中心主義**（**ethnocentricism**）に対する批判となった．ボアズが指摘した文化相対性の一例は「交代音」（alternating sounds）の生起と関係している（Boas 1889）．英語では，他の言語で用いられる音がいくつか欠けている．英語の母語話者はそのような音が発話されるのを耳にすると，それは別の音だと誤認する（例えば，英語話者は，日本語話者が，「米」を指して，ある時には rice と言ったり，別な時には lice と言ったりして，首尾一貫していないと誤認する可能性がある．しかし，実際には，日本語話者は当の単語を同じ音で発音しているのである）．

---

[9] 訳者注：フランツ・ボアズ（1858-1942）は，「アメリカ人類学の父」と称される．北米北西海岸のアメリカ先住民などを調査・研究し，科学的人類学を唱えて進化主義的人類学を批判した．

data-driven approach（データ駆動的アプローチ）

「データ駆動的アプローチ」（**data-driven approach**）とは，内省的立場と対照的に，実際の「データ」の用法に関わる分析を行うアプローチのことである．加えて，当該のデータは，自然に話されているものでなくてはならず，こしらえられたテクストから成るものであってはならない．極端な場合には，このアプローチの研究者は，データに対して最初から既存の言語理論や（文法的カテゴリーのような）カテゴリー化のスキームを押し付けたり，言語使用に関する特定の仮説を研究することを避けようとする．データ駆動的分析は，ボトムアップ的アプローチとして特徴づけられることがある．これは理論駆動的アプローチと対照的である．後者はトップダウン的アプローチである．

データ駆動的な研究者はデータに「心を開いて」接し，その分析を「駆動」させるために現れ出るものはいかなるものであれ，興味深く，顕著なものとして許容する．その後，そのデータは，その分析者にある特徴を選ばせ，特定の分析の枠組みを採用させることになる．Tognini-Bonelli（2001）は，**コーパス言語学**（**corpus linguistics**）において，「コーパス駆動的」（corpus-driven）アプローチと「コーパス基盤的」（corpus-based）アプローチとは，互いに関係はあるものの，両者は別物であるとしている．前者は，データ駆動的と類似しており，最小限の理論的想定を用いて，頻度や統計的な情報に基づいて分析を行う．一方，後者は，データの情報源としてのコーパスを用いて研究者の直観をチェックするのである．

deixis（ダイクシス，直示）

「ダイクシス」（もしくは，直示）（**deixis**）とは，「指示物を指す

（簡単に言えば，事物を「指し示す」）表現である．指示物は，具体物（例：物体，人間）の場合もあれば，抽象物（例：時点，観念）の場合もある．ダイクシス表現の例としては，this, that, here, there, now, then, I, you, he, she などがある．これらの語は，コンテクストを参照することによってはじめて理解が可能となる．[10] 例えば，これらの語の前後の語や文を考慮したり，言語外のコンテクストに言及したりするのである．一例を挙げれば，話し手が会話の中で "Look at that!"（あれを見てごらん）と言って何かを指し示したりする場合である．ダイクシスは，指示物を特定の次元に沿って位置づけるため，人称，空間，時間，談話，社会といった様々な下位類を持つ．Hunag (2007: 132) は，ダイクシスを (i) 基本的なカテゴリー（人称，空間，時間のダイクシス）と (2) その他のカテゴリー（談話，社会のダイクシス）に大別している．さらに，**前方照応（anaphora），後方照応（cataphora**）も参照のこと．

description（記述）

　この場合の「記述」（**description**）とは，ある特定の言語の特徴（例えば，正しさ，明確さ，あるいは，ある意味での巧みさなど）について，価値判断を抜きにして正確に記述しようとする形の分析法のことである．「記述」は**規範主義（prescriptivism**）とは異なる．（テクス

---

　[10] 訳者注：例えば，隣の部屋から次のような声が聞こえてきたとしても，発話がなされている場に居合わせていないため，「君」「彼」「これ」「あそこ」が具体的に誰／何／どこを指しているのかを理解することは困難である．
　(i) 君は彼と一緒にこれをあそこまで運んでくれ．
　発話場面に依存して解釈が決まる言語表現（発話場面の情報抜きには解釈できない言語表現）をダイクシス表現（直示表現）（deictic expressions）とみなすならば，人称代名詞や指示詞以外にも，直示動詞（deictic verbs）（come/go, bring/take/fetch 等），テンス（時制），敬語など，多様な言語表現がダイクシス表現に含まれることになる（詳しくは，Fillmore 1975, Levinson 1983, 澤田淳 2015 等を参照）．

トの分析に関わる場合の）「記述」は，イギリスの批判的談話分析学者ノーマン・フェアクラフ（Norman Fairclough）による**批判的談話分析**（**critical discourse analysis**）における談話の「三段階モデル」の中の第一段階であり，（テクストと相互行為の間の関係に関わる）第二段階の**解釈**（**interpretation**）と（相互行為と社会的コンテクストとの間の関係に関わる）第三段階の**説明**（**explanation**）に先立つ段階である．「記述」は，代名詞の用法，メタファー，モダリティ，名詞化，動作主性といった，テクストにおける形式的な言語的特徴を明らかにすることにも関わっている．

diachronic studies（通時的研究）

　「通時的研究」（**diachronic studies**）とは，時間によって変化するものとして捉えた言語の研究のことである．こうした研究には縦軸から捉える面がある．というのは，（ある地域の）住民，集団，あるいは個人を取りあげて，彼らの言語使用がある特定の期間でどのように変化するかを調査するからである．他の通時的研究として，複数の期間から言語資料を収集し，比較するということがある．それゆえ，通時的研究は歴史言語学とつながっている．**共時的研究**（**synchronic studies**）参照．

direct speech（直接話法）

　「直接話法」（**direct speech**）とは，発話者の発話をそのまま再現する話法であり，**間接話法**（**reported speech**）（＝indirect speech）と対を成す．直接話法は，以下のように，伝達節に率いられて表示される場合が多く，被伝達部は引用符で括られる．

　　'There is a 1952 directive that's never been superseded', she
　　said deliberately. 　　　　　　　　　　　　　　　　　　　(BNC, HR4)

（「1952 年の指令がありますが，これはこれまで一度も廃棄されたことが
ありません」と，彼女は慎重に述べた）

Leech and Short（2007: 64）参照.

discourse（談話，ディスコース，言説）

　「談話」（もしくは，ディスコース，言説）（**discourse**）には，以下
のような互いに関連した 7 つの意味がある．第一に，（もしかしたら
最も一般的な使われ方として），いかなる形であれ，「使用されている
言語」（Brown and Yule 1983），もしくは，自然に生起している言語
を指す場合がある．第二に，より特定的に，話しことばに限定して用
いられる場合がある（それゆえ，**談話標識**（**discourse markers**）と
いった用語がある）．「談話標識」は話しことばを指すことが多い．
さらに，コーパス言語学者・談話分析学者マイケル・スタッブズ
（Michael Stubbs）は「談話」と「テクスト」を峻別する（Stubbs
1983: 9）．前者は相互行為的であり，後者は非相互行為的（独話）で
ある．第三に，「文や節を超えた言語」（Stubbs 1983: 1）とみなされ
る場合がある．この場合，テクスト構造やパラグラフの分析が行われ
る．第四に，言語使用の特定のコンテクストを指す場合がある．この
意味では，「ジャンル」や「テクストタイプ」といった概念に近くなっ
ている．例えば，「政治における談話」（＝政治の場で使われる種類の
言語）とか，「メディアにおける談話」（＝メディアで使われる言語）
といった場合である．第五に，特定のトピックとみなされる場合もあ
る．例えば，「環境的談話」とか「植民地的談話」といった具合である
（これらは多くの様々なジャンルで生起する可能性がある）．こうした
名称はあるトピックに対する特定の態度を示唆している場合もある
（例えば，環境的談話に関心を抱いている研究者は一般に資源を浪費
するのではなく環境を保護することに熱心であると考えられる）．第
六に，これと関連して，フランスの哲学者ミシェル・フーコー

discourse 49

(Michel Foucault) は，この用語を「自らが語る対象を体系的に構築する実践」（Foucault 1972: 49）として，よりイデオロギー的に定義している．Burr（1995: 48）は，フーコーによる「談話」の定義を拡大して以下のように述べている．

> 意味，メタファー，表象，イメージ，物語，陳述などの集合であり，それらはなんらかの方法で共にある特定の形の出来事を生産する．... 1 つの対象や人物などの周りに様々な談話が存在し得る．各々の談話は，世界について語るべき独自の物語を持っており，世界に対してそれを表象する独自の方法を有している．

第七に，イギリスの批判的談話分析学者ジェーン・サンダーランド（Jane Sunderland）は，特定の談話を同定・命名することによって，フーコーの言う意味を一段階先に進めている（Sunderland 2004）．それは，「『X』談話」という形式で命名されており（X には任意の内容が入る），例えば，「『女性は女性にご用心』（women beware women）談話」，「『男性の性衝動』（male sexual drive）談話」といったリストがある（**discourse naming**（**談話命名**），ジェンダー談話（**gendered discourse**）参照）.[11] 談話は，はっきりと示されていなくても，言語使用からその痕跡は見てとれる．イデオロギー色の強い談話の使用は，このリストの終わり近くに現れ，ポストモダニスト的思考を反映している．Potter and Wetherell（1987）によれば，人はあるトピックに関して矛盾した意見を口にすることが多いが，それは，彼らが会話の中で一連の競合する談話にアクセスしているためであるとする．

---

[11] 訳者注：サンダーランドは，（教室談話（classroom discourse）のような）「記述的談話」（descriptive discourses）と「解釈的談話」（interpretive discourses）を区別している．前者は，なされる場面に基づく中立的な命名が用いられるが，後者は，（人種差別談話のように）特定の見解やイデオロギーを表すものである．彼女は，'women beware women'（女性は女性にご用心）とか 'poor boys'（かわいそうな男の子たち）といった，ジェンダー発話の実例を論じている．

それゆえ，談話は矛盾し，一貫性に欠けるのである．そして，その同定 (identification) は，必然的に解釈的であることを免れず，論争の的になりやすい．それは，ひとえに，談話から「一歩外に出て」完全な客観性でもってそれを眺めることが困難であるためである．フーコーによれば，「私たちが自分自身のアーカイブ (archive) を記述することは不可能である．なぜなら，私たちが話すのはこれらの規則の内側からにほかならないからである」(Foucault 1972: 146).

discourse analysis（談話分析）

談話（ディスコース，言説）(**discourse**) に多くの意味があるように，「談話分析」(**discourse analysis**) にも多くの意味がある．それらは時と共に変容してきている．談話分析について，Brown and Yule (1983: ix) は「人間が言語を用いていかに伝達しあっているのか」の研究であるとし，コーパス言語学者・談話分析学者マイケル・スタッブズ (Michael Stubbs) は「文や節を超えた言語組織を研究し，会話のやりとりや書かれたテクストのような大きな言語単位を研究する分野である」とする (Stubbs 1983: 1). スタッブズが述べるところによれば，談話分析は「自然に話されている言語の研究」であるとし (ibid.: 9)，批判的談話分析学者ヴァン・デイク (Van Dijk) は，この用語を「テクスト分析」を指すものとして使用している．テクスト分析は談話分析としても通用するであろう（ただし，テクスト分析は暗黙裡に特定の西欧的伝統を意味している）．談話分析者の中には，意味と構造がテクストの中でどのように伝えられているかに焦点を当てる者もおれば，とりわけ 1990 年代以降，談話分析をより批判的に用いて**権力**（**power**），不平等，**イデオロギー**（**ideology**）に関わる問題を研究する者もいる．とはいえ，すべての談話分析に共通していることは，自然に話され，書かれている言語の分析に重点を置いているということである．ただし，分析方法，焦点（例えば，**テクスト相互性**（もしくは，**間テクスト性**）（**intertextuality**），生産と受容の仕方，

discourse community 51

社会的・歴史的コンテクストが考察される程度），目的は異なっている．Burr（1995: 163）は，「談話分析」という用語は「まったく異なった目的や理論的背景を持った広範な実際の研究実践をカバーする傘である．ただし，皆，興味の中心は言語にある」としている．Burr（1995: 163）の示唆するところによれば，**会話分析**（**conversation analysis**）は，ある種の談話分析を含んでいるという．また，**談話心理学**（**discursive psychology**），**相互行為的社会言語学**（**interactional sociolinguistics**），あらゆる種類の**批判的談話分析**（**critical discourse analysis**）も談話分析に属する．

これまで，談話分析は主として定性的（もしくは，質的）な形の分析であった．伝統的に少量のテクストを「綿密に読む」ことであった．例えば，会話の詳細な**転写**（**transcription**）や雑誌の記事などがそうしたテクストの典型である．しかし，最近では，談話分析は大規模なデータに基づいて定量的・コーパス基盤的な手法を用い始めている（**corpus-assisted discourse studies**（**CADS**）（**コーパスに支援された談話研究**）参照）．Burr（1995: 160-161）は，社会心理学的な研究が採る「批判的な」形の談話分析に焦点を当てて，以下のように述べている．すなわち，談話研究の中心的な教義とは，研究者と研究されている人々との協働作業であり，分析の客観性は極めて困難である．それゆえ，談話分析研究者は，「**省察性**」（**reflexivity**）に基づいて，自らの立場と，自らの立場が研究のプロセスと結果にどのような影響をもたらしたのかについて省察しなければならない．

discourse community（談話共同体）

「談話共同体」（**discourse community**）とは，Nystrand（1982）の用語で，後に，アメリカの言語学者ジョン・スウェイルズ（John Swales）が発展させた（Swales 1990: 24-27）．スウェイルズは「談話共同体」を以下の6つの特徴によって定義している．

① 共通の目的に関して大まかな同意がある.

② 成員どうしの間に相互的コミュニケーションのメカニズムがある.

③ 情報を提供し,それに対するフィードバックを得る成員参加型のメカニズムがある.

④ その共同体のコミュニケーション目的を達成するための複数のジャンルを所有し,活用する.

⑤ 特定の語彙を獲得している.

⑥ 関連する内容と談話に関する専門知識をある程度有している一定数の成員がいる.

談話共同体の成員は言語の**レジスター**(もしくは,**言語使用域**)(**register**)を採用しており,言語共同体とは異なっている.言語共同体が関係しているのは,継承され,選ばれた言語である.しかしながら,談話共同体の成員であることは,さらに,言語に通じているだけでなく,ある特定の共同体にまつわる概念や願望を理解し,利用することでもある.談話共同体の例としては,ある特定のテレビ番組に関する電子メールのメーリングリストのユーザーであるとか,支援団体(例えば,「アルコホーリクス・アノニマス」(Alcoholics Anonymous)など)のメンバーであるとか,[12] 特定の学術雑誌を講読していたり,そこに論文を発表したりしている人たちなどである.談話共同体は,コミュニケーションを可能にするメカニズムとして機能する傾向があり,自己目的化したものではない.「談話共同体」と「実践共同体」(community of practice)は同じ物であるとする研究者もおれば(例えば,Cossard 2006 参照),両者は別物であるとする研究者もいる.例えば,Hewings (2005: 38) は,後者は前者と関連してはいるが,より広い概念であると述べている.

---

[12] 訳者注:「アルコホーリクス・アノニマス」(Alcoholics Anonymous) は,アルコール依存からの回復を目指す人々の自助グループで,1935 年にシカゴに設立された.

discourse-historical approach（談話・歴史的アプローチ）

　「談話・歴史的アプローチ」（**discourse-historical approach**）とは，**批判的談話分析**（**critical discourse analysis**）の一タイプであり，ウィーンで批判的談話分析学者のマーティン・ライジグル（Martin Reisigl）とルート・ヴォダック（Ruth Wodak）によって提唱されたものである（Martin Reisigl and Ruth Wodak 2001）．このアプローチは，以下の分析法の影響を受けている．言語学者マイケル・ハリディ（Michael Halliday）の**体系機能文法**（**systemic functional grammar**），**批判的言語学**（**critical linguistics**），批判的理論（critical theory），**論証理論**（**argumentation** theory），ドイツの「政治言語学」（politico-linguistics），そして，イギリスの批判的談話分析学者ノーマン・フェアクラフ（Norman Fairclough）（Fairclough 1989, 1995），批判的談話分析学者テオ・ヴァン・レーウェン（Theo van Leeuwen）（van Leeuwen 1995, 1996），ホッジとクレス（Hodge and Kress）（Hodge and Kress 1988）などによって実践されている，様々な流派の**批判的談話分析**（**critical discourse analysis**）などである．偏った政治化のリスクを避けるために，このアプローチは**三角法**（**triangulation**）を用い，様々な方法とデータを組み合わせ，可能な限りコンテクストを明らかにすることに重きを置く．コンテクストの分析に際しては，特定のテクストにおける言語使用，**テクスト相互的**（もしくは，**間テクスト的**）な諸関係（**intertextual** relationships），**談話相互性**（もしくは，**間談話性**）（**interdiscursivity**），さらに社会的変数（social variables）や制度的枠組み（institutional frames）などを考慮に入れる．最後の2つは，場面的，社会政治的，歴史的コンテクストと関係している．「談話・歴史的アプローチは，談話の「事象」（events）が埋め込まれている社会的・政治的分野の歴史的源泉や背景に関する入手可能な多くの知識を統合しようと試みるものである」（Reisigl and Wodak 2001: 35）．典型的な談話・歴史的アプローチの場合，研究者は，まず第一段階として，ある特定の談話の内容・

トピックを決定し，第二段階として，そこに用いられている**談話スト
ラテジー**（**discursive strategy**）（例えば，論証など）を分析する．
最後の段階として，特定の構文（例えば，**ステレオタイプ**（もしくは，
固定観念）（**stereotypes**）など）がどのように言語的に活用されてい
るかについて調べる．

discourse markers（談話標識）

「談話標識」（**discourse markers**）は，「談話不変化詞」（discourse
particles），「語用論的標識」（pragmatic markers）などと称されるこ
ともある．この用語は，文法的，意味的な機能を持ち合わせていない
語句を指すことが多い．例えば，you know, like, oh, well, I
mean, actually, basically, OK などがあり，because, so, and,
but, or といった接続語（connectives）もこれに含まれる．Schiffrin
(1987: 31) は，それらを「会話の単位を囲む，連鎖上従属的な要素」
と定義している．談話標識のほとんどは，初期の文法家によって，意
味を持たないもの，あるいは「詰め物」（fillers）にすぎないとして無
視されていたが，後に，談話を構成したり，語用論的機能を果たす際
に重要な役割を果たしていることが（とりわけコーパス言語学者に
よって）認められた．例えば，Aijmer (1996) は，機能の上から談話
標識を 2 つに分類した．「局所的」（local）と「全体的」（global）であ
る．前者の場合，例えば，I mean（＝つまり）は単一の話題における
ミクロ構造を標示しているが，後者の場合，例えば，anyway（＝それ
はそうと）は話題を変えるために用いられている．Jucker and Smith
(1998: 197) は，「受容標識」（reception markers）と「提示標識」
（presentation markers）に分類した．前者は，誰かが与えた情報に対
する話し手の反応を示すものであり（yeah, oh, ok, really），後者
は，話し手自身が自分の提示した情報を修正するものである（like,
you know, I mean）．Rühlemann (2007: 121) は第三の分類を試み
ている．すなわち，「提示的談話標識」（present-discourse markers）

(like, you know, I mean) と「被提示的談話標識」(presented-discourse markers)(go, like) の区別である.[13] Andersen (1998) によれば,談話標識は,実は,文法的・機能的に制約されており,発話のどこにでも自由に生起できるわけではないという.談話標識の概念を拡張して,非言語的現象を指せるようにすることも可能である.例えば,話しことばでは,**ピッチ**(**pitch**)の上昇を用いて,新しい話題のスタートを示すことも可能であろう.さらに,書きことばでは,談話をまとめ上げるに当たって,パラグラフのスペース,小見出しといった視覚的要素も用いることができよう.

discourse naming (談話命名)

「談話命名」(**discourse naming**)とは,**談話分析**(**discourse analysis**)の一タイプであり,イギリスの批判的談話分析学者ジェーン・サンダーランド(Jane Sunderland)が「ジェンダー談話」(gendered discourses)に関する研究の中で提唱したものである(Sunder-

---

[13] 訳者注:この場合の go は,後ろに,直接言ったことを引用して,「... と言う」の意味を表す会話的な非標準的語法である.会話のやり取りを1人の話者が連続して語る形で用いられることが多い.特に若者に好まれるとされる.

 (i) I asked 'How much?' and he *goes*, 'Fifty' and I *go*, 'Fifty? You must be joking!' (OALD[9])
   (「いくら?」と聞いたら,彼は「50ポンド」って言うんだ.それで,「50ポンドだって?冗談だろ」って言ったのさ)
 (ii) I asked "What are you doing?" and he *goes*, "I'm parking my car here," and I *go*, "This is my parking space."
   (「何をやっているんだ」と聞いたんだ.そしたらそいつが「ここに車を止めているんだ」と言うから,「ここは私の駐車スペースだ」って言ってやったのさ.) (『ウィズダム英和辞典』(第3版))

さらに,この場合の like は,後ろに,直接言われたことを引用して,「... って感じで言ったんだ」のような意味を表す.表現しにくい出来事や感情,実際の音などを示す場合に用いられることが多い.

 (iii) Then, he was *like*, "You liar!"
   (それで彼は「うそつき」って感じで言ったんだ(=Then he said, ...)) (『ウィズダム英和辞典』(第3版))

land 2004). それはテクストを綿密に読み込んで，世界や談話を見る特定の見方を示唆している言語的な痕跡（traces）を同定する．Sunderland（2004: 28）は以下のように述べている．

> 人々は直接的な方法で談話を認識することはない．それは同定されることもなければ，命名されることもなく，自明のものでもなく，ある与えられたテクストの区切られたかたまりとして目に見えるものでもない．また，それは全体像として「そこに」（there）あることもない．そこに確かにあるものといえば，それは，若干の言語的痕跡にすぎない．例えば，「ページ上の印」，話された言葉，さらには，過去の会話に関する人々の記憶などである．これらの痕跡は，もし十分な量があり，整合的なものであれば，ある特定の談話の「痕跡」であることを示している可能性がある．

こうした言語的痕跡（さらに，Talbot 1998 も参照のこと）は，談話分析の伝統的な手法によって同定可能である．例えば，社会的行為者表象（social actor representation），モダリティ（modality），他動性（transitivity），コロケーション（collocation）などの分析である．サンダーランドのアプローチの中には，談話どうしがどのようにつながっているのかを同定することが含まれている．談話どうしは，他の談話と競い合っており，他の談話を支配しており，他の談話と相互に支えあっており，他の談話と代替的でもある．談話命名には別の側面として，「評価的である」ということがある．それは，「有害なもの」，「開放的なもの」，「抵抗的なもの」，「破壊的なもの」，「保守的なもの」といったラベルを活用する．例えば，

The law says all men are free in England.　　　　　　(BNC, C85)

といった文はいくつかの異なった談話を具現化していると見ることもできよう．それは，男女平等の談話に言及しているとも取れるが，かなり支離滅裂な男性優位主義者の談話とも取れるであろう．なぜなら，それは男性には言及していても，女性には言及していないからで

ある．こうした文の発言者がどの立場に立とうとしているのかを決定するためには，この文のコンテクストを精査する必要がある．

discourse prosody（談話的韻律，談話的プロソディ）

「談話的韻律」（もしくは，談話的プロソディ）（**discourse prosody**）とは，コーパス言語学者・談話分析学者マイケル・スタッブズ（Michael Stubbs）によれば，「線的連鎖における単一の単位を超えて広がる特徴」のことである（Stubbs 2001: 65）．談話的韻律は，**意味的韻律**（もしくは，**意味的プロソディ**）（**semantic prosody**）や**意味的選好**（もしくは，**優先的意味選択**）（**semantic preference**）と共通する面が多い．ただし，意味的韻律や意味的選好が単一の語に焦点を置くのに対し，談話的韻律のほうは，語とそれが埋め込まれているコンテクストとの関係を考慮に入れる．例えば，動詞 swan は場所（店，町，酒場など）や地名（フランス，ニューヨーク）などを表す語句と共起する．これは，「**意味的選好**」（もしくは，**優先的意味選択**）（**semantic preference**）の例である．しかしながら，swan が用いられるコンテクストをより詳しく見てみると，この語は芳しくない行為を表していることが浮き彫りになる．

(1)　When they were *swanning* around looking pretty, our families were working their fingers to the bone for virtually nothing. 　　　　　　　　　　　　　　　　　　　(BNC, CEY)

（あの人たちが着飾って気儘に遊び暮らしていた時，私たちの家族は骨身を惜しまず働いたのに，何も得る物がなかった）

(2)　Most 'organisers' *swan* in at eight-thirty looking important, only to discover there's a big hitch and they have no time to put it right. 　　　　　　　　　　　　(BNC, ADK)

（ほとんどの「幹部」は偉そうにして 8 時 30 分に入って来て，重大なトラブルがあることに気づくが，その時にはもう手遅れになって

いるのだ）

(3) 'So you've opted out of the war effort', he greeted her nastily, 'to go *swanning* all over the Pacific?' (BNC, FPX)

（「それでは，君は，太平洋を気儘に旅するために兵役から身を引いたんだね」と彼は彼女に嫌味を言った）

(4) Needless to say, these mega-rich popsters just *swan* around in wellies every other weekend for the benefit of the colour supplements 'Day In The Life' features and leave all the actual farming to peasants who get up at dawn and get paid in potatoes. (BNC, CAD)

（言うまでもなく，これらの超裕福なポップアート作家たちは，（新聞の日曜版の）カラー別刷りページ「人生における一日」（Day In The Life）の特集のために，ウェリントンブーツを履いて隔週ごとに気儘に動きまわっているだけで，実際の農作業は農夫たちに任せている．農夫たちときたら，夜明けに起床し，賃金はジャガイモでもらっているのだ）

(5) Morrissey ought to get himself a string section and stop *swanning* about pretending to be Melvyn Bragg.

(BNC, CK4)

（モリッセイは自分自身が弦楽器部門に加わり，あたかもメルビン・ブラッグであるようなふりをして気儘に暮らすのをやめるべきだ）

こうした例からわかることは，動詞 swan には（話し手の心的態度として）否定的な「談話的韻律」があるということである．すなわち，「swan する」人々は自分の責任や他人のことをないがしろにしているか（例(1)-(4)），思い上がっており，妄想に陥っている（例(5)）と述べられている．

discursive competence（談話能力）

Bhatia（2004: 144）によれば，「談話能力」（**discursive compe-tence**）とは，「特定の専門的コンテクスト，ならびに一般的な社会・文化的コンテクストの中で専門家として働くために私たち皆が必要とする様々なレベルの能力をカバーする一般的な概念」のことである．

discursive practice（談話的実践）

イギリスの批判的談話分析学者ノーマン・フェアクラフ（Norman Fairclough）によれば，「談話的実践」（**discursive practice**）とは，「テクストの生産，分配，消費というプロセス」のことである（Fairclough 1992: 78）．こうしたプロセスは「社会的であり，特定の経済的，政治的，制度的な場（settings）に言及する必要があり，この場の中で談話が生成される」（ibid.: 71）．フェアクラフの談話の「三段階モデル」で言えば，談話的実践は第二段階であり，第一段階の**テクスト**（**text**）と第三段階の**社会的実践**（**social practice**）の中間に位置する．

discursive psychology（談話心理学）

「談話心理学（**discursive psychology**）」は，談話分析の一タイプであり，Edwards and Potter（1992）によって創始されたものである（ただし，Potter and Wetherell 1987参照のこと）．科学に関する社会的研究（Gilbert and Mulkay 1984），**会話分析**（**conversation analysis**），**エスノメソドロジー**（**ethnomethodology**），レトリック社会心理学（rhetorical social psychology）（Billig 1987），Wittgensteinなどの哲学者の著作などをはじめとして，広い範囲の影響を受けている．談話心理学は，伝統的な心理学が，**態度**（**attitudes**），**釈明**（**accounts**），記憶（memory）といったトピックを理解する仕方に

異議を唱える手段として提唱された．インタビューのデータを分析する中で，Potter and Edwards が注目したのは，首尾一貫せず気まぐれな回答や釈明をする応答者が多いということ，そして，そうした首尾一貫しない応答を切り捨てたり，「正しい」解答を同定したりするのではなく，こうした首尾一貫性のなさをそのコンテクストの中で捉え直して，応答者がいかにしてやり取りにおける偶発性を処理し，論点を主張し，自らの発話を特定のレトリック的使用に合わせるのかを明らかにすることである．それゆえ，談話心理学が焦点を当てるのは，会話的相互行為（インタビュー，**フォーカスグループ**（**focus group**），カウンセリング，電話相談サービス，紛争解決など，現実の場面の中で自然に起きている会話に関する精緻な定性分析である．この場合，会話は社会的行為であるとみなされている．Edwards (2005: 260) は，以下のように述べている．

> 人々は，頭の中に記憶，スクリプトの知識，態度などを常備していて，会話において（もしくは，**研究インタビュー**（**research interview**）の中で），きっかけがあるとそれらを取り出すというのではなく，会話することを通して，出来事，行為，そして自分自身の説明責任の本質を明確にし，磨きをかけるのがわかる．こうした会話のありようは，構築的であり，行為指向的である．構築的であるという意味は，以下のようなものである．すなわち，話の素材には無限の数の異形があるものの，その場では，その中のいくつかだけが活用可能かつ活性的であるという状況において，ある特定の異形だけが（当該の会話で）提示されているのである．

discursive strategy（談話ストラテジー）

「談話ストラテジー」（**discursive strategy**）について，**談話・歴史的アプローチ**（**discourse-historical approach**）を採る Reisigl and

discursive strategy 61

Wodak（2001: 44）は，「特定の社会的，心理学的，言語的な目的を達成するために採用される」正確かつ意図的な計画であると定義している．このストラテジーは，言語を体系的に使用することによって実現する．二人は，これ以外の様々なストラテジーを提示しているが，それらには，**指示的ストラテジー（referential strategies）**，**叙述的ストラテジー（predicational strategies）**，「**論証ストラテジー（argumentation strategies）**，トポス視点化（**topoi perspectivation**），「フレーミング」(framing)，「談話表象」(discourse representation)，「**緩和ストラテジー（mitigating strategies）**，「**強化ストラテジー」（intensifying strategies）** などがある．

eco-critical discourse analysis（環境批判的談話分析）

「環境批判的談話分析」（**eco-critical discourse analysis**）とは，批判的談話分析の一タイプであり，環境に関わるテクストの分析に焦点を当てるアプローチである．さらに，このアプローチは，環境システムに影響を与えるようないかなる談話（例えば，経済的談話，ジェンダー談話，消費主義的談話など）も取り上げる．その狙いは，そのような談話の根底に潜むイデオロギーを露わにすることにある（Harré et al. 1999, Stibbe 2006））．こうした分野は，言語学者マイケル・ハリディ（Michael Halliday）によって触発されたものである（Halliday 1990）．Halliday（1990）は，応用言語学者に対して，21世紀の諸問題，とりわけ，環境問題を論じるように促した．環境批判的談話分析の目標は2つある．1つは，環境にとって有害なイデオロギーを露わにすることであり，もう1つは，環境に配慮した持続可能な社会に貢献するような談話表象を見いだすことである．

ellipsis（省略）

「省略」（**ellipsis**）とは，談話における「**結束性**」（**cohesion**）を維持するために用いられる仕組みの1つである（Halliday and Hasan 1976）．「省略」は，通例，テクストから語や句を意図的に省くことであるが，その理由は，省略されたテクストはすでに言及済みであったり，不必要である場合が多いことである．以下の例において，

> Elinor:　Where are you going to hide it?
> 　　　　（それをどこに隠すつもりなの？）
> Tim:　　Somewhere you can't have it.　　　　　（BNC, KBW）

（あなたにはわからないところだよ）

ティムは，次のように言うこともできたが，

"I am going to hide it somewhere you can't have it."

実際には，最初の I am going to hide it が省略されている．

emphasized femininity（強調された女性性）

Connell（1987）の「**覇権的男性性**」（**hegemonic masculinity**）は，男性性を階級として捉えている．すなわち，社会は，男性というあり方を他のあり方よりも優位であるとみなしているという．こうした捉え方は女性性にも適用できるであろうか．コネルによれば，「男性性の支配的な形態が覇権的であるというのと同じ意味で，女性性が覇権的であるということはない」（Connell 1987: 183）．それゆえ，コネルは，女性性は「常に」従属的であるがゆえに，「強調された女性性」（**emphasized femininity**）という用語を採ったのである．さらに，「**特権化された女性性**」（**privileged femininity**）も参照のこと．

entailment（伴立，論理的含意）

「伴立」（もしくは，論理的含意）（**entailment**）とは，2つの命題の間の論理的関係であり，一方が真であれば，もう一方も真となる（Anderson et al. 1992, Routley and Meyer 1973 参照）．例えば，Mary married John.（メアリーはジョンと結婚した）は Mary got married.（メアリーは結婚した）を「伴立」する．しかしながら，「**前提**」（**presupposition**）と異なって，伴立の場合，最初の命題が否定された場合には，後ろの命題が成立すると証明することはできない．それゆえ，Mary didn't marry John. となった場合には，Mary got married. と自信を持って言い切ることはできない（彼女は他の人と結婚

したかもしれないし，誰とも結婚しなかったかもしれない）．さらに，**推意**（もしくは，**含み**）（**implicature**）も参照のこと．

erasure（消去）

「消去」（**erasure**）とは，**排除**（**exclusion**）もしくは周辺化（marginalization）の一タイプで，とりわけ，アイデンティティの範疇に関係した概念である（Namaste 2000: 51-52）．従属的なアイデンティティ（例えば，女性）は，言語使用において消去される場合がある．例えば，次の抜粋においては，「総称」の man は人間全体を示している．

> Prehistoric man chose to live here because he knew it was
> unique, endowed with everything he could ever need to survive
> and thrive.   (BNC, HH8)
> （先史時代の人間がここで生きることを選択したのは，ここが独特であり，
> 生き延び，繁栄するのに必要なあらゆるものが備わっていることを知っ
> ていたからである）

さらに，ヘゲモニー（覇権）的アイデンティティと従属的アイデンティティとの境界を分断しかねないようなアイデンティティは消去されることがある．それは，安定的な，不連続的な，そして他とは違ったアイデンティティ範疇を確固たるものにして，明確な権力階級を維持するためである．例えば，両性愛者（bisexuals）のようなケースが消去の対象となる．

　消去は，いろいろな方法で起こり得る．例えば，（両性愛者とは，自分のセクシュアリティとつきあえない類の同性愛者（gay people）にすぎないといった考えを表明するなどして）ある特定のアイデンティティグループの存在を否定することもあり得る．あるいは，あるアイデンティティを**抑制**（**suppression**）したり，**背景化**（**backgrounding**）したりすることもある（例えば，「両性愛者」（bisexuals）

ergativity 65

というアイデンティティはめったに話されたり書かれたりしない．この点は，Baker（2008: 146-150）が述べているように，1億語のBritish National Corpus の中で，bisexual という語は 81 回しか現れないが，（同性愛者を表す）gay という語はこの 19 倍も出現する）．さらには，消去されたアイデンティティを別のアイデンティティの中に含めてしまうという場合もある（例えば，bisexual という語は gayという語の中に含めてしまう）．こうした場合，bisexual は，独立したアイデンティティとして現れる（もしくは，heterosexual と並列して現れる）ことはない．こうしたストラテジーは，「「私たち」（＝身内）――「あの人たち」（＝よそ者）の違い」（*us*―*them* distinction）を維持することを助長している．

ergativity（能格性）

「能格動詞」（ergative **verb**）は，他動詞（目的語を取る）の場合と自動詞（目的語を取らない）の場合の両用法がある．能格動詞には変化を表すもの（例：break, melt, transform など）と運動を表すもの（例：move, turn, walk など）がある．能格動詞が自動詞として用いられる場合には，動作主性（agentivity）はあいまいになる．さらに，述べられているプロセス（もしくは，過程，作用）（process）を受ける側自体のせいでそうしたプロセスが引き起こされると解釈される場合がある．コーパス言語学者・談話分析学者マイケル・スタッブズ（Michael Stubbs）は次の例を挙げている（Stubbs 1996: 33）．[14]

---

[14] 訳者注：デンマークの言語学者オットー・イエスペルセン（Otto Jespersen）は，能格動詞を「運動と変化のクラス」（move and change class）と称し，以下の例をはじめとする多くの例を挙げている（左側が他動詞，右側が自動詞の用法）（Jespersen 1949: 333）．

move a stone	the stone moves
change the subject	the fashion changes
stop the train	the train does not stop here
break the ice	the ice breaks

Factories have closed.（工場が休業してしまった）

さらに，以下の例におけるように，「再帰形＋過去分詞」構文を従えた能格動詞を用いると，主語のせいでそうなってしまったことを示唆することになる．

Neurotic enough to have vanished of her own accord—or even to have got herself murdered.'　　　　　　　　　　　　（BNC, H8T）
（神経症なので，自分の意志で消えてしまった，―もしくは，殺されさえしてしまった）

essentialism（本性主義）

「本性主義」（essentialism）とは，特定の実体（例えば，あるタイプの人間）は固定的・本来的な特質を有しているという考え方のことである．本性主義の考え方というのは，次のようなものである．ある人がそのようであるのは，「そのように生まれついており」，自分の本性が変わる可能性はないためである．性的範疇化や民族的範疇化の多くが本性主義的である．定量的研究の背後には本性主義的思考が潜んでいる場合が多い（例えば，人の「内的性格」や人がどれだけ男性的もしくは女性的であるかを明らかにするための質問などである）．「差異」に関する生物学的もしくは進化的説明も本性主義的と言えよう．1980年代以降，本性主義は社会科学研究においては比較的不人気であり，**社会構成主義**（**social constructionism**）や**ポスト構造主義**

---

　　boil water　　　　　　the water boils
　　beat the child　　　　his heart beat violently

本書の記述に従うならば，右側の自動詞用法の場合には，主語自体のせいで当該の運動や変化が引き起こされる場合があると解釈され得る．それは，例えば，以下のような解釈であろう．「その石は（軽いので）動く」，「流行というものは（しょせん）変化する」，「その列車は（特急なので）ここでは停車しない」，「その氷は（薄いので）割れる」，「水は（性質上）沸騰するものだ」，「彼は（うれしくて）心臓がどきどきした」．

ethics 67

（**post-structuralism**）によって批判されている．本性主義は，**ステ
レオタイプ**（もしくは，固定観念）（**stereotypes**）に陥りやすく，あ
る**アイデンティティ**（**identity**）範疇に属すると分類される人に対し
て否定的な性質を付与してしまいがちである．「差異」が「差別」へと
誇張されて，あいまいで，どっちつかずで，現存するアイデンティ
ティの境界に範疇化できないような人々は**消去**（**erasure**）されてし
まうのである．しかしながら，特定の民族グループやマイノリティグ
ループが（例えば，グループ内の差異を軽視することによって）統一
的・安定的アイデンティティを主張することは有利である場合がある
と論じる研究者もいる．なぜなら，こうすることで，政治的な目的が
達成できるからである．アメリカの文芸評論家，理論家，比較文学者
ガヤトリ・チャクラヴォルティ・スピヴァク（Gayatri Chakravorty
Spivak）は，これを「戦略的本性主義」（strategic essentialism）と称
し（Landry and MacLean 1996: 214），アメリカのポスト構造主義
哲学者ジュディス・バトラー（Judith Butler）は，「戦略的暫定性」
（strategic provisionality）という用語を用いている（Butler 1991: 1）．

ethics（倫理）

「**倫理**」（**ethics**）とは，研究共同体における基範のことであり，基
本的に，人に関する諸事についての，メンバーの行動基範である．基
本的に，倫理は，指針であって，規則ではない．なぜなら，それを実
行することは，遂行される研究の性質や特定の回答者の要求に左右さ
れることがあるからである．倫理によって，回答者は，研究者によっ
て公平にかつ敬意をもって遇されることが保障される．重要な倫理上
の原則に，インフォームドコンセント（処置や治療などに先立って，
それに関する十分な説明に基づく同意）（informed consent）がある．
回答者は，研究目的のためにインタビューされたり録音されたりする
際に（通例は，書面で）その同意を与える立場にいなくてはならない
（もし自分では同意を与えられない場合には，その人の保護者，例え

ば，親，後見人，教師などからの同意が必要である）．研究者の中には，研究参与者に彼らの談話の筆記録を読んだり，研究者に使用してほしくないような内容を「取り戻す」機会を与えている研究者もいる．**批判的談話分析**（**critical discourse analysis**）においては，版権のあるテクストを使用し，かつ引用する許可を得ることに関しての倫理的問題が生じる可能性がある．とりわけ，その分析によって操作的・偏見的な言語使用が明らかになるような場合には，なおさらそうである．「内密性」（confidentiality）と「匿名性」（anonymity）の間には倫理上の違いがある．「内密性」の場合，研究者は，回答者が研究中に述べたり，したりすることが公開されないことを保障する．一方，「匿名性」の場合，回答者のアイデンティティは（そして，回答者が言及する人物のアイデンティティも）変更されるか，匿名にされる．それは，回答者が誰であったかを知られないためである（一般に，完全に内密にするよりも，匿名にするほうが容易である）．倫理のもう1つの側面は，研究者と回答者の関係に関するものである．この関係は，不平等で**権力**（**power**）の乱用につながる可能性がある．倫理上の問題としては，回答者は，（無料で）時間を与える場合が多いこと，動揺させるような出来事について話したり，思い出したりするようにせかされる可能性があること，あるいは，当該の研究者を友人，親友，あるいは，相談相手だと誤解する可能性があることなどである．さらに，研究者が問題だと思うような態度（例えば，人種差別的な意見）を回答者が表現したり，不法行為を告白するような場合にも，倫理的な問題が生じる．研究者は，回答者を保護するべき注意義務があると同時に，自分自身の誠実さも見失うべきではない．さらに，Israel and Hay（2006）も参照のこと．

ethnocentricism（自民族中心主義）

「自民族中心主義」（**ethnocentricism**）とは，Sumner（1906）の用語で，自分の民族や文化が他のものよりもすぐれている，あるいは，

他のものと比較するための基準として使われるべきであるといった考え方のことである．自民族中心主義は文化の中に染み込んでおり，私たちが成長するにつれて談話を通して伝達されることが多い．そこで，文化人類学者は，自民族中心主義に対抗するための方策として民族誌学的（ethnographic）な野外調査を推奨してきた．さらに，**文化相対主義**（**cultural relativism**），**オリエンタリズム**（**orientalism**）も参照のこと．

ethnography（民族誌学）

「民族誌学」（**ethnography**）とは，文化人類学の一分野であり，文化，下位文化（サブカルチャー），あるいは，他の社会集団を詳述する（Fetterman 1998, Wolcott 1999, Brewer 2000 参照）．民族誌学者は，多様な方法でデータを収集する．典型的には，**研究インタビュー**（**research inteview**）と**参与者観察**（**participant observation**）であるが，被験者の日記や関連するテクストを参照する場合もある（**三角法**（**triangulation**）参照）．民族誌学は，定量的でなく，定性的なアプローチを採り，社会の複雑性と特定性を詳細に記述する．民族誌学の野外調査においては，研究者は，研究対象である人々と共に暮らし，彼らと協働し，彼らの言語を用いて研究を行う．

ethnomethodology（エスノメソドロジー）

「エスノメソドロジー」（**ethnomethodology**）とは，1954 年にハロルド・ガーフィンケル（Harold Garfinkel）が（ethno「民族」+ methodology「方法論」から）造った用語である（Garfinkel 2002: 4）．エスノメソドロジーは，社会学の一分野であり，人々が社会秩序をいかにして産み出し，共有しているのか，もっと言えば，人々が日常生活をどのように理解しているのかを研究する分野である．エスノメソドロジーは，解釈的というよりも，記述的な分析形態を採り，**会話分**

析 (**conversation analysis**) の発展に影響を与えた．Garfinkel (2002: 6) で引用されているように，ロウルズ (Rawls) によれば，エスノメソドロジーにはこれと決まった研究方法というものはない．また，Heritage (1991: 1) によれば，エスノメソドロジーには，体系的な理論的言明が欠けている．しかしながら，ロウルズが述べるところによれば (Grafinkel 2002: 5 参照)，エスノメソドロジーが想定していることは「人々の日常生活に見られる，有意味で，パタン化され，そして規律的な特性というものは，人々が日々達成しようと努めている事柄を示している」ということであり，さらに，「人々はそうするための方法を有しているとみなさざるを得ない」という．

exclusion (排除)

ここでの「**排除**」(**exclusion**) とは，社会的行為者表象の一側面であり，特定の社会的行為者があるテクストや談話から除かれていることである．批判的談話分析学者テオ・ヴァン・レーウェン (Theo van Leeuwen) によれば，排除には「悪意のない」場合もあり，そうした場合とは，読者がすでに知っていると想定されている詳細事項が除かれている場合である (van Leeuwen 1996: 38)．例えば，次のような例で，

The man was arrested. (その男は逮捕された)

'the police' (警察) といった社会的行為者が除かれているが，その理由は，わざわざ述べるまでもないからである．この行為者を省略するイデオロギー上の理由がある場合もあるとはいえ，新聞においては余白がないなどの単純な理由によるものであろう．

一方で，「排除」の中には，(意識的であれ，無意識的であれ) イデオロギーが関係している場合もある．例えば，様々な出来事に対する責任を曖昧にしたり，ないがしろにしたりする．そこで，例えば，両親が子供を虐待したということで不当に告発されている事件に関わっ

ている医者に対する新聞のインタビュー記事で，医者は，

> Mistakes were made.　　　　　　　　　　　　　　(BNC, A30)
> （間違いがなされた）

としか述べていないが，このことから，動作主たる個人や集団の責任を問うてはいないことが見て取れる．排除には，2つのタイプがある．**抑制（suppression）**と**背景化（backgrounding）**である．さらに，Riggins（1997）も参照のこと．

explanation（説明）

　ここでの「**説明**」（**explanation**）とは，イギリスの批判的談話分析学者ノーマン・フェアクラフ（Norman Fairclough）による**批判的談話分析（critical discourse analysis）**の談話の「三段階モデル」の中の（相互行為と社会的コンテクストとの間の関係に関わる）最終段階であり，（テクストの分析に関わる）第一段階の「記述」（description）と，（テクストと相互行為の間の関係に関わる）第二段階の「解釈」（interpretation）との後に来るものである．フェアクラフは，次のように述べている（Fairclough 1995: 163）．

> 「説明」の目的は談話を社会的プロセスの一部として描くことである．その際，談話がいかに社会構造によって決定されているか，そして，談話は，これらのを構造を，持続させるにせよ，変革するにせよ，どのような再生産的影響を累積的に与え得るのかについて，明らかにしようとする．

face（フェイス）

　ここでの，「フェイス」（**face**）とは，saving face（体面・面目など
を保つ・保持する）といった表現に見られるものである．人々が自己
を他人に提示したいと望む提示の方法をいう．社会学者アーヴィン
グ・ゴッフマン（Erving Goffman）は，この用語を次のように定義
している（Goffman 1967: 5）．

> 人が自分のものとして効果的に要求する肯定的な社会的価値であ
> り，その要求は，ある特定の接触の中でその人が取ったと他者が
> 想定する行動によるものである．フェイス／面目とは，自己イ
> メージであり，認められた社会的属性によって描かれるイメージ
> である．ただし，他者もそれを共有している可能性がある．例え
> ば，ある人が自分の職業や宗教の体裁を良くしようとしたり，自
> 分自身の体裁を良くしようとしたりするような場合である．

　「**積極的フェイス**」（**positive face**）とは，他人から賞賛・承認された
いという欲求であり，「**消極的フェイス**」（**negative face**）とは，他
人から干渉されたくないという欲求である．「フェイス侵害行為」
（face-threatening act）（FTA）とは，これらのフェイスを侵害する
（もしくは，それに脅威を与える）可能性のあるような状況・出来事
である．また，「フェイスワーク」（facework）とは，相互行為の際
に，フェイスを管理するために必要とされる伝達上のストラテジーで
ある．フェイスワークには，予防的なもの（例えば，フェイス侵害行
為を避けるためのもの）と，修復的なもの（例えば，失われたフェイ
スを修復するためのもの）とがある．さらに，**ポライトネス**（**polite-
ness**）も参照のこと．

fallacy（虚偽）

　ここでの「虚偽」（**fallacy**）は，**論証**（**argumentation**）の一タイプである．これは，一見説得的に見えはするものの，実は，論理的欠点を持っている．Hamblin（1970: 12）によれば，「虚偽の論証とは，アリストテレス以来ほとんどすべての説明において述べられているように，一見妥当に見えはするが，実際にはそうでないものである」．虚偽を見いだすことは**談話・歴史的アプローチ**（**discourse-historical approach**）でなされることが多い．Reisigl and Wodak（2001: 71-74）は以下のような数々の虚偽を挙げている．「（権威の象徴としての）杖による論証」（脅しを用いて説得する），「人格による論証」（人格攻撃をして相手の立場を否定する），「同情による論証」（不当に同情に訴える），「民衆による論証」（もしくは「感情的虚偽」（pathetic fallacy））（民衆の感情や集団の偏見に訴えたり，皆が信じているから真実だと指摘する），「未知による論証」（反駁されていないがゆえに，その立場は正しいとする），「権威による論証」（不適格な権威者に盲従する），「自己都合による論証」（非典型的なサンプルに基づいて一般化をする），「後のもの，ゆえに，正しいもの」（時間的関係を因果的関係と混同する），「循環論法」（論証の出発点としてまだ論証されていない想定を用いる），「不正操作的質問」（**前提**（**presupposition**）を含む質問をする．例えば，'When did you stop beating your wife?'（あなたが奥さんをぶつのをやめたのはいつですか？）），「わら人形の誤謬」（相手の論を不正確な形で表してその論が弱いという印象を与えようとする），「ことば遣いにおける虚偽」（多義的な発話の解釈を変更して，相手の立場を弱める）などである．

felicity conditions（適切性条件）

　「適切性条件」（**felicity conditions**）とは，（イギリスの言語哲学者ジョン・オースティン（John Austin）やアメリカの言語哲学者ジョ

ン・サール（John Searle）など）の**言語行為論**（**speech act theory**）における概念であり，**遂行文**（**performative**）が適切であるために必要とされる条件のことである．この条件には，参与者の権利，義務，信念，能力などが関係している場合が多い（Austin 1962: 14-24 参照）．例えば，以下の例において，

> I now pronounce you husband and wife.
> （ここにあなた方が夫婦であると宣言します）
> I name this ship the Mary Rose.
> （この船をメアリー・ローズ号と命名する）
> You have passed your driving test.
> （あなたは運転免許試験に合格です）
> l declare war on country x.
> （X 国に宣戦を布告する）
> I sentence you to 10 years imprisonment.
> （被告を禁固 10 年の刑に処す）

話し手は当該の陳述をする資格がなければならない（この条件は「準備条件」（preparatory conditions）と呼ばれる）．さらに，聞き手（すなわち，当該の遂行文の影響を受ける人）も適切でなければならない（もしその人が運転免許試験を受けていなければ，その試験に受かったと宣言されることはない）．さらに，話し手はその遂行文を発話する意志を持っていなければならない（「誠実性条件」（sincerity condition）と呼ばれる）．さもなければ，判事は冗談で，その気がないにもかかわらず，誰かを禁固刑に処すことが可能となってしまう．

feminist critical discourse analysis (FCDA)
（フェミニズム的な批判的談話分析）

「フェミニズム的な批判的談話分析」（**feminist critical discourse analysis**（**FCDA**））とは，批判的談話分析の一タイプである．「男性

優位の社会秩序，すなわち，システムとして，男性を社会集団として特権化し，女性を社会集団として排除し，無力化するような権力構造を維持する談話」を批判するために用いられる（Lazar 2005: 5）．したがって，FCDA は批判的談話分析において開発された分析手法を用いて，言語使用が不平等な男女関係を維持しているさまを批判するが，その目的は開放と変革とにある．

feminist post-structuralist discourse analysis (FPDA)
（フェミニズム的なポスト構造主義的談話分析）

「フェミニズム的なポスト構造主義的談話分析」（**feminist post-structuralist discourse analysis (FPDA)**）とは，批判的談話分析の一タイプである．この分析は，Judith Baxter（2002, 2003）によって提唱され，言語とジェンダーに対する他のアプローチを補うものである（それに取って代わるものではない）．FPDA は，とりわけ会話の相互関係において（例えば，職場や教室など）アイデンティティが絶えず変動するさまを捉えようとする．Baxter（2003: 9）によれば，「ある与えられたコンテクストにおいて，個人があらゆる談話を通してずっと権力的な地位にとどまり続けることはめったにない．すなわち，権力的である場合もあれば，ない場合もある」．**ポスト構造主義**（**post-structuralism**）の他のタイプと同じように，FPDA は，「壮大な物語」（grand narrative）（例えば，あらゆる男性があらゆる女性を抑圧しているといった信念）には与せず，**権力**（**power**）関係の複雑さを明らかにし，権力のない人々も権力の「瞬間」を経験する可能性があることを述べる．そうする中で，FPDA は，通常は聞こえてこない集団の声を聞かせ，異なった談話どうしがいかに互いに相互関係を持っているかを明らかにするのである．さらに，FPDA は**省察性**（**reflexivity**）と**三角法**（**triangulation**）を用いることを擁護する．例えば，同一のテクストに対して異なった分析手法を用いたり，（当該のテクストを生産した人（たち）を含む）複数の分析者に個別にその

テクストを分析させたりするのである.

focus group (フォーカスグループ)

定性的調査の手法は，当初はマーケティングの技術として用いられ，1940年代に新製品に関するフィードバックを入手した（Merton and Kendall 1946）．しかしながら，それは1980年代にメディア調査に応用され，その後，1990年代には社会科学調査にも導入された（Marshall and Rossman 1999参照）．一般に「フォーカスグループ」（**focus group**）には少数のグループの人々（年齢や性が同じ場合が多い）と，ある特定のテーマに関する議論を円滑に進めるための司会者とが含まれる．そのグループは，議論を引き出すためにプレゼンテーション，問題，テクストなどを与えられて「ウォーミングアップ」をする場合もある．その相互行為は，記録され，転写された後に分析される．Lindlof and Taylor (2002: 82) によれば，フォーカスグループから得られたデータは一対一の相互行為からは得られないような洞察を与えてくれる．フォーカスグループは一般にデータを集めるための安価で手っ取り早い方法である．そのデータは，回答者の態度，優先事項，言語，理解の枠組みなどを浮き彫りにし，グループの規範や多数の参与者の間で互いに形成されている文化価値を同定することにつながる（Kitzinger 1995: 299）．しかしながら，グループのサイズが小さいということは，一般に調査結果が全体の人々を代表していないということでもある．とはいえ，Litosseliti (2003: 22) が述べているように，その調査結果は少なくとも「徴候的」（indicative）ではある．フォーカスグループに対する批判としては，無関係のデータが混入している可能性があること，さらに，そのグループが一部の発言力の強いメンバーに支配されて，それがグループ全体の考えだと誤解されてしまうということがある．また，Walvis (2003: 404-405) は，調査者も参与者の1人であるため，無意識のうちに回答者に影響を与えている危険性があると警告している．

footing（足場）

　ここでの，「足場」（**footing**）とは，社会学者アーヴィング・ゴッフマン（Erving Goffman）の用語で（Goffman 1981: 124-129），会話のモードと枠組みを転換する際の概念である．相互行為に対する参与者の同調が劇的に変化する場合があるが，このことは**権力**（**power**）とつながっている場合もある．ゴッフマンは，その一例として，ニクソン大統領が女性ジャーナリストをからかった場合のことを挙げている．ニクソンは彼女につま先旋回をさせて彼女の「スラックス」を見せさせ，中国人と間違えられないような服を着たほうがいいと言ったのである．この例でニクソンがやったことは，公式的なビジネスに関する会話から，非公式的・性的な会話へと（相互行為の）足場（footing）を転換するということであった．こうした行為はこの女性ジャーナリストの力をそごうとしたものである．足場の転換には，**コード・スイッチング**（**code switching**），ピッチ，音量，リズム，強勢，トーンの切り替えなども含まれる．また，それはすばやくなされる（文よりも小さな言語単位の中で生起する）こともある．ゴッフマンによれば，足場の転換においては大きい場合と小さい場合との間に連続性がある．足場の転換は，相互行為において，あるモードを別のモードにすっかり変えることを意味しているのではなく，元のモードに戻る場合も含まれる．

　批判的談話分析（**critical discourse analysis**）と関連させて，Resigl and Wodak（2001: 82）は，「「足場」は，話し手・書き手が社会的実体としての自己を談話的に確立することであり，自己を談話的に変換することにほかならない」としている．

frames（フレーム）

　ここでの「フレーム」（**frames**）とは，人工知能（AI），言語学，談話分析，メディアスタディーズ，社会学，心理学など，様々な分野で

用いられる用語である．フレームは，分野によって若干内容が異なっているが，談話分析においては，背景知識を利用して，談話を生産したり，理解したりする方法を概念化するための枠組みのことである．アメリカの認知言語学者ジョージ・レイコフ（George Lakoff）は，「フレーム」とは「世界に対する私たちの見方を形成する心的構造である」と述べており（Lakoff 2004: xv）．アメリカの認知科学者マーヴィン・ミンスキー（Marvin Minsky）の理論によれば，「フレーム」とは，データ構造として記憶の中に貯蔵され，ステレオタイプ化された状況を表す知識の型である（Minsky 1975）.[15] 新しい状況に出くわしたとき，人は記憶から最適なフレームを選び出す．フレームは，ラベルの付いた「スロット」（slots）として構造化されており，その中に「詰め物」（fillers）（詰め物としての具体的な情報）を詰め込むのである．「フレーム」は，社会学者アーヴィング・ゴッフマン（Erving Goffman）も用いている（Goffman 1974: 21）．ゴッフマンによれば，「フレーム」とは「解釈のスキーマ」をラベル付けしたものであり，人はそれによって事象を理解することができるという．ゴッフマンは，自然の枠組み（natural frameworks）（人間の影響を受けない天候などの現象）と，事象を説明し，それを人間に関係づける社会的枠組み（social frameworks）（例えば，天気予報）とを区別している．ブラウンとユールは，「フレーム」は，物体を表すために使うことができると述べている（Brown and Yule 1983: 238–241）．例えば，家を表示するフレームは，「台所」，「風呂場」「住所」などというラベルの付いたスロットから成っていると考えられるという．Brown and Yule（1983）によれば，フレームは，活動を表すこともできるとい

---

[15] 訳者注：マーヴィン・ミンスキー（1927–2016）は，初期の人工知能研究を牽引した認知科学者であり，AI や哲学に関する著書でも知られ，「人工知能の父」と呼ばれる．本文では，知識表現に関する理論である「フレーム理論」に言及されているが，これは，ミンスキーが 1975 年に提唱した理論で，「フレーム」と呼ばれる枠組みと，それに含まれる「スロット」と呼ばれる具体的な情報とで，1 つの知識を表現するとみなすものである．

う．例えば，「投票フレーム」の場合，「投票所」，自分の投票用紙を手渡す相手などに関するスロットがある．イギリスの批判的談話分析学者ノーマン・フェアクラフ（Norman Fairclough）は，**批判的談話分析（critical discourse analysis）**の談話の「三段階モデル」の中の（テクストの分析に関わる）第一段階の「**記述**」（description）と（相互行為と社会的コンテクストとの間の関係に関わる）第三段階の「**説明**」（explanation）との間に位置する（テクストと相互行為の間の関係に関わる）第二段階の「**解釈**」（interpretation）において，「フレームは，スキーマによって表象される活動において喚起・言及され得る実体を表象する」と述べている（Fairdough 1989: 159）．さらに，**スキーマ（schema）**，**スクリプト（scripts）**も参照のこと．[16]

---

[16] 訳者注：意味論においては，1970年代中頃からCharles J. Fillmoreが「フレーム意味論」（frame semantics）を提唱・推進し，認知言語学（認知意味論）に大きな影響を与えている．Fillmoreは，フレームを「構造化された背景情報」（structured background information）（Fillmore 2003: 263），「構造化された知識のパッケージ」（structured package of knowledge）（Fillmore 2008: 1）などと特徴づけた上で，フレーム意味論を次のような研究プログラムとして位置づけている．

(i) フレーム意味論は，言語形式がどのようにしてフレーム知識を喚起（evoke），ないしは活性化（activate）するのか，また，そのように活性化されたフレームが，どのようにして，当該の言語形式を含むパッセージの理解へと統合され得るのかについて研究する．

(Fillmore and Baker 2010: 317)

フレーム意味論では，基本的にあらゆる「内容語」（content words）がフレームを喚起すると想定され（Fillmore and Baker 2010: 318），語の意味記述はフレームを含む形でなされる．

一例として，日本語の「身代金」「見かじめ料」「手切れ金」「口止め料」「賠償金」「手付金」という語を考えてみよう．これらの語は，「（一方から他方に支払われる）金銭」という共通した意味を含むが，〈金銭のやり取りを行う二者がどのような関係にあり〉，また，〈支払われる金銭がどのような事態に対する対価（代償，見返り）であるのか〉といった点において，異なるフレーム情報を喚起する．例えば，「身代金」は，〈人質引き渡しの対価として，人質の引き渡しを求める者から人質を拘束している者に支払われる金銭〉を，「見かじめ料」は，〈営業を認めてもらうことの対価として，飲食店などから暴力団に支払われる金銭〉を表すと言えるが，これらの語が背景とするフレームや，フ

functionalisation（機能化）

批判的談話分析学者テオ・ヴァン・レーウェン（Theo van Leeuw-en）によれば，「機能化」（**functionalisation**）とは，**カテゴリー化（caregorization**）の一タイプであり，社会的行為者を，従事する行為によって表象することである（van Leeuwen 1996: 54）．以下のような方法がある．

1. 動詞から造られた名詞を用いる．-er, -ant, -ent, -ian, -ee などの接辞が用いられる．例えば，stripper, participant, recipient など．
2. その行為者が従事する行為と結びついた名詞から造られた名詞を用いる．-ian, -ist, -eer などの接辞が用いられる．例えば，electrician, artist, engineer など．
3. その行為者が従事する行為と結びついた場所や道具を指し示す名詞と，man, women, person といったより一般的な名詞との合成から造られた名詞を用いる．例えば，fireman, chairwoman など．さらに，**同定（identification**）も参照のこと．

レームを構成する要素は大きく異なる（澤田淳（近刊）参照）．

gender (ジェンダー)

「ジェンダー」（**gender**）は，以下の 2 つの意味で用いられている．

1. **生物学的な性**（**biological sex**）を指す婉曲的な言い方として用いられる．例えば，

   Each visitor receives a 'passport' bearing the story of an actual victim or survivor who was the same age and gender as the visitor.　　　　　　　　　　　　　　　　　　　　　(BNC, CKW)

   （訪問者は，めいめい自分と同年齢と同性であった実際の犠牲者もしくは生存者の話を記載した「パスポート」を受け取る）

2. 特定の社会における男女の行動を示すために用いられる，了解済みの差異の集合（Money 1955, Stoller 1968 参照）である．1980 年代までは，ほとんどの学者は，「ジェンダー」は社会的に構築された特質を，「性」は男女の生物学的な差異を指すものとしていた．これら 2 つの概念は一対一の対応関係にあるものとされ，それによってジェンダーは自然で固定的なものとみなされるようになった（**ジェンダー遂行性**（**gender performativity**）参照）．しかしながら，実際には，ジェンダーの内実は，時代によっても文化によっても異なっている．最も単純な図式では，ジェンダーは男性的／女性的という対立的な特質の 2 項対立でもって捉えられる（例えば，理性的＝男性的，感情的＝女性的）．しかしながら，もっと複雑なモデルも存在し得る．例えば，尺度に基づく捉え方である．一方の端には女性性を，他方の端には男性性を置くという尺度，あるいは，尺度（次第に女性性が増すという尺度と次第に男性性が増すという尺度）を 2 つ想定するというもの

である．こうした捉え方によれば，1人の人が男性的特質と女性的特質の両方を合わせ持っている（もしくは，両方とも持ち合わせていない）という捉え方も可能になる．さらに，ジェンダー理論の中には，それらの用語を「様々なジェンダー」として，複数の実体として捉えているものもある（例えば，Connell（1995）は複数の男性性という概念を述べている）．こうした場合，男性的であるとか女性的であるということは，それぞれ，複数の様相から成っているということになる．さらに，**覇権的男性性**（**hegemonic masculinity**）も参照のこと．

gender differences（ジェンダー差）

「ジェンダー差」（**gender differences**）とは，男性と女性は様々な点で本質的に異なっているという捉えのことである．こうした違いの説明は，①社会的なものである（例えば，男の子と女の子は親や教師によって違ったふうに扱われる），②生物学的なものである（男性と女性の体における化学物質のタイプと量が異なる，脳の大きさ，染色体のタイプ，一次的，二次的な性徴，平均体重，身長，筋肉などが異なる），③進化的なものである（男性は狩人・採集者に進化し，女性は料理し，子供を育てた）．アメリカの社会言語学者デボラ・タネン（Deborah Tannen）によると，男性と女性は異なった文化で育ち，異なった「ジェンダーレクト」（genderlects）を用いる（Tannen 1990: 42）．このことによって，「異文化のミスコミュニケーション」が説明可能となるという．言語的に言えば，女性は，男性よりもおしゃべり好きであり，複雑であり，他人を攻撃しないように用心する．一方，男性のほうは，女性よりもジョーク好きであり，世評を論じ，課題解決的であり，命令し，自己について語る．しかしながら，（別々の調査を比較・検討した）大規模なメタ分析から明らかになったことは，ジェンダーの差異はほとんどないということである（例えば，Wilkins and Anderson 1991, Dindia and Allen 1992, Canary and

Ha use 1993). 一方，コーパス研究によって，ジェンダーの差異は絶対的なものではなく，漸次的なものであるということが判明した (Rayson, Leech and Hodges 1997, Schmid and Fauth 2003). また，Harrington (2008) は，（ジェンダー差に関する）調査結果は少数の非典型的な話し手に基づいているために，偏っている可能性があると警告している．ジェンダー差理論は「非関与的，非政治的立場」として批判された．この立場は，「家父長制を打ち固めること」(Troemel-Plotz 1991: 489) と「自己達成予言」(＝そうなるように思うことで現実化する予言) (self-fulfilling prophecy) (Hyde 2005) を目指しているというのである．イギリスの社会言語学者デボラ・カメロン (Deborah Cameron) は，言語に関係したジェンダー差は「神話」に過ぎないと切り捨てている (Cameron 2007). さらに，**女性語**(**women's language**) も参照のこと．

gendered discourse (ジェンダー談話)

「ジェンダー談話」(**gendered discourse**) とは，イギリスの批判的談話分析学者ジェーン・サンダーランド (Jane Sunderland) によれば，男性と女性が特定のジェンダー的やり方で行動することの表象と予想のことである (Sunderland 2004: 20-22). サンダーランドのアプローチは，**批判的談話分析**(**critical discourse analysis**)，フェミニズム的なポスト構造主義的談話分析 (**feminist post-structuralist discourse analysis**)，そして，**会話分析**(**conversation analysis**) の影響を受けているが，ほかのアプローチと異なる点は，サンダーランドは，（ジェンダー談話も含めて）談話がテクストにおける言語的な痕跡 (traces) の分析を通してどのように「突き止められ」(spotted)，命名され得るのかに関して述べていることである．例えば，男性と女性に授与される最優等賞の数に関する新聞記事の中に，サンダーランドは4つのジェンダー談話を同定する．「男性と女性の戦い」，「男女の違い」，「かわいそうな男の子たち」，「男女平等の現在

の達成」である．こうした談話の同定には主観的な形の解釈的分析が関係しており，それは，テクストとその内容の理解に基づいたものであるという．Sunderland (2004: 47) によれば，それゆえ，談話の同定と命名は，談話だけでなく，命名者に関しても何かを述べている可能性がある（例えば，分析者の視点によって，ポルノのテクストには性開放の談話が含まれていると見られる場合もあれば，女嫌いの談話が含まれていると見られる場合もある）．**談話命名**（**discourse naming**）も参照のこと．

gender performativity（ジェンダー遂行性）

「ジェンダー遂行性」（**gender performativity**）とは，アメリカのポスト構造主義哲学者ジュディス・バトラー（Judith Butler）の用語である．バトラーは，イギリスの言語哲学者ジョン・オースティン（John Austin）やアメリカの言語哲学者ジョン・サール（John Searle）の「**言語行為論**」（**speech act theory**）に基づいてこの概念を提唱した（Austin 1962, Searle 1969 参照）．言語行為論とは，言語の本質は遂行的（performative）であり，言語を用いて行為が遂行されるという理論である．バトラーによれば，言語を用いてジェンダーが構築され，ジェンダーそのものは，固定的・本質的なものではなく，遂行的（究極的には，複写の一タイプ）であるという．「ジェンダーとは，原物のない模倣の一種である．それどころか，それは，その模倣そのものの効力と結果としての原物の概念そのものを生産する模倣の一種である」（Butler 1991: 21）．ジェンダー遂行は，模倣的であると同時に，反復的でもある．「ジェンダーは肉体の反復的な様式化であり，高度に厳格かつ規律的な枠組み内での反復的な行為の集合である．その集合は，時間の経過と共に凝固して，自然に存在する実体であるかのようなうわべの様相を呈しているにすぎない」（Butler 1990: 33）．言語は人々がジェンダーを遂行する（数多くの方法の中の）1つの方法である．男性である，または，女性であること

の適切なあり方に関する社会のジェンダー談話にアクセスすることによって，私たちのほとんどはジェンダー的な言語行動を育む．その言語行動は，ピッチ，スピード，語彙選択，話題といった特徴に基づいたものである（アメリカの言語学者ロビン・レイコフ (Robin Lakoff) が述べたように (Lakoff 1975)，このことによって，いくぶんかは，女性は正確過ぎることば遣いをし，珍しい色彩用語を用いるといったことが説明可能となろう）．ジェンダー遂行性理論は，私たちが完全に自由にいかなる時点でも「いかなる」ジェンダー行動が取れると示唆しているわけではない（たいていの場合，男性であるか女性であるかによってふさわしいジェンダー行動に関する社会規範によって制約されている．ジェンダー談話 (**gendered discourse**) 参照）．そうではなく，この理論は，ジェンダーの違いはなぜ存在するのか，そして，社会の中で固定化され，変わることがない（実のところは，絶えず流動的であり，社会によって違っているのであるが）のかについて先端的な説明を提示しているのである．

genericization（一般化）

ここでの「一般化」(**genericization**) とは，批判的談話分析学者テオ・ヴァン・レーウェン (Theo van Leeuwen) の概念で，社会的参与者を特定の個人としてではなく，階級 (class) として表象する方法である（特定化 (**specification**) 参照）(van Leeuwen 1996: 46-48)．このことは，ゼロ冠詞の複数名詞を用いてなし得る．以下の例における prostitutes という名詞を参照のこと．

It's not the first time this has happened: he's gone with *prostitutes* before. (BNC, CBN)

（これが最初ではない．彼は以前にも売春婦と出かけたことがある）

さらに，定冠詞付きの単数名詞を用いてもなし得る．以下の例における the prostitute という名詞句を参照のこと．

Central to this coercive policing was a concerted effort to iso-
late *the prostitute* from working-class culture.　　(BNC, GOD)

（この強制的な取締りの中心となったのは，労働者階級の文化から売春婦
を隔離するための一致団結した努力であった）

　最後に，不定冠詞付きの単数名詞も用いられる．以下の例における
a prostitute という名詞句を参照のこと．

If you were talking to *a prostitute* on the beat, you'd get
booked for gossiping—for idling your time.　　(BNC, B24)

（調子に乗った売春婦としゃべったりすると，無駄話でどうにもならなく
なってしまう．時間の無駄使いだ）

　さらに，現在時制も総称指示のために使われることがある．以下の
例における change という動詞を参照のこと．

... prostitutes frequently *change* their names and appearances.

(BNC, CE2)

（売春婦は頻繁に名前と容貌を変える）

ヴァン・レーウェンは，一般化が持ち得るイデオロギー的な効果につ
いてコメントし，このように一般化された人々は，読者が直接に経験
する世界から象徴的に除外されており」，「私たち」（＝身内）（we）
が日常生活でつきあわねばならない人々としてではなく，無関係の
「あの人たち，他人」（＝よそ者）（others）として扱われているとし
ている（van Leeuwen 1996: 48）．

genre（ジャンル）

　ここでの「ジャンル」（**genre**）とは，テクストあるいは社会実践の
特定のタイプをカテゴリー化したものである．こうしたカテゴリー化
は，通常，主観的であり，下位分類されることが多い．例えば，フィ
クションというジャンルは，歴史，冒険，ミステリー，ロマンス，ス

genre   87

パイ，西部劇などに下位分類できよう．ロシアの哲学者・文芸批評家ミハイル・ミハイロビッチ・バフチン（Mikhail Mikhailovich Bakhtin）は，「ことばジャンル」（speech genres）に言及している（Bakhtin 1986）.[17] すなわち，人々が使用し，操作し，組み合わせたりする，話したり書いたりするための社会的に特定化された方法のことである（例えば，大学の講義，買い物リスト，ゴシップなど）．イギリスの批判的談話分析学者ノーマン・フェアクラフ（Norman Fairclough）は，ジャンルを「特定のタイプの社会的活動と関係した，社会的に承認された言語使用の方法」と定義し（Fairclough 1995: 14），後に，「談話的に（相互）行為するための様々な方法」と述べている（Fairclough 2003: 26）．

　アメリカの言語学者ジョン・スウェイルズ（John Swales）は「前ジャンル」（pre-genre）という概念を用いて，様々な社会実践の範囲にまたがって見いだされるカテゴリーについて述べている（Swales 1990）．例えば，「語り」は「前ジャンル」であると言える．なぜなら，それは，日常会話，テレビ報道，患者のカウンセリングなどにおける「語り」として出てくるからである．さらに，フェアクラフによれば，ジャンルは，それが元になった社会実践の特定のネットワークから取り出すことも可能である．例えば，インタビューは，今では，様々な社会実践の一部となっている．就職のインタビュー（就職面接），有名人とのインタビュー，政治家とのインタビューなどである（Fairclough 2003: 68-69）．フェアクラフは，こうした事例を「取り出されたジャンル」（disembedded genres）と称している．それに対して，「位置づけられたジャンル」（situated genre）とは，社会実践のネットワーク固有のジャンルを指している．

---

[17] 訳者注：ミハイル・ミハイロビッチ・バフチン（1895-1975）は，ロシアの哲学者，思想家，文芸批評家，記号論者．対話理論・ポリフォニー論の創始者とされる．バフチンは文芸批評，歴史，哲学，社会学，人類学，心理学に対して大きな影響を与えた．日本でも，『ミハイル・バフチン全著作』（水声社）が刊行されている．

hegemonic femininity (覇権的女性性)

Bordo (1993: 316) によれば，「覇権的女性性」(**hegemonic femininity**) とは，「容姿に並々ならぬ執着心を抱き，女性の理想的な体は痩身で美肌でなくてはならない」という捉え方である．明らかに，異性，ロマンス，白人性と強く結びついている．Choi (2000) と Krane (2001) は，スポーツウーマンについて述べている．彼女たちは（例えば，ピンク色の服を着るなどして）覇権的女性性を遂行する一方で，男性的とみなされるような行動はしないように期待されている．[18] しかし，これはたやすいことではない．なぜなら，運動選手として成功するためには，力，独立，競争力といった，通例，男性性と結びついているような能力を伸ばさなければならないからである．とはいえ，Connell (1987) は，**覇権的男性性** (**hegemonic masculinity**) という用語を造語したものの，女性については**強調された女性性** (**emphasized femininity**) という用語のほうを好んでいる．

hegemonic masculinity (覇権的男性性)

「覇権的男性性」(**hegemonic masculinity**) とは，Connell (1995) が提唱した男性性の枠組みのことである．この枠組みでは，ジェンダー関係は階級的かつ複雑であるとみなされる．「覇権的男性性」には4つの中心的なタイポロジーがあるという．第一は，覇権的男性性そのものの概念である．すなわち，「文化的理想と体制的権力との

---

[18] 訳者注：pink は赤ん坊の肌を連想させ，健康・若さ・活力・純真・新鮮さを象徴するとされる（『ジーニアス英和辞典』(第5版))．以下の例を参照．
    (i)   The actress was dressed in *pink*. (その女優はピンク色の服を着ていた)
                     （『ジーニアス英和辞典』(第5版))

合致」である（Connell 1995: 77）．覇権的男性性は，完璧な男性性の理想の体現であり，ジェームズ・ボンド，ランボーといった映画の主人公によって体現されている．それのみか，国家元首やビジネス界のリーダーのような実生活の強い男たちによっても体現されている．こうした男性たちが男性性の典型だとしても，彼らは実際の男性たちのごく少数しか代表していない（そして，多くの場合，フィクションである）．しかしながら，私たちはこうした男性たちを望ましい存在と捉え，彼らならびに彼らの目標と同一化してしまう．

　第二のタイポロジーは**従属**（**subordination**）である．それは，「男性グループ内の支配と従属の特定のジェンダー関係」である（Connell 1995: 78）．この場合，異性愛男性による同性愛男性の支配，中間層の男性による労働者階級の男性の支配，主流の男性によるカウンターカルチャーの男性の支配，「体育男性」（jocks）による「オタク系男性」（nerds）の支配，などが挙げられる．

　第三のタイポロジーは「共犯性」（complicity）である．「家父長制の前線にいるという緊張感や危険性の範囲外にいて，家父長の配当金を手に入れるというやり方で構築されている類の男性性は，この意味で共犯である」（Connell 1995: 79）．共犯性は，ジェンダーシステムで得をすることはほとんどないのにもかかわらず，このシステムを容認すること，もっと言えば，強化することにかかわっている．極端な例としては，内密のゲイの政治家がゲイの人々のための平等性の権利に反対票を投じるといった場合が考えられる．他の例としては「不作為」があり得よう．例えば，誰かが同性愛嫌悪や性差別主義の発言をしても沈黙を守る（黙認する）といった場合である．

　最後のタイポロジーは「周辺化」（marginalization）である．すなわち，覇権的男性性もしくは従属的男性性とは無縁の人々の場合である．なぜなら，こういった人たちは「ジェンダー秩序内部の関係」の外にいるからである（Connell 1995: 80）．それゆえ，Connell（1995）によれば，アメリカの黒人スポーツ選手は確かに覇権的男性性の典型であり，金持ちであり，肉体的に頑健であるが，彼らの力はアメリカ

の他の黒人には浸透していかない．他の黒人たちは覇権的男性性によって公認されるどころか，逆に周辺化されてしまっているのである．両性愛の男性もまた，周辺化された集団に属していると言えるかもしれない．なぜなら，彼らによって同性愛／異性愛の対立が脅かされるからである．さらに，**覇権的女性性**（**hegemonic femininity**），ヘゲモニー（**hegemony**）も参照のこと．

hegemony（ヘゲモニー，覇権）

　「ヘゲモニー」（もしくは，覇権）（**hegemony**）とは，イタリアのマルクス主義思想家アントニオ・グラムシ（Antonio Gramsci）によって広まった用語である（Gramsci 1971, 1985）．グラムシの理論によると，「ヘゲモニー」とは，**権力**（**power**）の行使である．権力を行使されることで，社会のすべての人々は，様々な形で上位の人物・社会集団に支配されることになる．被支配者は自分たちの立場が飲みこめていない，あるいは，これがあたり前の状態だと思い込んでいる，さらには，その権力からなにがしかの利益を得ているために自分たちの立場を受け入れている，といったこともあり得よう．グラムシは，「ヘゲモニー」の概念を 20 世紀初頭の政治に適用して，マルクス主義によって予言された社会主義革命が起こらなかった理由を説明した．彼の示唆するところでは，その理由は，権力がたんに物理的・経済的強制を通してのみならず，**イデオロギー**（**ideology**）を通しても維持されたためである．ブルジョア（資本主義社会の支配階級）の価値観が共通の価値観として広く社会に確立し，その結果，すべての人々の間に浸透してしまったのである．それゆえ，コンセンサスの文化が発達し，これによって下層階級に属している人々でさえも現状（the status quo）維持に手を貸すはめになってしまった．というのも，彼らもブルジョアの価値観と同化したからである．こうして，ヘゲモニーは「合意」の生産を通して維持されている．支配者は，被支配者が支配者の観点から世界を見るようになるまで被支配者の合意を得よ

うとする．被支配者は権力の本質を見抜けず，それが正当なものであると認めている．批判的談話分析学者ヴァン・デイク（Van Dijk）によれば，「合意」は「ヘゲモニー的権力」（hegemonic power）によって談話的に確立され得るという（Van Dijk 1997: 19）．

heteronormativity（異性愛規範性）

　「異性愛規範性」（**heteronormativity**）とは，Warner（1993）の用語で，異性愛こそが普遍的であるという想定に基づいた社会実践のことである．異性愛規範性は，通例，男性・女性それぞれの同性愛者のアイデンティティ・行動・欲望の**排除**（**exclusion**），**抑制**（**suppression**），**背景化**（**backgrounding**）に関わっているが，さらに，同性愛を固定観念で捉えたり，タブー化したり，処罰したり，烙印を押したりすることに加担している可能性もある（**同性愛嫌悪**（**homophobia**）参照）．Rich（1980: 653）は，関連用語として「義務的異性性」（compulsory heterosexuality）という概念を唱え，「異性性は女性に対して強制的かつ無意識的に押し付けられてきた」としている．それは，男性が女性に権力を振るわんがためであるという．

homophobia（同性愛嫌悪）

　「同性愛嫌悪」（**homophobia**）とは，同性愛的アイデンティティ・欲望・実践に対する不合理な恐れないしは嫌悪のことである．この感情は，「おかま」（faggot）といった名称だけでなく，**ステレオタイプ**（もしくは，**固定観念**）（**stereotypes**）の下で否定的に捉えたり，烙印を押したり，犯罪扱いしたり，（例えば，同性婚を禁止する法律などによって）**アクセス**（**access**）を拒否したり，身体への攻撃をしたりすることによって表出される場合がある．同性愛嫌悪を正当化するために，一連の論証ストラテジー（argumentation strategies）がなされる場合が多い．そのストラテジーには宗教も関わっている．同性愛

嫌悪は，**性差別主義**（**sexism**）と手を携えている場合も多い．例えば，ゲイの男性をからかいの対象にする同性愛嫌悪のことばはジェンダー（**gender**）の規範からの逸脱にターゲットが置かれている．例えば，「女々しい奴」（sissy）といったことばである．ゲイの男性が否定的に捉えられるのは，彼らが女性的に振る舞う（とされている）からである．ここでもまた，女性のアイデンティティは，男性のアイデンティティよりも劣っているという「**推意**」（もしくは，**含み**）（**implicature**）が存在する．

hypotaxis（従位）

「従位」（**hypotaxis**）とは，機能的に同等ではない文法構成のことである．複文（complex sentence）における**従属**（**subordination**）や名詞(句)の前置修飾（premodification）によって示される場合が多い．例えば，以下の例における different と artistic という語に関しては，

Giacometti was an artist with very different artistic aims.

(BNC, A04)

（ジアコメッティは一風変わった芸術的目的を持った画家であった）

両者とも形容詞であるが，artistic は名詞 aims だけを修飾し，different は名詞句 artistic aims 全体を修飾している．「従位」と対立する構成は**並列**（**parataxis**）である．

identification（同定）

　ここでの「同定」（**identification**）とは，社会的参与者を，「行為」によってではなく（**機能化（functionalisation**）参照），「存在の仕方」によって位置づけ，認定する方法のことである．批判的談話分析学者テオ・ヴァン・レーウェン（Theo van Leeuwen）によれば，これは以下の 3 つの方法によって可能となる（van Leeuwen 1996: 54–55）．

1. 分類
   現存する社会的カテゴリーによって分類する．年齢（例：若者，年金生活者），ジェンダー（男性，女性，同性愛者），階級（公爵，農夫），人種（白色人種，アフリカ系アメリカ人，黒人，白人），宗教（無神論者，ユダヤ教徒）など．こうしたカテゴリーは，時間や文化によって変化する．

2. 関係
   他者との関係によって分類する．母親，友人，同僚など．西欧社会では，関係による身元確認は他の方法ほどには重要視されてはいない（ただし，当初は，姓・名字は関係による身元確認の方法として機能していた．例えば，Johnson など）．さらに，Von Sturmer（1981）によれば，オーストラリアのアボリジニーの間では，関係に基づいた身元確認が重要な位置を占めているという．

3. 身体
   身体的特徴によって分類する．例えば，髪の色（赤毛，ブロンド），大きさ（巨漢），魅力（美人，セクシーな男）など．複数のカテゴリーにまたがることばもある．例えば，crone（しわくちゃ

94   identity

婆さん）は，年齢のカテゴリーにも，身体のカテゴリーにも含ま
れる．**カテゴリー化**（**categorization**）参照．

identity（アイデンティティ）

　Gleason（1983: 918）によれば，「アイデンティティ」（**identity**）
という用語は，比較的新しく，1950 年代に社会科学に登場した．そ
れは，アメリカの精神分析家・思想家エリク・エリクソン（Erik Er-
ikson）の名を一躍有名にした．[19] Gleason（1983）では，ほとんどの
定義は 2 つの対立する概念の 1 つに収斂する．1 つの概念では，アイ
デンティティは「内部的」である．すなわち，それは，自我の内部か
ら来ており，固定化され，安定しており，人々が「私たちは本当は何
者なのか」について語る際に口にする事柄である．もう 1 つの概念で
は，アイデンティティは「外部的」である．すなわち，それは，社会
から課された，そして，社会によって構築された役割を意識的・内在
的に選び取ったものである．Epstein（1998: 144）によれば，ドイツ
の社会哲学者ユルゲン・ハーバーマス（Jürgen Habermas）による（社
会化された意味での個人性としての）自我のアイデンティティの議論
（Habermas 1979: 74）は，これら 2 つの定義の有益な仲介となる．
　Woodward（1997: 1-2）によると，アイデンティティは「私たちに
私たちは何者なのか，私たちは他人や私たちの生きている社会とどの
ように関係しているのかを教えてくれるものである．アイデンティ
ティは，私たちが立ち位置を同じくしている他人とどの点で同じなの
か，逆に，私たちが立ち位置を異にしている他人とどの点で違うのか
を示してくれる．私たちのアイデンティティは差異によってこそ最も
明確に示されるものである」．彼女によれば，アイデンティティはし

---

　[19] 訳者注：エリク・ホーンブルガー・エリクソン（1902-1994）は，ドイツ
生まれの，アメリカの精神分析家・思想家で，「アイデンティティ」と「ライ
フ・サイクル」の理論を構築した．

ばしば対立によって構築されているという．男性／女性，黒人／白人，異性愛／同性愛などの対立である．しかしながら，アイデンティティを二項対立で捉える人が多いにせよ，これらの対立に関しては，相互排他的ではなく，漸次的推移にあると考えたほうがいい．それゆえ，アイデンティティはいくつかの（無限である可能性もあるが）相互行為的で，内的・外的な特徴の束から構成されていると言えよう．人はこうした特徴によって定義可能であり，しかもその特徴は時間と共に変化する．アイデンティティ特定の側面が前景化される場合がある．例えば，社会学者アーヴィング・ゴッフマン（Erving Goffman）によれば，烙印を押されたアイデンティティは絶えず管理される必要がある（Goffman 1963: 14）．一方，Epstein（1998: 145）によれば，（同性愛者のような）基範から逸脱したアイデンティティは，アイデンティティ以外の側面をも包含する公算が高い．すなわち，烙印を押されたアイデンティティを持った人の行動はすべてが，烙印を押されたアイデンティティのなせるわざであると他人からみなされがちなのである．さらに，**国家的アイデンティティ**（**national identity**），**公的アイデンティティ**（**public identity**），**性的アイデンティティ**（**sexual identity**），**社会的アイデンティティ**（**social identity**）も参照のこと．

ideology（イデオロギー）

　イデオロギー（**ideology**）とは，一般に，個人や集団が抱いている思想，信念，あるいは主義である．イギリスの批判的談話分析学者ノーマン・フェアクラフ（Norman Fairclough）は，フランスの哲学者・社会学者ルイ・アルチュセール（Louis Althusser）に沿って（Althusser 1971），イデオロギーを「現実性の構成体であり，様々な次元の，談話実践の形式・意味に組み込まれており，支配関係の生産，再生産，変換に寄与している」としている（Fairclough 1992: 87）．言語は，イデオロギーが構築され，維持され，また，異議申し立てを

される1つの方法である. フェアクラフによれば, テクストからイデオロギーを (計器の数値を読むような形で)「読み取る」(read off) ことはできないとされるが, それは,「意味はテクストの解釈を通して生産される」ためである (Fairclough 1992: 88-89).

imagined community (仮想共同体)

「仮想共同体」(**imagined community**) とは, Anderson (1983) の用語で, 以下のような概念を指す. すなわち, それは, 国家もしくは共同体の社会的構築物であるが, 極めて多数の人々が, 決して会うこともないが, にもかかわらず, 同じ興味関心, 態度, あるいは, 同邦意識を共有していることから同じ共同体に属していると意識している状態である. アンダースンによれば, 仮想共同体 (**imagined communities**) を可能にしたのは,「印刷資本主義」(print-capitalism) (書物は最大限に流布されるように, 国語で印刷されるという事態) であるという. さらに, **談話共同体** (**discourse community**) も参照のこと.

impersonalization (非人称化)

批判的談話分析学者テオ・ヴァン・レーウェン (Theo van Leeuwen) によれば,「非人称化」(**impersonalization**) とは, 社会的行為者を人間以外の何かとして表象する方法のことである (van Leeuwen 1996: 59-61) (**人称化** (**personalization**) 参照). 非人称化には抽象化 (abstraction) が関わっていることがある. その場合, 例えば, 難民を「難問」(problems) と称するといった例に見られるように, 対象に内在する性質がラベルとして貼り付けられる. また, 非人称化には客体化が関わっていることもある. そこでは,「社会的行為者は, 人間あるいは人間の活動と深く結びついた場所あるいは物を指す手段によって表象される」(ibid.: 59). 客体化には多くの下位類が存在す

る. 例えば, 次のようなものである.

1. 空間化 (spatialization)：場所を用いてグループを指示する.
   Unlike Europe, *America* is against welfare payments available to everybody without a job, even those who have never worked.　　　　　　　　　　　　　　　　　　　(BNC, ABK)
   (ヨーロッパと異なり, アメリカは, 失業中の人たちはおろか, 一度も仕事につけていない人たちに対しても生活保護の支給金を払うことに反対している)

2. 発話自律化 (utterance autonomization)： 社会的行為者の発話を用いてその社会的行為者自身を指示する.
   Older workers face widespread and increasing discrimination in European Community countries, *a report* said today.　　　　　　　　　　　　　　　　　　　(BNC, K2W)
   (今日の (高年齢労働者の) 報告によれば, 欧州共同体の国々では, 高年齢労働者に対する差別が, 広がり, ますます増幅している)

3. 道具化 (instrumentalization)： 社会的行為者の道具を用いて社会的行為者を指示する.
   Earlier eight people died when *bombs* rained on the city's crowded streets.　　　　　　　　　　　　　　　　　(BNC, CH6)
   (早朝, 人で賑わっていた市街の道路に爆弾が降り注ぎ, 8 人が死亡した)

implicature (推意, 含み)

　「推意」(もしくは, 含み) (**implicature**) とは, ある言明 (statement) に含意 (imply) されてはいるものの, 論理的な推論方法を適用することによっては派生できないような種類の情報である. したがって, 推意は, 示唆された意味であり, 形式的に表された意味では

98   **implicature**

ない．推意を解釈するためには，聞き手（あるいは，読み手）は，①
（特別なコンテクストによってしか生じない意味なので）コンテクス
トを参照することによって理解するか，②（特別なコンテクストに
よって生じるわけではない意味なので）その意味は公理から自動的に
導き出されたものとして理解するか，のどちらかをしなければならな
い．グライスは，これらを「会話的推意」（conversational implica-
ture）と称している．例えば，以下のやりとりを見てみよう．

    John: I've made a strawberry flan.
             （いちごフランができたよ）
    Fanny: I had strawberries for breakfast dear.
             （まあ，朝食にもいちご食べたわ）

ここでのファニーの発話から，ファニーはジョンの作ったいちごフラ
ンを食べたくないという推意が生じるかもしれない（一日に同じ食べ
物を2回食べるということは普通でないため，彼女は，この発話を，
断りの言い訳として使っているように思われる．こういう（微妙な）
言い方でなく，以下のような言い方をしていたら，断りとはなり得な
い）．

    Fanny: How lovely, can I have a big slice?
             （すごいわね．大きな一切れもらえる？）

「**伴立**」（もしくは，**論理的含意**）（**entailment**）と異なり，推意は必
ずしも真となる必要はない（ファニーは，逆に，いちごが大好きであ
るということを意図して，"I had strawberries for breakfast dear."
と言った可能性も存在する）．**前提（presupposition）**も参照された
い．[20]

---

[20] 訳者注：グライスによれば，「会話的推意」（conversational implicature）
は，①特別なコンテクストによって生じるタイプと②ある表現を用いると一般
的・慣習的に生じるタイプとがある．前者は「特殊化された会話的推意」（par-
ticularized conversational implicature），後者は「一般的な会話的推意」（gen-

indexing（指標化）

「指標化」（**indexing**）とは，ある社会的意味以外にもう1つ別の社会的意味を示す（言語的手段による場合が多い）方法のことである．この用語を一般的にした Ochs（1992: 338）によれば，「どの共同体であれ，その成員はある社会的意味を伝達すると同時に，もう1つ別のレベルの情報を伝達する言語資源を有している」という．そうした情報は共同体の他の成員によって解釈される．あるタイプの**アイデンティティ**（**identity**）区分を示すために指標（index）が用いられるが，そうした指標はほとんどの場合は誰でも使用可能であり，様々なタイプの社会的情報を標示するためにも用いられる場合がある．例えば，イギリスの批判的談話分析学者ジェーン・サンダーランド（Jane Sunderland）は，付加疑問形式が女性のアイデンティティを指標化するために用いられるだけでなく，さらに，躊躇や確認のチェックとも結びついているとしている（Sunderland 2004: 25）．

---

eralized conversational implicature）と呼ばれる（Grice 1975: 56）．前者の例は本文にある通りであるが，後者の例は以下のようなものである．

 (i) X is meeting a woman this evening.   （Grice 1975: 56）
   （X は今晩ある女性と会うことにしている）

グライスによれば，この場合，X が会う予定の女性（a woman）は，一般的に，「X の妻でも母でも姉妹でもない」と解釈されるという．また，グライスは，implicature を，単語の意味から生じる「慣習的推意」（conventional implicature）と会話の公理から生じる「会話的推意」（conversational implicature）という，2種類の推意を想定している（Grice 1975）．慣習的推意とは，公理などの語用論的な原理から導き出されたものではなく，単にある語彙に慣習的に結びついたものである．グライスは慣習的推意の例として therefore, but 等わずかの例しか取り上げていないが（Grice 1975, 1989），近年，自然言語には，敬語表現，ののしり語（e.g. damn），程度表現（e.g. more than anything），副詞，挿入句等，様々な慣習的推意をもった構文や語彙が存在しているということが明らかになっている（Potts 2005; McCready 2010; Sawada 2010, 2018 など参照）．

individualization（個人化）

　「個人化」（**individualization**）とは，1 人の社会的行為者を特定の個人として言及する方法のことである．例えば，名前を用いたり（例えば，Mrs Smith），不定冠詞を用いたりする（例えば，a 35-year-old woman）．個人化がイデオロギー的になされる例として，批判的談話分析学者テオ・ヴァン・レーウェン（Theo van Leeuwen）は，中産階級の新聞はエリート（the elite）を個人化するが，労働者階級の新聞は「普通の」（ordinary）人々を個人化する場合を挙げている（van Leeuwen 1996: 48）．さらに，**一般化**（**genericization**），**同化**（**assimilation**）も参照のこと．

informalization（略式化）

　「略式化」（**informalization**）とは，Wouters（1977）の用語で，1920 年代，そして，1960 年代と 1970 年代に（西欧）社会で起きた，振る舞いのコードにおける寛大さ・許容性の高まりのことである．イギリスの批判的談話分析学者ノーマン・フェアクラフ（Norman Fairclough）は，この概念を取り入れて，公的談話の**会話化**（**conversationalization**）（の一部）を論じている（Fairclough 1995: 19）．言語学の立場から，Goodman（1996: 42–43）は，「略式化」の例として，短縮した呼びかけ語，（-n't のような）否定縮約，（'ll のような）助動詞縮約，受動態構文でなく能動態構文の使用，口語やスラングの使用などを挙げている．さらには，（標準英語でなく）地方のなまりを使用したり，公的な場（例えば，トークショーや職場など）で私的な感情を吐露することをためらわないことなどを挙げている．Goodman によれば，英語の略式化には様々な要因が関与しているという．例えば，社会の都市化，輸送路の改善，リラックスした社会的態度，ニューメディア，階級差の衰退，民主主義による社会参加の増加，**資本主義**（**capitalism**）の競争的需要などである．それゆえ，略式化は，

コンテクストしだいで，権利向上につながる場合もあれば，権利低下につながる場合もある．また，社会の成員に対してより多くの複雑な要求をする可能性がある．というのは，社会の成員は，どんな時に，どの程度まで，略式化をしていいのかの判断を迫られるからである．

intensifying strategies (強化ストラテジー)

談話・歴史的アプローチ (**discourse-historical approach**) において，「強化ストラテジー」(**intensifying strategies**) とは，談話や論証を強固なものにする方法のことである．言語学では，強意の程度副詞（例えば，very, really, absolutely など），（必然性・義務などを表す）法助動詞（modals）や疑似法助動詞（semi-modals）(should, must, have to など），高い評価や感情を含む語などが用いられ，パラ言語（すなわち，言語構造の範囲外で行われる伝達行為）では，主張のポイントを強調するために特定のタイプの強勢，スピード，音量が用いられる．さらに，非言語的なレベルでは，表情やしぐさなどが用いられる．

interactional sociolinguistics (相互行為的社会言語学)

「相互行為的社会言語学」(**interactional sociolinguistics**) とは，社会言語学者ジョン・ガンパーズ (John Gumperz) によって広まった用語で，人類学，言語学，語用論，会話分析を，意味を分析するための1つの解釈的枠組みにまとめたアプローチのことである．当初は，異文化比較，とりわけ，異文化間ミスコミュニケーションを分析するために使われることが多かったが，今では，アメリカの社会言語学者デボラ・タネン (Deborah Tannen) のような研究者によってジェンダーの違いを分析するためにも採用されている．相互行為的社会言語学によると，社会文化的知識は相互行為の外にある価値や判断の中だけに存在するのではなく，相互行為そのものの中にも存在してお

り，また，コンテクスト化の手がかり（cues）によっても表されている．

interdiscursivity（談話相互性，間談話性）

「談話相互性」（もしくは，間談話性）（**interdiscursivity**）とは，フランスの哲学者ミシェル・フーコー（Michel Foucault）の用語で（Foucault 1972），イギリスの批判的談話分析学者ノーマン・フェアクラフ（Norman Fairclough）は，**批判的談話分析**（**critical discourse analysis**）の中にこの概念を取り入れた（Fairclough 1995: 134-135）．それは「1つのテクストの中に様々な談話やジャンルが相互に関係しあって存在すること」である．フェアクラフがこの用語を取り入れたのは，**テクスト相互性**（**intertextuality**）という概念に触発され，両方の概念が互いに関連性を有していたからである．談話相互性（もしくは，間談話性）は，「構成的なテクスト相互性（もしくは，間テクスト性）」（constitutive intertextuality）と称されることがある（Fairclough 1992: 124）．この概念は，いくつかのジャンル，ないしは，ジャンルと結びついた構造が他のものに「染み込む」（seep into）現象のことである．例えば，フェアクラフによると，販売促進的（マーケティングや宣伝に関連した）な談話が大学案内や大学講義の新聞広告に入り込む場合があるという（求人広告が大学自身の業績の宣伝となる場合もある）（Fairclough 1995: 135-166）．さらに，**植民地化**（**colonization**）も参照のこと．

談話相互性は，さらに，談話と談話の関係を同定することでもある．例えば，女性を感情的なものとして作り上げる談話は，「ジェンダー差」という，より高次の談話の一部である場合がある．

interpretation（解釈）

ここでの「**解釈**」（**interpretation**）とは，イギリスの批判的談話分析学者ノーマン・フェアクラフ（Norman Fairclough）による**批判的**

interpretation 103

談話分析（**critical discourse analysis**）の談話の「三段階モデル」の中の中間段階であり，（テクストの分析に関わる）第一段階の「**記述**」（description）と（相互行為と社会的コンテクストとの間の関係に関わる）第三段階の「**説明**」（explanation）との間に位置する段階である．例えば，以下の例で，

> Curbs fail to halt flood of refugees. (BNC, A4H)
> （規制では難民の洪水を止めることはできない）

第一段階の「記述」の段階では，難民を指すのに，'flood'（洪水）という水のメタファーが使われていることを明らかにする．続いて，第二段階の「解釈」の段階では，「このメタファーの意味とは何か，これは何を言わんとしているのか」という問題に焦点を当てる．例えば，次のように解釈できよう．水のメタファーは難民を制御不能な災害であると表現すること，難民は集団的で識別不可能な非人間的なかたまりであることを示すことである．このメタファーの解釈としては，書き手は難民を否定的に捉えている．第三段階の「説明」の段階では，より広い社会的コンテクストに焦点を当てて，難民がこのように否定的に捉えられているのはなぜか，この捉え方は社会や社会に存在する様々な集団に対してどのような影響を及ぼすのかを問う．それゆえ，一般に，「解釈」は，テクストに存在する事柄と分析者の解釈ストラテジー（「成員の資源」（members' resources）とも称される）とが組み合わさることで生み出される．フェアクラフは6タイプの解釈ストラテジーを挙げているが，それらは各々，異なってはいるが，互いに関連した解釈に至るものである（Fairclough 1989: 142）．

① 社会秩序（social orders）
② 相互行為の歴史（interactional history）
③ 音韻論，文法，語彙（phonology, grammar, vocabulary）
④ 意味論，語用論（semantics, pragmatics）
⑤ 結束性，語用論（cohesion, pragmatics）

⑥ シェーマ／スキーマ（schemata）

例えば，相互行為の歴史に関して言えば，最終的には，分析者はテクスト相互的（もしくは，間テクスト的）なコンテクストに言及することになる．すなわち，テクスト生産者は，他のテクストでは「あり得ないような」(out there) 現存する談話に対してどう対峙する (orient) のか，テクスト生産者は，読者がどこまで知っていると想定するのかという問題である．解釈が問題となるのは，分析者の視点に左右される場合があるからである．例えば，McKee（2003: 66）は，「そもそも各テクストの正しい解釈というものは存在せねばならないのか」と問うている．省察的分析（reflexive analysis）を採るとすれば，複数の可能な解釈の範囲を定めようとすることになろう．

interpretative repertoire（解釈レパートリー）

「解釈レパートリー」(**interpretative repertoire**) とは，以下にあるように，特に**談話心理学**（**discursive psychology**）で用いられる用語である．

> 世界における事物や事象について語るための比較的整合的な方法を指す．談話分析の観点から言えば，解釈レパートリーは「会話の組み立てブロック」であり，日常会話で利用される言語資源である．さらに，それはあらゆる共同体の常識の中核を成しており，共有されている社会的合意の基盤を提供している（Edley 2001: 98）．

例えば，Potter and Wetherell（1995）によると，解釈レパートリーと談話との間には類似性があるという研究者もいる．しかし，Edley（2001）によれば，解釈レパートリーのほうは人の動作主性（human agency）を強調するために用いられているとし，人々は入手可能なレパートリーの貯えから選択することができることに注目している．

interpretative positivism （解釈実証主義）

Simpson（1993: 105）の言う「解釈実証主義」（**interpretative positivism**）は，談話分析を実行する際に問題となり得るものである．それは，ある特定の言語的特徴は常に同一の機能や内容を持って用いられていると想定する立場である．一方，イギリスの批判的言語学者ロジャー・ファウラー（Roger Fowler）によれば，「言語構造と意味内容との間には不変の関係は存在しない」という（Fowler 1991: 90）．Hardt-Mautner（1995）は無動作主受動文（agentless passives）の例を挙げている．受動文には確かに動作主を曖昧にするという特徴がある．しかしながら，これは意図的である可能性もある（書き手はある特定の行為で誰に「責任」があるのかを背景化しようとしている）が，別の理由もあるかもしれない．もしかしたら，動作主は，コンテクストから容易に推論できる場合もあるし，テクストの中ですでに言及されている場合もあろう．さらに，動作主がないのは，語数の制約によるもの，もしくは，文体を簡潔なものにしたいがためということも考えられる．

intertextuality （テクスト相互性，間テクスト性）

「テクスト相互性」（もしくは，間テクスト性）（**intertextuality**）とは，1966 年にフランスの文学理論家ジュリア・クリステヴァ（Julia Kristeva）の用語で（Moi 1990 参照），テクストがそれ自身の内部で，ある別のテクストに言及したり，それらを組み込んだりする現象のことである．これには多くのタイプがある．例えば，パロディ，話の改作，標本抽出，直接言及・引用，メタファー（もしくは，隠喩）などである．テクストを理解する際には，それが別のテクストにどのように言及されているのかについて深く理解することが有効である場合は多い．例えば，マーティン・ルーサー・キング・ジュニア（キング牧師）の有名な演説「私には夢がある」（"I Have a Dream"）には

多くのテクスト相互性（もしくは，間テクスト性）が組み込まれている．キング牧師は，アブラハム・リンカーンのゲチスバーグ演説にある 'four score and seven years ago'（87 年前）の名文句，聖書，シェイクスピア，合衆国憲法などから引用している．

この概念は，イギリスの批判的談話分析学者ノーマン・フェアクラフ（Norman Fairclough）による**批判的談話分析（critical discourse analysis**）（Fairclough 1989: 55, 1995: 187-213）の中で用いられているが，それは，分析対象となっているテクストの広い（歴史的，社会的）側面としてである．フェアクラフは，「テクスト相互性」を 2 つに分類している（Fairclough 1992: 117）．すなわち，「顕在的なテクスト相互性」（もしくは，間テクスト性）（manifest intertextuality）と「構成的なテクスト相互性（もしくは，間テクスト性）」（constitutive intertextuality）である．前者はいろいろなテクストから実際の内容を用いることであり，後者は既存のテクストから構造を用いることである（後者のタイプは**談話相互性**（もしくは，**間談話性**）（**interdiscursivity**）と称されることがある）．さらに，**ポストモダニズム**（**postmodernism**）も参照のこと．

Islamophobia（イスラム嫌悪）

「イスラム嫌悪」（**Islamophobia**）とは，イスラム教徒に対する偏見・差別意識のことである．ラニーミード・トラスト（Runnymede Trust）による 1997 年の報告書はイスラム嫌悪に関連する見方の数々を明らかにしている．イスラムは，次のように述べられている．すなわち，画一的，野蛮，セックス主義的，暴力的，テロ礼賛主義，政治的イデオロギー，分離した存在，「他者・よそ者」（other）であり，反イスラム感情はごく当然である．

言語学者マイケル・ハリディ（Michael Halliday）は，この用語を批判し，次のように論じている（Halliday 1999: 898）．すなわち，当該のステレオタイプ化された敵というのは，信念でもなく，文化で

Islamophobia

もなく，民族であり，この用語そのものが救い難いゆがみを生み出している．すなわち，「ただ1つのイスラムがある．そこには，嫌悪が向けられる何かがある」(ibid.)．彼は，さらに，次のように指摘している．こうした用語は「私たちが対話をしている人たちの活動に対して，（あれは一種の病気だから仕方ないと）批判する権利や可能性を封じ込めてしまう危険を必然的に冒してしまう」(ibid.: 897)．英国の新聞におけるイスラム教(徒)の（誤った）表象に関する**批判的談話分析（critical discourse analysis）**に関しては，Richardson (2004)を参照のこと．

keyness（重要度，顕著性）

コーパス言語学で言う「重要度」（もしくは顕著性）（**keyness**）とは，重要度に関する統計テストから見て，1つのテクストもしくはコーパスにおける特定の言語項目が，他のテクストもしくはコーパスと比較して相対的に高い頻度にある状態を指す．一般的には，重要度は，単一の語に関して測定され，**キーワード**（**keyword**）のリストを作成する．しかしながら，重要度は**語連鎖**（**lexical bundle**）やまとまり（短く，固定された語の連鎖），さらには，意味的・統語的な言語集団（用いられたテクストが意味的・統語的なカテゴリーに応じて注解されている場合）に関して行われる場合もある．例えば，Baker (2006) は，「キツネ狩禁止」というテーマに関する連合王国議会の一連の討論における論証について明らかにすることを試みた．彼は，存続派と禁止派の政治家の演説を比較するに際して，話される各々の語に意味的なタグ（もしくはコード）を付与した．コーパス分析ソフトを用いて，存続派と禁止派の演説において，どの意味的なコードが統計的に頻度が高いのか（もしくは，「重要」(key) なのか）を明らかにしたのである．この分析からわかったことは，以下の点である．すなわち，禁止派の政治家たちは「強さ」(toughness) に属する意味的カテゴリーの語（strong, toughen, weakness）を多用しており，一方，存続派の政治家たちは「分別のある」(sensible) に属する意味的カテゴリーの語（reasonable, absurd, rational）を多用して，自分たちの立場のほうが「常識的」であり，相手側の立場は非論理的であると主張しているということである．

keyword（キーワード）

「キーワード」（**keyword**）は，以下の2つの意味で用いられる．

1. 文化的な「キーワード」とは，ある特定の文化もしくは社会に関して重要なことを明らかにしている語を指す．この概念を最初に提唱したのはフランスの言語学者エミール・バンヴェニスト（Émile Benveniste）であり（Benveniste 1954: 336），続いて，イギリスの文芸批評家レイモンド・ウィリアムズ（Raymond Williams）によって発展させられた（Williams 1976）．ウィリアムズは英語のキーワード辞典を出版した．オーストラリアの言語学者アナ・ヴィエズビッカ（Anna Wierzbicka）によれば，文化は特定のキーワードを通して理解可能である（Wierzbicka 1999）．例えば，ドイツ語には "Heimat"（母国）があり，ロシア語には "dusha"（精神）がある．こうしたキーワードは通例，名詞か形容詞である（「遺産」，「世話」，「共同体」といった抽象的な概念の場合もある）．文化的なキーワードは一般に主観的な手段によって同定されることが多い．例えば，ある語を文化的なキーワードとみなすのは，当該の分析者なのである．**内容分析**（**content analysis**）でこうした主観的なキーワードが用いられる場合もある．

2. **コーパス言語学**（**corpus linguistics**）における「キーワード」とは，ある1つのテクストもしくはコーパスにおける特定の言語項目が，他のテクストもしくはコーパス（しばしば，参照コーパス）と比較して相対的に高い頻度にあり，統計的に有意である場合を指す．この概念を最初に唱えたのはマイク・スコット（Mike Scott）であり，コーパス分析ソフト "Wordsmith Tools" によって初めて実行された．キーワードは統計テストに基づいているため，頻度が高ければキーワードとなり得る（ただし，統計的に重要であるかないかを判定するのは当該の研究者である）．テクス

トやコーパスの内容に関する情報を示しているキーワードもあれ
ば（例えば，固有名詞など），特定の文体の選択に関する情報を
示しているキーワードもあり（例えば，接続詞などの閉じた類
(closed class) の項目），さらには，文化的なキーワードを示し
ているものもある（上記の項目参照）．キーワードは，談話，**イ
デオロギー** (ideology)，あるいは，論証のための手がかりとも
なり得る．Baker (2006) によれば，キツネ狩の禁止を求めた議
員たちは，（狩は残酷であることを論証するために）討論の中で
"barbaric"（「野蛮な」）というキーワードを用い，一方，キツネ狩
の存続を求めた議員たちは，（狩をやりたければやる自由がある
べきだということを論証するために）討論の中で "illiberal"（「反
自由主義的な」）というキーワードを用いた．キーとなる文法的な
語も談話や論証のストラテジーに関してなにがしかを語ってくれ
る．例えば，McEnery (2006) によれば，メディアにおいて罵り
を禁止することを望んでいるテクストの中で "and"（「そして」）が
重要であると述べている．というのは，この接続詞が何度も使わ
れて罵りと罵り以外の否定的な現象（例えば，酔っ払い，罪）と
の結びつきが造られているからである．さらに，**重要度**（もしく
は，**顕著性**）（**keyness**）も参照のこと．

langue（ラング）

　スイスの言語学者フェルディナン・ド・ソシュール（Ferdinand de Saussure）は，「ラング」（**langue**）と「パロール」（parole）を区別した（Saussure 1966）．ラングとは，記号の連鎖としての言語体系である．その中には，文法，綴り，統語論，句読法の体系が含まれている．ラングが言語の体系を指すのに対し，パロールはこの体系の運用を指す．パロールはラングの外的な現れであり，その特徴は，言語の個人的な使用である．構造言語学者が関心を抱いたのはラングの研究であった．

legitimation（合法化）

　ここでの「合法化」（**legitimation**）とは，何かが特定の社会の価値に応じて合法的になる過程のことである．ドイツの社会哲学者ユルゲン・ハーバーマス（Jürgen Habermas）によれば，合法化とは社会における交渉・取り決めであるとされる（Habermas 1985）．例えば，市民は国家に合法性を与えるが，その見返りは（福祉などの）利益である．イギリスの批判的談話分析学者ノーマン・フェアクラフ（Norman Fairclough）は，合法化を「事態（things）がいかにあるのか，事態はどのようになされるかに関する説明と正当化の合法性の広範囲な承認」と定義している（Fairclough 2003: 219）．批判的談話分析学者テオ・ヴァン・レーウェン（Theo van Leeuwen）は，合法化のストラテジーとして4つ挙げている（van Leeuwen 2007）．すなわち，「公認」（authorization），「道徳的評価」（moral evaluation），「合理化」（rationalization），「神話作成」（mythopoesis）である．Beetham（1991: 39）によれば，合法化は権力闘争の終わりに起こるのではな

い．それは「権力のケーキの糖衣」ではなく，「（小麦粉と水などを混ぜた）生地の中に浸透してパンを作り上げる酵母菌のようなものである」．

lexical bundle (語彙束)

「語彙束」(**lexical bundle**) は，語の固定された連鎖（通例，3語から5語までの長さ）であり，自然言語にはかなり頻繁に見られる．語彙束は，クラスター (clusters)，チャンク (chunks)，複数語連鎖 (multi-word sequences)，語彙フレーズ (lexical phrases)，定型表現 (formulas)，決まり文句 (routines)，固定表現 (fixed expressions)，組み立てパタン (prefabricated patterns) などと呼ばれることもある．しかし，*kick the bucket*（くたばる，死ぬ）のようなイディオムと異なり，語彙束には同定しにくい面がある（そのため，文法書や教材では見落とされがちである）．というのは，語彙束は，*the lack of the* のような例に見られるように，2つの構造的な単位（すなわち，the lack と of the 〜）にまたがることがあるからである．しかし，**コーパス言語学**（**corpus linguistics**）のアプローチにより，語彙束を同定することができるようになり，機能ごとに分類することも容易となった．指示的表現は，*something like that, a little bit about, in the United States* などのように，何かが重要なものであることを確認したり，指示対象を特定化するために使用されている．また，態度標識 (stance indicators) は，*I don't know if, it is important to, I want you to* などのように，モダリティ，ないしは，命題態度を表出している．談話管理標識 (discourse organizers) は，*I want to talk about, you know what I mean, has to do with the* などのように，談話のトピックを導入したり，解説したり，詳述したりするのに用いられる．Biber et al. (1999, 2004) を参照．

lexical cohesion 113

lexical cohesion（語彙的結束性）

「語彙的結束性」（**lexical cohesion**）とは，結束性を達成するための方法のことである．それは，同一の語句を繰り返したり，語彙的な意味の連続性を保つような関連語をつなげることによってなされる．例えば，

> Each day she had gone with Tom and Peter or just with Tom down into the Underground and played her violin.
>
> （BNC, EDN）
>
> （連日，彼女はトムとピーターと一緒に，もしくは，トムとだけで地下室に下りて自分のバイオリンを弾いたこともあった）

この例では，"Tom" が 2 回繰り返されて，誰と一緒だったのかを明示している．仮に "him" となっていたら，この文は多義的になってしまったことだろう．最初に出て来た語の代わりに関連語が用いられる場合もある．

> Father Death climbs the tree to gather a rosy apple but directly he touches the fruit he is caught.　　　　（BNC, HH3）
>
> （死神（Father Death）は赤いりんごを取ろうとして木に登ったが，その果実に触れるや否や捕らえられてしまった）

この場合，"apple" は上位のカテゴリーである "fruit" に置き換わっている．同一の意味的カテゴリーの中の他の語に置き換わる場合もある．

> To the right, a brick-red dune stood alone among golden yellow ones.　　　　（BNC, AT3）
>
> （右手には赤レンガ色の砂丘が 1 つ，金色の砂丘の中に立っていた）

この場合，"brick-red" と "golden yellow" は同一の意味的カテゴリーに属している．

mediated discourse analysis (MDA) (媒介された談話分析)

　「媒介された談話分析」(**mediated discourse analysis**) (MDA)
とは，談話分析の一タイプであり，テクストを社会的・文化的なコン
テクストの中で考察するアプローチのことである．MDA が焦点を
当てるのは，個人がテクストを用いて為す社会的行為ならびにその
結果である（Scollon (1998, 2001)，Norris and Jones 2005 参照）．
MDA は，談話に関心があるものの，**批判的談話分析**（**critical dis-
course analysis**）と異なって，談話，テクスト，言語そのものでは
なくて，むしろ，社会的行為のほうに重きを置く．このことを達成す
るために，MDA は以下の 6 つの概念を考察する．

① 媒介された行為（mediated action）
② 行為の現場（site of engagement）
③ 媒介手段（mediational means）
④ 実践と媒介手段（practice and mediational means）
⑤ **実践のつながり**（**nexus of practice**）
⑥ **実践共同体**（**community of practice**）

分析は様々なタイプのデータ（例えば，参与者観察，フォーカスグ
ループ，アンケート調査，メディアの内容分析など），参与者による
重要性の定義，問題に基盤を置いた分析の**三角法**（**triangulation**）を
通して行われる．MDA は，日常の社会実践と，社会における広範な
問題提起的公共談話との交差の分析に適している．例えば，アメリカ
の言語学者ロン・スコロン（Ron Scollon）は，次のような例を挙げて
いる（Scollon 2001）．コーヒーを注文した際に，彼は，ウェイターが
自分の名前を聞き，コーヒーが出来上がった時に自分の名前を呼んだ
のでびっくりしたという．この出来事は，「制度的な行為と非制度的

な行為の区別が溶解しつつある」ことを示しているという (ibid.: 180).

members' resources (成員の資源)

interpretation（解釈）参照.

metaphor（メタファー, 隠喩）

「メタファー」（もしくは, 隠喩）(**metaphor**) とは, 何かを, 他の何かによって表す方法のことである. メタファーの同定とその分析は, 主体（subject）を取り巻くイデオロギーあるいは談話を明らかにする方法として, イギリスの批判的談話分析学者ノーマン・フェアクラフ（Norman Fairclough）による**批判的談話分析** (critical discourse analysis) の「**記述**」(description) の段階においてなされることが多い.（テクストの分析に関わる）「記述」は, 三段階のうちの第一段階であり,（テクストと相互行為の間の関係に関わる）第二段階の**解釈** (**interpretation**) と（相互行為と社会的コンテクストとの間の関係に関わる）第三段階の**説明** (**explanation**) に先立つものである. 以下の例においては,

> The Arts Council and Sports Council have enthusiastically welcomed the move, but all Roy Hattersley can do is trot out allegations of electioneering and say he'll 'consider' keeping it.　　　　　　　　　　　　　　　　　　　　　　　　(BNC, K52)
> （芸術評議会とスポーツ協議会はその決定を熱烈に歓迎したが, ロイ・ハッターズリーは, ただ, 選挙運動の主張を繰り返し口にして, それを続けることを「検討する」と言うことしかできないでいる）

ロイ・ハッターズリーは, 主張を「繰り返し口にする」(trotting out) と述べている. これは, メタファー的表現であり, これによって暗示

されていることは，ハッターズリーの主張が（まるで障害ジャンプの
コンテストで乗馬しているかのごとく）繰り返しリハーサルをして練
られたものであり，それゆえ，画策されたものであるということであ
る．したがって，'trot out' というメタファーは，ハッターズリーの
主張に異を唱えるために使われている．さらに，**直喩**（**simile**）も参
照のこと．

mitigating strategies（緩和ストラテジー）

Reisigl and Wodak (2001: 45) によれば，談話を提示する際の「緩
和ストラテジー」（**mitigating strategies**）とは，「発語内の力」（illo-
cutionary force）を和らげることで命題の認識的な値を緩和する方法
のことである．例をいくつか挙げよう．① "it seems quite clear that
…" の場合，it を用いた非人称構文になっている．② "I'm not an
expert but …" の場合，but を用いたやや留保する形式が使われてい
る．③ "Shouldn't we go further?" の場合，断言ではなく，質問の
形式になっている．④ "We proposed this yesterday …" の場合，一
人称複数形の代名詞 we が使われている．⑤ "There may be some
points you didn't mention before" の場合，法助動詞 may（=… か
もしれない）を用いた推量表現が使われている（ibid.: 84）．さらに，
強化ストラテジー（**intensifying strategies**）も参照のこと．

modality（モダリティ）

「モダリティ」（**modality**）とは，事柄（もしくは，命題内容）の可
能性（認識的モダリティ）や必然性（束縛的モダリティ）に関わる心
的態度のことである．それぞれ，以下の例参照．

'You must be out of your mind,' Nick said.　　　　(BNC, EFJ)
（「君は頭がおかしいのに違いない」とニックは言った）

You must promise me that this will be our little secret.

(BNC, JXS)

(これは私たちの間だけの小さな秘密にすると約束してください)

モダリティを表す表現形式としては，法助動詞（should, would, will, could, can, may, must, shall など），疑似法助動詞（have to, need to, want to など）がよく使われる（Leech 2002）．さらに，法副詞（perhaps, probably, necessarily, inevitably など）もある．**批判的談話分析（critical discourse analysis）** でモダリティが取り上げられる場合がある．その理由は，法助動詞がしばしば**権力（power）**の不平等性やイデオロギーを浮き彫りにするからにほかならない．例えば，束縛的モダリティは権力を表現しており，認識的モダリティは世界の様々な表象を構築しているのである．[21]

---

[21] 訳者注：「モダリティ」は，1960 年代から 1970 年代にかけて，「認識的」（epistemic）対「根源的」（root）という体系へと分類されはじめた（詳しくは，澤田治美 1993 参照）．

  (i) モダリティ ＜ 認識的／根源的

認識的モダリティは，当該の事柄（もしくは，命題内容）全体についてその可能性・真実性を査定したり，推量・推定したりする．それに対して，根源的モダリティは，当該の事象について，話し手から聞き手への言語行為や，主語の内的特質・外的状況などに関わっており，その意味は，①許可，義務，約束，命令，提案といった言語行為，②意志，能力，習性といった主語の内的特質，さらには，③可能といった外的状況など多くの概念をカバーしている．

1990 年代以降のモダリティの分類法として Palmer（2001²）がある．Palmer はモダリティを以下のように分類している．

  (ii)

「命題的」（propositional）とは，「命題に関する話し手の判断に関わるもの」であり，「事象的」（event）とは，概略，「根源的」に相当する．さらに，「証拠的」（evidential）とは，「命題の真実性を裏付ける証拠に関するもの」である．

moral panic（モラル・パニック）

　「モラル・パニック」（**moral panic**）とは，スタンリー・コーエン (Stanley Cohen) によって広まった用語である（Cohen 1972）．モラル・パニックが起こるのは，コーエンの言う「モラル請負師」(moral entrepreneurs) によって率いられた特定の集団が，別の集団や人に対して，集団的なモラル管理を行う時である．彼らはまず共同体（もしくは共同体の一部）の価値観や関心（しばしば，政治的，宗教的な信念を反映している）にとって脅威とみなされているような「問題」(problem) を取り上げる．例えば，ポルノがテレビで放映されるといった出来事である．コーエンは，モラル・パニックを引き起こすような人々を「民衆悪魔」(folk devils) と呼んでいる．続いて，公的関心に火がつけられる．その場合，メディアがそのパニックを炎上させるのに一役買っている場合が多い．その結果，いくつかの解決策が提案され，最後にはそのパニックは社会変化につながるのである (Thompson 1998: 98)．Goode and Ben-Yehuda (1994) によれば，モラル・パニックは，以下の特徴から成っているという．「関心」(concern)，「敵対性」(hostility)，「コンセンサス」(consensus)，「不均衡」(disproportionality)，「一触即発性」(volatility) などである．

また，「力動的」(dynamic) とは，「その事象を引き起こす要因が主語の内（例えば，能力・可能，意志，習性など）にあるもの」であり，「束縛的」(deontic) とは，「その事象を引き起こす要因が主語の外（例えば，許可，義務，命令などの話し手の言語行為）にあるもの」である．

　こうした点を考慮に入れて，ここでは，モダリティを以下のように特徴づけておきたい（澤田治美 2006: 2; 2014: 154; 2016: 320; 2018 参照）.

(iii)　モダリティとは，事柄（すなわち，状況・世界）に関して，たんにそれがある（もしくは真である）と述べるのではなく，その事柄に関する情報はどのようにしてもたらされたのか，その事柄はどのようにあるのか，あるべきなのかということを表したり，その事柄に対する知覚や感情を表したりする意味論的なカテゴリーである．

narrative（語り）

　ここでの「語り」（**narrative**）とは，人の認知，行為（そして，その結果），出来事の物語であり，そして，これらの出来事が起こる環境の記述として定義されてきた．それらにはたいてい，始まり，途中，終わりがある．Altman（2008: 26）は，「語りのテクストとは個々の一連の単位であり，調節がなされており，特定のやり方で配列されている」としている．さらに，「語りの各テクストには特定の「展開のパタン」（following-pattern）がある」とされる（ibid.）．語りには，すべての人間社会に見いだされる神話や伝説が含まれており，自然界の現象の説明として用いられることもある．Lyotard（1979）は，イデオロギー的・制度的な形の知識を批判する中で，語りは支配的な形の知識や信念を説明するためだけでなく，それらを構築するためにも用いられていると論じた．例えば，キリスト教，イスラム教，仏教のような宗教は語りの知識を制度化してきており，それを道徳的コードのための基盤として用いているという．Lyotard が理論化したことは，「壮大な語り」（a grand narrative）として知られる形の語りは出来事の集合と**資本主義**（**capitalism**）や階級闘争とのつながりを示しているということである．しかしながら，**ポストモダニズム**（**post-modernism**）は「壮大な語り」に普遍的な真実があるとは見ておらず，抑圧的で論争の余地があり，断片的かつ，いまだ流動的であるとみなしている．

national identity（国家的アイデンティティ）

　「国家的アイデンティティ」（**national identity**）とは，国家の概念に関して構築された概念である．Barker and Galasinski（2001: 123）

によれば，国家とは政治的・行政的な装置であり，「空間もしくは領土に対する主権」を主張する存在である．Wodak et al. (2009: 3) によれば，一般的な**アイデンティティ**（**identity**）の概念と特定の国家的アイデンティティの概念は，「コンテクスト依存的であり，動的である」とされる．それゆえ，国家的アイデンティティには様々な構築物があり，これらは当該の社会や国家に依存している．各々の国家は，独自の談話的アイデンティティを構築しているが，こうしたアイデンティティは「可鍛的（malleable）であり，もろく，しばしば，両面価値的であり，拡散的である」とされる（Wodak et al. 2009: 4）．例えば，国家的アイデンティティを構築するための1つの方法は地理的な方法であり，異なった国々を分け隔てる国境によって区切られるものであろう．これに対して，民族的な方法もあり得る．例えば，ある民族集団は，特定の地理的な「国」の合法的な「国家」として談話的に構築される可能性もある．

　Wodak et al. (2009) は，国家的アイデンティティの概念を特徴づける想定をいくつか示している．第一に，国家は「市民権を与えられた政治的被支配者が別個の実体として捉える**仮想共同体**（**imagined communities**）である」(ibid.: 3, Barker and Galasinski 2001 参照)．第二に，国家的アイデンティティは，特殊な形の社会的アイデンティティであり，それは，談話を通して生産・再生産され，変形される存在である．第三に，国家的アイデンティティは，「類似した認知的スキーマ，感情的な気質・態度，類似した行動的な慣習の複合体であり，それは，この「国家的アイデンティティ」の持ち主が集団として共有し，社会化を通して内在化させたものである」(Wodak et al. 2009: 4)．

　Barker and Galasinski (2001: 124) によれば，「国家的アイデンティティの象徴的・談話的次元は，起源，継続性，伝統を語り，創造する」．「国家的アイデンティティ」の成員もまた，外部者（outsiders）である人たちに対する態度・感情を共有している．かくして，国家的アイデンティティは，国家としての地位（nationhood）に関する共有

nationalist discourse 121

された意味を表象する記号，イメージ，儀式を通して形成されること
によって，統一体として構築されることになるのである（ibid.）．

nationalist discourse（国家主義的談話）

　「国家主義的談話」（**nationalist discourse**）は，**国家的アイデン
ティティ**（**national identity**）を構築することを可能にするものであ
る．それは，談話的手段であり，これによって，国家的アイデンティ
ティが生産され，再生産され，打ち固められ，変形されるのである．
それゆえ，国家主義者的談話は，国家的アイデンティティの中核とみ
なされるような「語り」（narratives），「記号」（symbols），そして，
「儀式」（rituals）を通して，共有経験を表象する１つの手段となる．
談話分析者は，これまで，国家主義的談話が「私たち」（＝身内）（us）
と「あの人たち」（＝よそ者）（they）を分断する**ステレオタイプ**（も
しくは，**固定観念**）（**stereotypes**）に基づいている場合について調査
してきた．こうしたステレオタイプは，外部集団の差別や排除を助長
する場合があるという．

naturalization（自然化）

　「自然化」（**naturalization**）とは，ある実践や談話が，どのような
過程を経て，支配的・普遍的なものになっていくのかを表している．
それらが支配的・普遍的になっていく理由とは，通例，こうした実践
や談話が支配的な階級・集団に由来するからである．例えば，女性は
（子供を）育てる存在であるということにまつわる実践や談話は多く
の社会で当たり前となっており，「自然」（あるいは，当然）であると
されている．イギリスの批判的談話分析学者ノーマン・フェアクラフ
（Norman Fairclough）によれば，自然化された（すなわち，当然のも
のとされた）実践や談話は不平等な力関係を維持するために使われる
場合があるという（Fairclough 1989: 75）．「自然化は常識への王道

である．… 自然化と常識を構築する中で，実は，談話タイプは，イデオロギー的性格を失っていくように見える．自然化されたタイプは，ある特定の集団のものに限られず，権力闘争において，中立的であるとみなされる傾向がある．中立的であるということは，イデオロギーの外に置かれるということにほかならない」(ibid.: 92).

negative face（消極的フェイス）

「消極的フェイス」(**negative face**) とは，ポライトネス理論の概念で，他人から干渉されたくないという欲求のことである (Brown and Levinson 1987). 言い換えれば，何をしたいのか，どのようにしたいのか，いつしたいのかについて，他人から干渉されたくないという欲求を表している．相手の消極的フェイスをおもんばかる表現としては，'Please, you go first'（どうぞお先に）や 'Welcome to my humble abode'（この粗末な家にようこそいらっしゃいました）などが挙げられる．さらに，**積極的フェイス**（**positive face**）も参照のこと．[22]

neoliberalism（新自由主義）

「新自由主義」(**neoliberalism**) とは，第二次世界大戦後に台頭し，とりわけアメリカ合衆国と結びついている支配的経済システムのこと

---

[22] 訳者注：「消極的フェイス」とは，「自己の私的領域を他者に侵されたくない，自己の行動を他者に邪魔されたくない」といった人間の基本的欲求であり，「他者に共感してもらいたい，称賛してもらいたい」といった人間のもう１つの基本的欲求である「積極的フェイス」と対をなす概念である (Brown and Levinson 1987: 61-63). 相手の消極的フェイスを顧慮するのが「消極的ポライトネス（ないしは，ネガティブ・ポライトネス）」(negative politeness)，相手の積極的フェイスを顧慮するのが「積極的ポライトネス（ポジティブ・ポライトネス）」(positive politeness) である．消極的ポライトネスは「対人的距離化」のポライトネス，積極的ポライトネスは「対人的距離の縮減」のポライトネスと特徴づけることができる．滝浦 (2005)，福田 (2013) を参照.

である．この場合，「自由主義」とは人権や自由というよりも，むしろ経済的な権利や自由を指している．それゆえ，新自由主義者は，世界が経済的に安定し繁栄することを保障すると信じる経済政策を唱える．彼らが唱えるのは，経済のコントロールの公的組織から私的なセクターへの移譲，税と利率の緩和，国家経営事業の民営化，規制緩和，財産上の権利などである．「新自由主義」という用語は批判的に用いられることが多い．批判勢力によって，このシステムは，民主的な制度を体系的に台無しにするものにほかならず，国家はもはや国民の利益を保護するのではなく，多数の多国籍企業によって支配されるような政府を誕生させるものであると批判されている．新自由主義の政策によって，人々の間の経済格差が広がってしまった．イギリスの批判的談話分析学者ノーマン・フェアクラフ（Norman Fairclough）のような批判的談話分析者は新自由主義の政治的談話に焦点を当てて論じている（Fairclough 2000b）．この用語の歴史に関しては，イギリスの地理学者・社会理論家デヴィッド・ハーヴェイ（David Harvey）参照（Harvey 2005）.[23] さらに，**資本主義（capitalism）**も参照のこと．

nexus of practice（実践のつながり）

「実践のつながり」（**nexus of practice**）とは，一緒に集まっていくつかの社会活動に従事する人々のことである．Scollon（2001）によれば，この概念は，活動の一ジャンルや，当該の活動に関わっている社会的参与者を意味している．さらに，**実践共同体（community**

---

[23] 訳者注：デヴィッド・ハーヴェイ（1935–）は，イギリスの地理学者・社会理論家で，『資本論』を中心とするマルクス主義を地理学に応用した彼の批判的地理学は，社会的不公平に対する深い関心を反映している．本文で挙げられている文献は，*A Brief History of Neoliberalism*, Oxford University Press, 2005（渡辺治監修，森田成也・木下ちがや・大屋定晴・中村好孝訳『新自由主義―その歴史的展開と現在』作品社，2007 年）である．

of practice) も参照のこと.

nominalization (名詞化)

「名詞化」(**nominalization**) とは,動詞や形容詞などを名詞的語句 (nominals) に転換することである.例えば,以下の move と difficult の例を参照されたい.

1. move　(動詞)　→　movement (名詞)
2. difficult (形容詞)→　difficulty　(名詞)

次の例に見られるように,名詞化によって,行為が背景化されて,参与者が省かれる場合が多い.

Surely Tony Blair getting tough on *immigration* now is too little, too late.　　　　　　　　　　　　　　　(BE06, B05)

(トニー・ブレアは今,移民に対して厳しい姿勢を取っているが,絶対に規制が少な過ぎるし,遅すぎる)

この例で,immigration は動詞 immigrate (=外国などから移住する) の名詞形である.名詞形は必ずしもその行為を実行するのが誰なのかを明らかにしない (すなわち,移民とは誰を指しているのかがはっきりしない).イギリスの批判的談話分析学者ノーマン・フェアクラフ (Norman Fairclough) によれば,医学や化学のテクストでは名詞化が好まれるが,それは「客観的」(objective) な印象を与えるためであるという (Fairclough 1992: 179).さらには,名詞化によって,非難を曖昧にしたり,ある集団を非人間化 (dehumanize) しようとする意図も考えられる.

non-discursive (非談話的)

「非談話的」(**non-discursive**) とは,談話の使用に関わらないとさ

れる社会的プロセスのことである．イギリスの文芸批評家・哲学者テリー・イーグルトン（Terry Eagleton）は，「談話」（discourses）と「実践」（practices）とを区別し，両者の違いとは，説教をすることと左の耳から小石を取り除くこととの違いのようなものであるとしている（Eagleton 1991: 219）．後者のほうは非談話的実践と言えよう．イギリスの批判的談話分析学者ノーマン・フェアクラフ（Norman Fairclough）によれば，「談話的実践」は「社会的実践」の非談話的な次元によって形成され，その逆もまた成り立つという．それゆえ，両者は，弁証法的対立の関係にあるとされる（Fairclough 1992）．これに対して，すべての社会実践を談話とみなす談話理論研究者もいる（Ladau and Moufe 1985）．すなわち，談話実践は完全に社会的世界を構成しているというのである．

non-sexist language（非性差別語）

「非性差別語」（**non-sexist language**）とは，「性差別語」（sexist language）の対極にあることばのことである．後者は，**ジェンダー**（**gender**）や**生物学的な性**（**biological sex**）に基づいて差別をすることばである．例えば，he（＝人）の総称的用法や early man（＝初期の人間），fireman（＝消防士）といった男性的総称用法は英語圏の女性の成員を背景化してしまっている．呼びかけ語の体系においても不平等が存在する．例えば，成人男性は Mr を付けて呼ばれるが，成人女性の場合には，結婚していないと Miss を付けて，結婚していると Mrs を付けて呼ばれなければならない．これに対して，「非性差別語」は，ジェンダー差別的なことばを慎重に避けようとしている．例えば，Miss/Mrs, chairman（＝議長），master of ceremonies（＝儀式責任者）の代わりに，それぞれ，Ms, chair, director of ceremonies が提案されている．非性差別語に対しては，**政治的公正**（**political correctness**）（**PC**）の一タイプだとして異を唱える人たちもいる．

Baker（2010）は，1931 年から 1961 年，1991 年，そして 2006

年における，イギリス英語の書きことばの4つの一般的コーパス全体を通して，非性差別語が増加しているとし，最も有効なストラテジーは，ある特定の語の使用を廃止することであって，新造語に乗り換えることではないと述べている．とりわけ，話しことばのコンテクストにおいてその語が使いにくい場合にはこのほうがより適切であるという（例えば，him/her）．chair（＝司会者）のような現存する用語のほうが -person という接尾辞を付けた語や Ms のような新造語よりも使われやすいという．彼によれば，Mr の使用は近年大幅に減っており，呼びかけ語の不平等な体系に対する新しい解決策となるという．

nonverbal communication（非言語コミュニケーション）

「非言語コミュニケーション」（**nonverbal communication**）とは，ことばによらないで伝達することである．例として，「身体言語」（手振り，姿勢，触り）や手話などが挙げられる．さらには，顔の表情，視線交差（アイコンタクト）（もしくは，それの無さ），あるいは，服装や髪型なども含まれよう．音調，話すスピード，声量，強勢，リズムなどの話しことばの側面も非言語的とみなせなくはない．一方，書きことばにおいては，インクの色や手書きされていることも非言語的と言える．**沈黙**（**silence**）もまた非言語コミュニケーションに属する．

norm（規範）

「規範」（**norm**）とは，ある集団が平均的・典型的に為す行いのことである．テストの結果や人々の平均体重といった現象も含まれ得る．しかしながら，社会研究においては，規範は，行為や行動の慣習化されたやり方のことである（**自然化**（**naturalization**）参照）．社会規範は，通例，人々が守るべき適切な作法であり，暗黙の了解である．それは，社会化されることによって，しばしば**非言語コミュニ**

ケーション (**nonverval communication**) や談話を通して，世代から世代へと受け継がれてゆくものである．

normalization of discourse（談話の常態化）

「談話の常態化」(**normalization of discourse**) とは，ある談話，実践，アイデンティティなどが通常の（normal）ものとして構築されていくさまのことである（**自然化 (naturalization)** 参照）．その結果，既存の談話に対して異議申し立てがなされる場合がある．例えば，Tasker (2004, 2005) は，レスビアン（女性同性愛者）やゲイ（男性同性愛者）による子育てに関するテクストの調査を行い，異性愛者の子育てとゲイの子育ての間には共通性がある場合が多いということを見いだした．こうした調査からわかることは，こうした共通性が示していることは，ゲイによる子育てを「常態化」するために，異性愛者の子育てに沿ってゲイによる子育てを構築する傾向があるということであるという．それゆえ，ゲイによる子育てを構築するために用いられる談話は，ゲイによる子育ての談話を常態化することであるとされる．

noun（名詞）

「名詞」(**noun**) とは，事物を表す語のことである．名詞は，具象的な場合もあれば（例：dog），抽象的な場合もある（例：idea）．単数の場合もあれば（例：goose），複数の場合もある（例：geese）．さらに，不可算の場合もあれば（例：rice），固有名詞の場合もある（例：Tom）．名詞は他の名詞を修飾することもある（例：coffee morning（（募金のための）朝のコーヒーパーティ）．名詞は開いた類（open class）であり，多くの成員があり，いくらでも新しい名詞が作られる．名詞は名詞句の主要部（head）として機能し，名詞句は文中で主語，目的語，補語の働きをする．名詞は，動詞，形容詞，副詞から**名**

詞化（**nominalization**）と呼ばれる操作によって派生されることも可能である（例：accept → acceptance）．

object（目的語）

「目的語」（**object**）とは，行為を受けるものとして表象される実体（entity）のことである．それは，主語，動詞，補語といった文法的カテゴリーと対比される．例えば，次の例では，

Kelly hit the ball.

（ケリーがボールを打った）

3 つの文法的カテゴリーがある．すなわち，主語，動詞，目的語である．Kelly が主語，hit が動詞，the ball が目的語である．

objectification（客体化）

「客体化」（**objectification**）は，以下の 2 つの意味で用いられる．

1. 抽象的な概念を，あたかも具象的，現実的なものであるかのように構築する手段（具体化（reification）に等しい）．
2. 人間的主体を「無生的客体」として構築すること．このことは，言語的には，例えば，個人や集団に動作性を付与しないということにつながっており，当該の人物は，他人に所有されている，あるいは，当該の人物を傷つけてもかまわない，もしくは，人物たちの感情には頓着しないといったことが示唆されている（Nussbaum 1995 参照）．以下の例はある雑誌の記事から抜粋した客体化の例である．

Two years later, at 18, she found herself pregnant by Smith.

(BNC, CD5)

（2 年後，18 歳の時，彼女はスミスによって妊娠させられたことを知った）

この場合，この女性（歌手の Neneh Cherry）は自分の妊娠において動作性はないものとして述べられている．

objectivity（客観性）

科学における「客観性」（**objectivity**）とは，自然現象を分析する分析者の主観に影響されない公平かつ合理的な分析のことである．この場合，「客観性」とは，研究対象が，他の分析者によっても同じ結果が再現可能なように計られ，評価されていることを意味している．

こうした客観的アプローチは，ポスト構造主義的観点から，以下の理由で，社会科学には適用することには無理があると批判されてきた．というのは，第一に，このアプローチで想定されていることは，分析者が公平に現象を選択でき，分析の手法やプロセスが分析者の個人的な偏見や**アイデンティティ**（**identity**）によって影響されないということであるからである．例えば，Harré and Secord (1972)，Brown (1973)，Armistead (1974) などが論じているように，1960年代と 1970 年代の社会心理学研究は暗黙裡に支配層の価値観を代弁していた．第二に，このアプローチが前提としているのは，テクストが，生産・消費された社会的・歴史的状況から分離可能であるということである．第三に，このアプローチ（あるいは，それに対する願望）は，そうと公には認めていないにせよ，それ自体が 1 つの「立場」（stance）にほかならない．それゆえ，批判的，ポスト構造主義的分析者は，客観性には問題があるとして，その代わりに，研究者の**省察性**（**reflexivity**）と自分自身の（変わり得る）立ち位置（positions）の透明性こそが研究プロセスを形成すべきであると述べている．また，客観性は**実証主義**（**positivism**）と結びついている．さらに，**主体性**（**subjectivity**）も参照のこと．

observer's bias（観察者の偏向）

　「観察者の偏向」（**observer's bias**）とは，研究結果が研究者によって影響され得る状態のことである（**客観性**（**objectivity**）参照）．例えば，研究者が，男女の相互行為において男性が女性を支配するかどうかについて研究を開始し，その通りであると仮説を立てているような場合，その研究者は，研究の結果が自分の仮説を否定するような形でなく，（事実を歪曲して）それを支えるような形で研究を遂行する危険性もある．

observer's paradox（観察者のパラドックス）

　「観察者のパラドックス」（**observer's paradox**）とは，アメリカの社会言語学者ウィリアム・ラボフ（William Labov）の用語で（Labov 1973），研究者が生の言語データを入手しようとしている際に体験する困難のことである．研究者は，自然なコンテクストで用いられている生の言語データを体系的に観察し，記録する必要がある．しかしながら，観察者や記録機器がそこに存在するせいで，観察されている側は言語行動を変えてしまう可能性があるのである．以下の例は，文字起こしされた話しことばのデータの（簡略化された）例であり，British National Corpus（file KPO）からのものである．

Speaker A:　It's fucking brilliant ... Shit they didn't record that did they?

　　　　　　（それはべらぼうにすばらしい．... くそ，記録されてはいないよね）

Speaker B:　It doesn't matter.

　　　　　　（かまうもんか）

Speaker A:　Well I said a rude word ...

　　　　　　（ええと，汚いことばを言っちゃった．...）

Speaker B: Well no it doesn't matter. Anonymity guaranteed. ... They won't use the bit where we say fuck fuck fuck.

（ええと，かまうもんか．匿名性が確保されているんだから．… 我々が汚いことば遣いをしている部分は使われないさ）

Speaker A: Fuck.

（べらぼうめ）

　研究者がそこにいることで，このように，研究対象の共同体における「日常語」では使われないような言語使用になってしまう場合があるのである．とはいえ，研究者が必要なデータを取るにはこうした体系的な観察による以外にはない．それゆえ，パラドックスなのである．

　一案としては，被験者を秘密裏に録音することであろうが，これは研究者の**倫理**（**ethics**）に反することになり，薦められない．倫理的に見て，より妥当な解決策は家族や友人の会話を（研究者はそこにいない形で）録音することであろう．このような場合には，被験者はよりくつろいだ気分になり，「自然な」会話をしてくれる可能性がある．さらに，研究者は自分が「属している」集団に関して分析をするのも1つの手である．なぜなら，この場合にはすでに確立した相互行為の方法があるからである．さらには，インフォーマントに頼んで個人的な経験を語ってもらうこともできよう．この語りは感情的な反応を生み出す公算があり，より自然な会話になりやすい．また，研究者は，被験者が録音されているのに慣れさせるために，最初の10分かそこらを無視してもよい．最後になって，研究者は，研究を遂行している際にこのパラドックスを認めるかもしれない．研究の焦点の置き方しだいで，上の例でもまったく無用なデータを提供しているわけではない．こうしたデータでも，被験者が録音されていることに対してどのように向き合っているのかがわかるからである．例えば，会話の**順番交代**（**turn-taking**）をするのか，そしてこうした状況ではどのような語を使うのか（なぜ，fuck という語を使い，他の語を使わなかったのか？）といった点で，興味深いものなのである．

oppositional discourses (対立的談話)

「対立的談話」(**oppositional discourses**) とは，相互に依存しあっていながらも，対立する意見をぶつけあう類の談話のことである．「談話」は，常にネットワークを成して存在しており，相手の意見に賛成したり，反対したりするものである (**談話相互性**（もしくは，**間談話性**）(**interdiscursivity**) 参照)．例えば，アフリカの国々のコンテクストにおいては，「貧困の犠牲者としての女性」という談話は，「発展の原動力としての女性」の談話と対立するように思われる．すなわち，女性は傷つきやすく，貧困と病気の犠牲になりがちであると捉えられていると同時に，地方の経済の屋台骨であるとも捉えられているのである．対立的談話では，「支配的な談話」(dominant discourse) が周辺的・新興的な談話 (marginal or emerging discourses) と対立し，しかも，それによって反論されることを示している場合もあり得る (さらに，**談話の秩序** (**oder of discourse**) も参照のこと)．

oppositional practices (対立的実践)

「対立的実践」(**oppositional practices**) とは，相互に対立する類の社会実践のことである．例えば，社会実践としての民主主義は，専制と対立する．民主主義は，平等，人権に対する敬意，合議制，表現の自由を含意しているからである．これに対して，専制は，不平等，人権の否定，自由の欠如を含意している．さらに，対立的実践は，社会的に見て聖域とされている実践と対立するあらゆる実践を指す場合もある．例えば，権威に対する反発や異性装（男装・女装）(cross-dressing) などである．

oppression (迫害)

「迫害」(**oppression**) とは，不正・残酷なやり方で権力を行使する

ことである．迫害は，その犠牲者に対して，身体的・心理的レベルにおいて影響する場合があり，**アイデンティティ**（identity）の側面に基づいている場合もある．例えば，民族性，宗教，ジェンダーもしくはセクシュアリティなどの側面である．また，**消去**（**erasure**），排除（exclusion），否定的な**ステレオタイプ化**（**stereotyping**），**アクセス**（**access**）の否認などを伴う場合もある．批判的談話分析の目的とは，言語や談話が迫害を維持するために用いられている，もしくはそれに抵抗するために用いられている実態を明らかにすることである．**フェミニズム的なポスト構造主義的談話分析**（**FPDA**）（**feminist post-structuralist discourse analysis**）といった他のアプローチもまた，迫害されている集団を直接支援することにかかわっている．さらに，**ヘゲモニー**（もしくは，**覇権**）も参照のこと．

oral discourse（口頭談話）

伝統的な談話分析においては，**テクスト**（**text**）という用語は**談話**（**discourse**）と同一視されていた．その結果，「書かれたテクスト」は「書かれた談話」と，「話されたテクスト」は「口頭談話」（**oral discourse**）と呼ばれた（Levinson 1983）．しかし，今日では，テクストと談話は区別されている．テクストは，談話が具現化したものである．換言するならば，談話はテクストを通して明確化（articulate）されるのである．

order of discourse（談話の秩序）

「談話の秩序」（**order of discourse**）とは，フランスの哲学者ミシェル・フーコー（Michel Foucault）の用語で（Foucault 1971, 1984），イギリスの批判的談話分析学者ノーマン・フェアクラフ（Norman Fairclough）によると，談話の秩序とは，「ある組織における談話実践，ならびに談話実践どうしの関係の総体」と定義されてい

る（Fairclough 1992: 43, 1993: 138）．後に，彼は，談話の秩序について，以下のように述べている．「ジャンル，談話，スタイルの特定の組み合わせであり，この組み合わせが社会実践のネットワークの談話的側面を構成している．… 一般的に言って，これら三者は，言語的な変異・差異が社会的に構造化したものである．言語には多くの様々な可能性があるが，それらの可能性のうちのどれを選択するかは社会的に構造化されている」（Fairclough 2003: 220）．

orientalism／orientalist discourse
（オリエンタリズム／オリエンタリズム的談話）

「オリエンタリズム／オリエンタリズム的談話」（**orientalism/orientalist discourse**）は，以下の 2 つの意味で用いられる．

1. 初期の**オリエンタリズム**は 19 世紀にさかのぼる．当時は西洋（とりわけ，フランスとイギリス）からの学者が植民地主義を背景としてアジアやアラブの文化の側面について書き，それを解釈しようと努めた．「東洋」に関しての，19 世紀の西洋の捉え方は，異国的で，不合理的で，受身的で，遅れた異邦文化というものであった．こうした捉え方は，「西洋」に関しての，通常的で，合理的で，積極的で，文明化された西洋文化と対立している．また，東洋人は性的に過剰であり，白人女性にとって脅威であると捉えられていた．

2. 現代の**オリエンタリズム**は，**ポストコロニアル理論**（**post-colonial theory**）と関係している．この理論は，アジアやアラブの文化，ならびに，以前の植民地化された主題一般に見られるステレオタイプ化された記述を解体しようとするものである．最も有名な批判は，アメリカの文学研究者エドワード・サイード（Edward

Said)（1979）による批判であろう（Said 1979）.[24] 初期の**オリエンタリズム**に対する彼の批判は，とりもなおさず，この主義に含まれていた（いわれなき）生物的な一般化，文化的・宗教的な偏見を排斥するものであった.

orthography（正書法）

「正書法」（**orthography**）とは，ある特定の言語における書記の体系であり，句読点，大文字化，ハイフンによるつなぎ，語の区切り方，記号（書記素），発音区分符号などが含まれる．音素的正書法の場合，各音（音素）はそれを表す独自の文字があり，その文字は他の音を表すことはない（例えば，国際音標文字（IPA））．形態音素的正書法の場合，音韻構造と語構造の両方を考慮に入れる．例えば，英語では，birds や shoes の語末の有声の /z/ は，rats や lips の語末の無声の /s/ と同じ文字で綴られている．

　欠陥のある正書法とは，音（音素）とそれを表す文字との間に対応関係を欠く体系のことである．英語では，母音の /i:/ は異なった文字で表されている．例えば，amoeba, succeed, replete, beat, believe, receive, machine などである．最後に，中国語を表す書記体系のような複合的正書法では，いくつかの記号と句読点の規則とが組み合わさっている．

　会話分析（**conversation analysis**）では，正書法的な転写は，一般に，話しことばの録音（例えば，会話）を文字で転写するために用いられる様式を指す．こうした様式では，句読点や文字の配列法を配列し直して話しことばの様々な側面を示すようになっている．例えば，角括弧（＝[　　]）は他の発話と重複した発話の部分を，（1.0）のよう

---

[24] 訳者注：エドワード・サイード（1935-2003）は，パレスチナ系アメリカ人の文学研究者，文芸論家．オリエンタリズム，ポストコロニアル理論を確立したとされる．*Orientalism*（1978）（今沢紀子訳『オリエンタリズム』平凡社，1986）などの著作がある．

な丸括弧の中の数字はポーズの長さを，大文字はその部分の音量が大きいことを，コロン（:::）は引き伸ばされた音節を示している．

overarching discourse（包含的談話）

　「包含的談話」（**overarching discourse**）とは，他のいくつかの談話をその中に包含する談話のことである．例えば，「家庭にいる女性」（woman as domestic）という談話は，「料理を作る女性」（woman as cook），「子育てをする女性」（woman as nurturer），「掃除をする女性」（woman as cleaner）といった特定の談話を包含する談話とみなし得る（**談話命名**（**discourse naming**）参照）．「家庭にいる女性」という談話自体もまた，「ジェンダーによる差異」（gender differences），「家父長制社会」（patriarchal society）といったより高次の談話に包含され得る．Sunderland（2004: 69）参照．

over-determination（重複決定）

　批判的談話分析学者テオ・ヴァン・レーウェン（Theo van Leeuwen）によれば，「重複決定」（**over-determination**）とは，社会的行為者の表象のプロセスのことであり，これによって，ある個人や集団が「同時に複数の社会実践に参与している」とされる（van Leeuwen 1996: 61）．重複決定の下位類型としては，以下のものがある．第一に，「反転」（inversion）がある．この場合の「反転」とは，社会行為者がある意味で対極にある2つの実践をしていることを指す．ヴァン・レーウェンは，"The Flintstones"（『フリントストーン一家』）というテレビ番組のシリーズに登場する漫画の登場人物の例を挙げている（van Leeuwen 1996: 61）.[25] 彼らは先史時代に生きているが，同

---

　[25] 訳者注：“The Flintstones” は『恐妻天国』とも訳されている．米国のテレビ漫画（1960–1980）．恐竜のいる石器時代の一家を中心とした作品で，一

時に，20世紀において一般的であるような多くの行為に携わっているのである．第二に，「象徴化」（symbolization）がある．この場合の「象徴化」とは，架空の社会的行為者もしくは集団が現実の社会的行為者の代役をすることである．第三に，「暗示」（connotation）がある．この場合の「暗示」とは，独特の命名もしくは物理的な同定（physical identification）や**機能化（functionalisation**）を表すことである（ibid.: 63）．例えば，"trailer trash"（トレーラーハウス用キャンプ場で暮らしている人々を指す軽蔑語）という表現が暗示しているのは，こうした人々から一般に連想される広い範囲の行動・態度である（教養がない，偏狭である，趣味が悪い，薬物使用者である，等々）．最後に，「抽出」（distillation）がある．この場合の「抽出」とは，「いくつかの社会実践に関わっている社会的行為者たちから共通する特徴を抽出することによって，こうした社会的行為者をいくつかの社会実践に結びつけることである」（ibid.: 64）．ヴァン・レーウェンの挙げている例は療法士（セラピスト）の様々なタイプである（Leeuwen ibid.: 64-65）．例えば，療法士には，学校教師や法律家のような集団がいるが，ヴァン・レーウェンによれば，この「療法士」という分類法は学校教師や弁護士の周辺的な特質を抽出し，一般化したものである（学校教師や弁護士は実際には療法士ではないが，彼らの持つ役割には療法士のそれに類似した面がある）．

overwording（同義語過剰使用）

「同義語過剰使用」（**overwording**）とは，ある特定の領域や社会実践に言及するのに，同義語，もしくは，ほぼ同義の語を過剰に使用することである（過剰語彙化（overlexicalization）とも称される）．同義語過剰使用には，ある特定の問題や領域に対する思い込みを示している場合があり，イデオロギー上の戦いがある場合に見られることが多

家の主人はサラリーマンの Fred，妻は Wilma，娘は Pebbles.

overwording   139

い. 薬物の marijuana（マリファナ）は, cannabis（大麻）, weed,
ganja, pot, mary-jane, hemp, dope, grass, hash, hashish など
とも称される. 一方, 自由のための戦士は, イデオロギーしだいで,
terrorists（テロリスト）, rebels（反乱者）, insurgents（叛徒）, assassins
（殺人者）などと称されることもある.

parataxis（並列）

「並列」（**parataxis**）とは，（接続詞を使わずに）言語要素を並置することである．その際，並べられた言語要素は同等の資格を持っている（ように見える）（しかし，等位接続詞も従位接続詞も使われてはいない）．最も有名な例は以下の古代ローマの将軍ユリウス・カエサル（＝ジュリアス・シーザー）のものであろう．[26]

I came, I saw, I conquered.
（来た，見た，勝った）

複数の形容詞が名詞（あるいは，名詞句）を修飾している時，**従位**（**hypotaxis**）の場合と異なり，それぞれの形容詞の後ろにコンマを置いて，すべての形容詞が当該の 1 つの名詞を修飾していることを示すことができる．例えば，次の例で，

Glasser still stands in awe of this formidable, feckless man.

(BNC, AO5)

（グラサーはこの恐ろしくて無能な男を恐れて立ち尽くしている）

formidable と feckless は両方とも名詞 man を修飾しているのであり，feckless man 全体を修飾しているのではない．

---

[26] 訳者注：「来た，見た，勝った」（ラテン語：Veni, vidi, vici）とは，共和政ローマの将軍・政治家のガイウス・ユリウス・カエサルが，紀元前 47 年のゼラの戦いの勝利を，ローマにいるガイウス・マティウスに報告したことばである．

parole（パロール）

「パロール」（**parole**）とは，スイスの言語学者フェルディナン・ド・ソシュール（Ferdinand de Saussure）の用語で，（個人による）具体的な言語使用のことである（Saussure 1966）．パロールはラング（langue）と対比される．ラングは，文法体系のような抽象的な言語体系を指すが，パロールは，抽象的な言語体系ではなく，発話，すなわち，特定のコンテクストにおいて個々の話し手が用いる言語のことである．

parsing（解析）

ここでの「解析」（**parsing**）とは，構成要素という点から文を統語的に分析することである．この場合，図解をしたり，文を角括弧で囲ったりする．SVO 構造では，名詞句（主語），動詞句（述部），名詞句（目的語）を区別する．

participant observation（参与者観察）

「参与者観察」（**participant observation**）とは，定性的な研究ストラテジーであり，その概念は伝統的な**民族誌学**（**ethnography**）に由来する．これは，研究者が自ら研究対象としての共同体の環境にどっぷり浸かり，共同体の日常の行動や作業に参加することである．滞在期間は長期に及ぶことがある．これによって，研究者は参与者の視点から研究すべき現象を理解することが可能となる．いわゆる「内部者視点」（insider perspective）である．とはいえ，参与者観察にも欠点がある．それは，時間を食うということである．こうした研究法は，データの完全な記録を収集することが困難なこともある．それは，研究者が出来事に関する自分の記憶に頼らざるを得ないからであろう．

participants（参与者）

「参与者」（**participants**）には，以下の2つの用法がある.

1. 人間に対して使われる場合には，社会的活動に参加する人々を意味する．例えば，談話分析において，被験者が関係するインタビュー調査などの場合には，「参与者」とは，研究者によるインタビューの対象となる人々のことを指す.

2. 文法理論の中で使われる場合には，文の意味的な構成要素を指す．例えば，英語の文においては，「参与者」，「プロセス」（もしくは，過程，作用）（process），「状況」（circumstances）という3つの構成要素がある.

   [Sasha] [arrived] [yesterday afternoon]

   上の例では，Sasha が参与者，arrived がプロセス，yesterday afternoon が状況である.

   文中の参与者は，実際の状況を表示するために使用されるが，だからといって，言語使用者が常に参与者のすべてを明示したり，同じやり方で表示したりするわけではない．例えば，参与者は，能動文で表される場合もあれば，受動文で表される場合もあり，さらには，削除される場合もある．さらに，**受動文動作主削除**（**passive agent deletion**）も参照のこと.

passivated social actors（受動化された社会的行為者）

社会的行為者は，（行為者・動作主として）物事を「する」存在としてか，あるいは，（他の社会的行為者の行為の目的もしくは受益者として）物事を「される／してもらう」存在として表象することが可能である．前者は能動化されていると，後者は受動化されていると称される．後者が「受動化された社会的行為者」（**passivated social ac-**

tors）である．「能動化された社会的行為者」（activated social actors）は，物事を実現し，自らの環境に影響を及ぼすことができる．一方，社会的行為者を受動化すると，無力化された談話の言語的痕跡として解釈され得る．その理由は，こうした受動化によって社会的行為者は非行為的存在と化し，その結果，自らの環境に対して意味ある影響を及ぼすことができなくなってしまうからである（さらに，**動作主性**（**agency**），**受動化**（**passivization**），**受動文動作主削除**（**passive agent deletion**）も参照のこと）．例えば，BNC においては，"the elderly"（老人）は，受動化された社会的行為者から成っている場合が多く，visit, befriend（＝…の友人となる），help, support, protect といった動詞の対象とされている．

passive agent deletion（受動文動作主削除）

「受動文動作主削除」（**passive agent deletion**）とは，能動文を受動文に変えて，結果的に，そのプロセス（もしくは，過程，作用）（process）の動作主が削除，ないしは，背景化（backgrounding）されるという現象のことである．例えば，次の能動文においては，

> But the police have killed 46 people in the past five years, including 12 last year. (BNC, ABD)
> （しかし，警察はこの 5 年間で 46 人を殺している．とりわけ，昨年は 12 人に及んでいる）

動作主は the police である．この文は次のような受動文に変えることができる．

> Forty six people have been killed in the past five years, including 12 last year.
> （この 5 年間で 46 人が殺されている．とりわけ，昨年は 12 人に及んでいる）

144   **passivization**

この場合，結果として，動作主は削除されている（さらに，**動作主性**（**agency**），**受動化**（**passivization**）も参照のこと）．こうした事例においては，行為の実行に関して，談話的には，責任逃れがなされているように見える．

passivization（受動化）

「受動化」（**passivization**）とは，能動文を受動文に転換することである．以下の能動文は，

John hit Mary.

主語（**subject**）の John が目的語の Mary に対して「叩く」という行為をしている．一方，この文が以下のような受動文に転換された場合には，

Mary was hit（by John）.

構造は S V Adv に転換され（Adv の by John はなくてもかまわない），Mary は「叩く」という行為をされている．談話分析的観点から見ると，受動化は行為者や行為における役割を背景化する働きを有している．さらに，**動作主性**（**agency**），**受動文動作主削除**（**passive agent deletion**），**受動化された社会的行為者**（**passivated social actors**）も参照のこと．

patriarchy（家父長制）

「家父長制」（**patriarchy**）とは，ほとんどの，ひょっとするとあらゆる社会構造において権力を持っているのは男性であるという考え方，ならびに，それと結びついた実践に基づく社会システムのことである．これによって，家庭や共同体のような構造において男性が**権力**（**power**）を握り，**アクセス**（**access**）権を与えられ，優先的に統治す

ることになる．家父長制は相続において正当化され，このため年長の
男子が両親から資本を相続することになる．また，結婚においても，
女性は父親から「切り離され」(given away)，自分の夫の姓を名乗る
ことになる．フェミニストたちは，このシステムに異議を申し立て，
家父長制を解体し，このシステムが家父長的な談話によって維持され
ていることを示した．こうした（封建的な）談話とは，例えば，男性
こそが自然な，もしくは優れた指導者であるとみなすような談話のこ
とである．

pauses（ポーズ，休止）

「ポーズ」（もしくは，休止）(**pauses**) とは，会話の途中で話し手
が話を中断することによって生じる沈黙ないしはとぎれのことであ
る．会話や談話の分析者は，会話の転写において休止を標示すること
が多い．それは，休止が興味深い現象を提示しているからである．例
えば，**隣接ペア**（**adjacency pair**）における気まずさなどである．

performative（遂行文）

「遂行文」（**performative**）とは，（しばしば定形的な）言語行為を
表す文のことである．イギリスの言語哲学者ジョン・オースティン
(John Austin) の「言語行為論」の用語であり，遂行文が発話される
と，社会的行為を遂行して，新しい現実（reality）をもたらすことに
なる（Austin 1962）．こうした文には**真理条件**（**truth conditions**)
はなく，通例，遂行動詞（performative verb）が含まれている．この
場合，明示的な遂行文と呼ばれる．遂行動詞はその発話の「発語内の
力」(illocutionary force) を示している．例えば，以下の例で，

I declare the resolution carried.　　　　　　　　　(BNC, HM6)
（決議は可決されたことを宣言する）

I promise I will be there in a minute. (BNC, KR1)

（すぐにそこに行くことを約束します）

I vote that this is a good point. (BNC, J99)

（（会議で挙手をしながら）私は賛成の方に入れます）

その動詞が遂行動詞であるかどうかは，副詞 hereby（＝ここに）を動詞の前に挿入してみればいい．上の例の意味は真理条件とは無関係であり，真偽が定まらないものである．例えば，上の 3 つ目の例で，そのように言った本人がそうだと本当に信じていたかどうかということを客観的に証明することはできない．遂行文の意味，すなわち，「力」（force）は，**適切性条件**（**felicity conditions**）に依存している．この条件は，遂行文が発話され，意味を持つことが適切に行われるかどうかのための条件である．例えば，誰かが，

I resign.（辞職します）

と言った場合，この遂行文が適切であるためには，その人物は辞職することが許されるような仕事・役職に就いていなければならないし，この遂行文を，辞職を受理できるような上役に向かって発話しなければならない．もしこうした条件が満たされていなかったら，遂行文を発話したところで，それは不適切なものとなり，徒労に終わってしまう．

performativity（遂行性）

「遂行性」（**performativity**）という概念は，イギリスの言語哲学者ジョン・オースティン（John Austin）の**言語行為論**（**speech act theory**）と関係している（Austin 1962）．この理論では，**遂行的**（**performative**）な言語行為はたんに現存する現実性を叙述しているのではなく，新たな現実を生み出すのである．例えば，以下の遂行的な言語行為は，新たな現実を生み出している．

I declare this meeting officially opened.

（この会議が正式に開会されたものと宣言します）

なぜなら，この発話が発せられないうちは，会議が開会されたことにならないからである．しかしながら，この発話が発せられた後では，会議は開会されたことになる．アメリカのポスト構造主義哲学者ジュディス・バトラー（Judith Butler）は「遂行性」という概念を広い意味で用いて，私たちがあるタイプの言語行為を体系的に繰り返し遂行することを通して，どのように自己の概念を構築するのかについて論じている．さらに，**ジェンダー遂行性（gender performativity）** も参照のこと．

personalization（人間化）

ここでの「人間化」（**personalization**）とは，社会的行為者表象の一タイプであり，社会的行為者が人間として表象されることである．この概念は，**非人間化（impersonalization）** と対立する．人間化の例として，例えば，**機能化（functionalisation）**，**同定（identification）**，**重複決定（over-determination）** などがある．さらに，**見せかけの個人化（synthetic personalization）** も参照のこと．

personification（擬人化）

「擬人化」（**personification**）とは，文学テクストの中ではごく普通のメタファー（もしくは，隠喩）（metaphor）であり，無生物に対して人間の持つ属性や特性を付与することである．次の例を参照のこと．

Out of the fifty odd men left, only about thirty would be required to unload the Russian ship, big as *she* was.

(BNC, B3J)（斜体訳者）

（50 人余りの男たちが残っていた中で，船は大きかったものの，ロシア船
の船荷を降ろすように要請されたのは，約 30 人だけだった）

英語には無生物には性の区別が示されないという事実があるにもかか
わらず，この例では，船が人称代名詞 she で指示されている．
　また，次の例におけるように，

One thing of which capitalism has always been *proud*, is that
it can in a literal sense "deliver the goods."

(BNC, CDW)（斜体訳者）

（資本主義が常にこれまで誇りとしてきたことは，それが文字通りの意味
で「品物を配達する」ことができるという一点である）

擬人化は，（capitalism のような）抽象名詞を（proud のような）人間
的な表現で表すことができる．

perspectivation（視点化）

Reisigl and Wodak (2001: 81) によれば，「視点化」（**perspectiv-
ation**）とは，「話し手が談話における自らの関与を表明し，談話の流
れにおける自らの視点を位置づけること」である．それがなされるの
は，例えば，差別的な出来事・談話の報告，記述，語り，引用，さら
には，差別そのものの談話的実践などの場合である．さらに，**dis-
cursive strategy**（**談話ストラテジー**）も参照のこと．[27]

[27] 訳者注：語りにおける視点化の一例として，ヘミングウェイの短編「殺
し屋」("The Killers") の冒頭のテクストを見てみよう (Fillmore 1981: 164).
　　(i)　The door of Henry's lunch-room opened and two men came in.
　　　　They sat down at the counter.
　　　　　　　　　　　　　(Ernest Hemingway, "The Killers")（下線訳者）
come の使用から，(i) では，視点が軽食堂の中に置かれ，軽食堂の中にい
る人物の視点からの状況描写となっていることがわかる．come を go に変え
た次のテクストでは，視点は軽食堂の外に置かれ，軽食堂の外にいる人物の視
点からの状況描写に切り替わる．

persuasion (persuasive strategies)（説得（説得ストラテジー））

　この場合の「説得」（**persuasion**）とは，**argumentation**（**論証**）（さらに，**discourse-historical approach**（談話・歴史的アプローチ）参照）の中核であり，話し手・書き手がストラテジーを用いて聞き手・読み手に自分の主張の妥当性について納得させることである．それゆえ，「説得」とは，影響力を行使して，人々，考え，あるいは世界一般に対する相手の態度を変える試みと言えよう．

　「説得ストラテジー」（**persuasive strategies**）とは，当該の論証と結論・主張とを結びつける規則としての**warrants**（**保証**）あるいは**topoi**（**トポス**）を用いることである．このストラテジーの１つに，話し手・書き手が，自分の視点を支持する権威者，専門家，あるいは有名人を挙げるというやり方がある．以下の例は，1950年代にあったCamelというタバコの銘柄の広告である．

　According to a recent Nationwide survey: More doctors smoke

　(ii)　The door of Henry's lunch-room opened and two men went in.
　　　　They sat down at the counter.　　　　　　　　(Fillmore 1981: 164)

come から go への変更は，視点の解釈のみならず，ドアを開けた主体の解釈にも変更を及ぼす．Fillmore（1981: 164）によれば，ドアを開けた主体は，(i) では二人の男だと解されるが，(ii) では，軽食堂の中にいる誰かであると解されるのが自然であるという．

では，次のようなテクストだとしたらどうであろうか．

　(iii) a.　Two men approached Henry's lunchroom, opened the door, and
　　　　　　went in.
　　　　b.　Two men approached Henry's lunchroom, opened the door, and
　　　　　　came in.

　　　　　　　　　　　　　　　　　　　　　　　　（Fillmore 1981: 164）

　(iiia) では，視点が軽食堂の外にあり，二人の男がドアを開けた主体と解釈される．一方，(iiib) では，視点が軽食堂の中にあり，二人の男がドアを開けた主体と解釈される．(iiib) の場合，外の二人の男の動きが軽食堂の中から見えていなければならない．Fillmore（1981: 164）によれば，(iiib) は，窓があるかガラス板のドアであるかなどして，軽食堂の中から外の様子が眺められるような構造となっている必要があるという．

Camels than any other cigarette.

（最近の全国調査によると，ますます多くの医師が他のタバコよりも「キャメル」を吸っています）

phatic communication（交感的コミュニケーション）

「交感的コミュニケーション」（**phatic communication**）（もしくは，「交感的言語使用」（phatic communion））とは，ポーランド出身のイギリスの人類学者ブロニスワフ・マリノフスキー（Bronislaw Malinowski）の用語で，情報伝達をするというよりは，やりとりを通して相手と親密な人間関係を築きあげ，それを維持することを目的とする言語的相互行為（すなわち，「世間話」（small talk））のことである（Malinowski 1923）．例えば，英国では，よく天気のことが話題になる．これは，英国の天気が興味深いとか，厳しいからというわけではなく，他の話題に入る前に共通基盤を築くのに無難な方法であるからである．交換的コミュニケーションは，**コンピュータ媒介的コミュニケーション**（**computer-mediated communication**）においてもしばしば起こる．例えば，テクストメッセージのサイトやソーシャルネットワークのサイトなどである．こうした場合，その機能は，重要な情報を伝達することではなく，人々が他の人のことを気にかけたり，思いやったりしていることを示すことである．言語学者の中には，特にオンラインのコンテクストにおけるコミュニケーションの経路そのものを指すためにこの用語を用いる人もいる．

phrase（句）

「句」（**phrase**）とは，文の中で単一の単位として機能する文法構造のことである．それには，複数の語が含まれている場合がある．句全体はその中心を成している主要語（head word）によって分類可能である（例えば，名詞句 the boy の場合なら，名詞 boy が主要語）．

一般的なタイプの句は名詞句（John, the black cat, some trees, excitement），前置詞句（into the woods, to the shops），形容詞句（sick as a parrot），副詞句（really slowly），動詞句（hit the ball, have known that）である．句の中に他の句が埋め込まれている場合もある．例えば，hit the ball の場合，全体としてしては動詞句であるが，この動詞句の中に名詞句 the ball が埋め込まれている．さらに，**解析**（**parsing**）も参照のこと．

pitch（ピッチ，音の高さ）

「ピッチ」（もしくは，音の高さ）（**pitch**）とは，話しことばの知覚的特徴であり，音声を出す際の声帯の振動の頻度を指す．音楽で言えば高い調子と低い調子に対応する．声帯の振動が高ければ高いほど，ピッチは高くなる．ピッチは，話しことばで生み出される音節（syllables）に相対的な目立ち（prominence）を与える．例えば，英語の音節体系では，ある語のいくつかの音節が低いピッチで発音され，別の1つの音節が高いピッチで発音された場合，後者の高いピッチの音節はより目立つものとなる（それは強勢のある（stressed）音節となる）（Kreidler 1989 参照）．それゆえ，ピッチを用いて談話構造を合図することも可能である．例えば，ピッチを変えることで，新しい話題や強調を示したり，聞き手に注意を喚起したりすることができる．さらに，Brown and Yule（1983: 164）も参照のこと．

politeness（ポライトネス）

ポライトネス理論は，言語的・非言語的なストラテジーを使ったり，争いや社会的不調和の種となる話をすることを避けることで，人々がどのようにして社会的なつながりを構築し，それを維持するのかに関心を向ける（Brown and Levinson 1987）．言語使用の中での「ポライトネス」（**politeness**）は，言語哲学者が，**フェイス**（**face**）

（消極的フェイス（**negative face**），積極的フェイス（**positive face**）を参照）と呼ぶ概念と不可分の関係にある．Leech（1983）は，言語哲学者ポール・グライス（Paul Grice）の「協調の原則」（cooperative principle）（Grice 1975）と相似した「ポライトネスの原則」を提示した．この原則には，気配り，寛大さ，称賛，謙遜，同意，共感の格率が含まれている．

　ポライトネスは，**権力**（power）や，力関係とも密接に関係する．社会階級の最下層に位置する人達は社会のポライトネス規範とは無縁である可能性もあるが，一般に，相互行為の場においては，力関係で劣る人はよりポライトな表現を使うべきとされる．ポライトネスの基準は，文化や宗教によっても変わり得る．例えば，アフリカのボツワナで話されているセンワト語（Sengwato）（セツワナ語（Setswana）の一方言）では，若者が年配の人を二人称単数代名詞 *wena*（あなた）を使って呼ぶと失礼になる．丁寧形は二人称複数代名詞 *lona* である．一方，セツワナ語の別方言が使われているボツワナ南部では，年配の人を二人称単数代名詞形で呼ぶことは問題ない．[28]

---

[28] 訳者注：日本語でも，自分より目上の人に対して，二人称代名詞「あなた」や「あなた方」を使って話しかけるのは失礼となる．

　　　学生が先生に向かって：

(i) 　{*あなた／先生} はどちらにお住まいですか．

Helmbrecht（2013）は，世界の 207 の言語を対象とした調査に基づき，二人称代名詞におけるポライトネスのコード化の仕方を次の 4 つの類型に区分している（さらに，Helmbrecht 2003 を参照）．

(ii) a. 二人称代名詞がポライトネスの区別をコード化しない（Second person pronouns encode no politeness distinction）：136 言語

　　 b. 二人称代名詞が 2 種類のポライトネスの区別（ポライトであるかないか）をコード化する（Second person pronouns encode a binary politeness distinction）：49 言語

　　 c. 二人称代名詞が 3 種類以上のポライトネスの区別をコード化する（Second person pronouns encode multiple politeness distinctions）：15 言語

　　 d. 二人称代名詞の使用がポライトネス上の理由により基本的に避けられる（Second person pronouns are dominantly avoided for politeness reasons）：7 言語

political correctness (PC)（政治的公正）

「政治的公正」（**political correctness（PC）**）は，複数の概念を1つの傘でまとめあげる語（umbrella term）であり，1980年代のアメリカの大学のキャンパスにおいて女性（**非性差別語（non-sexist language**）参照），障害者，民族的・宗教的少数者といった伝統的に周辺的（marginal）な社会集団に対する差別をなくそうという行動（言語的であれ，非言語的であれ）のことである．これによって，例えば，African-American（アフリカ系アメリカ人），wheelchair user（車椅子使用者）といった新しい語が作られたり，排除的・軽蔑的な**ステレオタイプ**（もしくは，**固定観念**）（**stereotypes**）であるとみなされた言語が避けられるようになった．さらに，「積極的差別是正措置」（affirmative action）もこの行動の一環である．これは，これまであった差別を是正するための措置であり，職場，学校，政府などにおいて一定の受け入れ割り当て（quota）を決めて，排除されてきた集団に機会を与えようとするものである．

しかしながら，PCは反動を引き起こした．この概念は，意味を変えられて，（とりわけ，右翼のメディアによって，）馬鹿げており，表現の自由に介入するものであり，庇護者ぶっており，道徳者面をしているなどとみなされるようになってしまった．その結果，イギリスの社会言語学者デボラ・カメロン（Deborah Cameron）によれば，「PCはあまりに多くの人々にとって否定的なニュアンスでもって受け取られているので，この語を引き合いに出すだけでも，PC派呼ばわりされた人々は，くどくど言い訳をするか，もしくは沈黙を余儀なくさせられるという状態になってしまう場合がある」という（Cameron 1995: 123）．

日本語は，(d) の二人称代名詞の使用がポライトネス上の理由により基本的に避けられる言語に含まれている．このタイプの言語としては，他に，ビルマ語，インドネシア語，クメール語，朝鮮語，タイ語，ベトナム語が挙げられており，いずれもアジア（特に，東南アジア）の言語である点が注目される．

PC（もしくは，「デリケートな言語の使用」）(sensitive language use) は，1990年代にメディアや学会などで議論された．Dunant (1994: xi–xii) は「肯定的差別」(positive discrimination) に異を唱えて，あらゆる少数集団は平等に扱って欲しいと望んでいると述べている．Pinker (1994) によれば，PC は「婉曲語法の踏み車」(euphemism treadmill) となりかねないという．すなわち，古いことばが悪い意味を帯びるたびに，新しいことばが次々と作られなくてはならず，混乱を招くというのである．さらに，Ehrenreich (1992: 335) も，言語を変えたからといって，根底の態度を変えることには必ずしもつながらないとしている．しかしながら，カメロンは，「いわゆる「政治的に公正な言語」を求める「言語衛生運動」は，私たちがことばを使いたいように使う自由を脅かすものではない．それが脅かすのは，私たちがどのことばを使うかは取るに足らないことであると想像する自由や，一握りの集団が，言語使用を規定する譲渡不可能な権利を持っているなどと考える自由である」としている (Cameron 1994: 33)．

populism（ポピュリズム）

Albertazzi and McDonnell (2008: 3) によれば，「ポピュリズム」(**populism**) は，次のように定義される．すなわち，「高潔にして同質なる人民を一握りのエリートや危険な「他者」(others) から守るイデオロギーである．後者は神聖なる人民から権利，地位，財産，アイデンティティ，そして声を剥奪する存在にほかならない」．ポピュリズムはある特定の政治的立場に限定されはしない．それゆえ，リベラルなポピュリズムもあれば，保守的なポピュリズムもある．しかしながら，Canovan (1981: 5) によれば，ポピュリズムを標榜する人たちは自分たちがそうであるとは言わず，この用語が自分たちに対して用いられることを拒否するという．

positive discourse analysis（肯定的談話分析）

「肯定的談話分析」（**positive discourse analysis**）とは，Martin and Rose（2003），Martin（2004）などで提唱されたもので，**批判的談話分析**（**critical discourse analysis**（**CDA**））の一タイプである．このアプローチは，以下のような事実を前面に打ち出す．すなわち，CDA は，必ずしも，不平等な力関係を維持したり読者を誤解させるような類の隠れた否定的な考えや談話を明るみに出すことだけに関心があるわけではない（ただし，テクストの中には，意図的であろうとなかろうと，こうした場合があることは認めざるを得ない）．「肯定的談話分析」によれば，テクストを肯定的に読むことは可能であり，あらゆる談話が有害かつ否定的であるわけではないという．それゆえ，このアプローチは，テクストが「良くする」（do well），あるいは，「正す」（get right）事柄に焦点を当てるものである．

positive face（積極的フェイス）

「積極的フェイス」（**positive face**）とは，**ポライトネス理論**の概念で，他人から，賞賛・承認されたい，理解されたいという欲求のことである（Brown and Levinson 1987）．例えば，人は，何かをうまく成し遂げたとき，友人にそれを褒められ，その偉業を認められたいと思う．積極的フェイスは，自尊心，評判，社会的名声と関係している．積極的フェイスは，からかいや冗談半分の侮辱によっても表される得るが，この場合，相手とは親密な関係にあるために，表面上失礼に見えるだけで，話者に何ら攻撃的な意図はないという含みがある．[29] さらに，**消極的フェイス**（**negative face**）も参照のこと．

---

[29] 訳者注：次のような場合，話し手は一見すると相手を非難しているかのように見えるが，実はそうではない．

(i) （テニスの大会で優勝した親友に対して）
　　だめじゃないか．またもや優勝するなんて．とにかくおめでとう！

positivism（実証主義）

「実証主義」（**positivism**）とは，哲学運動であり，フランスの社会学者である，オーギュスト・コント（Auguste Comte），[30] さらには，エミール・デュルケーム（Émile Durkheim）[31] などによって理論化された．その主張とは，真の知識は物理的・感覚的な世界に根ざしたものであるというものである．論理実証主義（logical positivism）は，経験主義（empiricism）と合理主義（rationalism）を組み合わせたものであり，世界を理解するためには，観察（observation）こそが絶対であるとする．「科学的実証主義」（scientific positivism）はあらゆる知識を科学であるとみなすが，その意味は，科学は通文化的であり，分析者の信念や**アイデンティティ**（**identity**）には影響されない結果に依拠しているということである（さらに，**客観性**（**objectivity**）も参照のこと）．しかしながら，完全な実証主義者の立場を斥ける社会科学研究者が多かった．その理由は，人間の行動を研究するために実証主義者のアプローチを採ることは問題が多いということである．というのは，そのアプローチは研究における研究者の役割を無視しており，研究が遂行される特定の歴史的・社会的コンテクストを考慮に入れないからである．さらに，実証主義は「還元主義」（reductionism）に帰してしまうとも言われている．還元主義によれば，1つの実体は別の実体に還元される．それは，例えば，人々が数や表に還元されることと軌を一にしている．さらに，こうしたアプローチは**規範**（**norm**）の確立につながる可能性がある．そうした規範は，ある社会

---

[30] 訳者注：オーギュスト・コント（1798-1857）は，「社会学」という名称を創始し，彼の影響を受けた英国のハーバート・スペンサーと並んで社会学の祖として知られる．実証主義を創始し，『実証哲学講義』，『実証精神論』などの著作がある．

[31] 訳者注：エミール・デュルケーム（1858-1917）は，フランスの社会学者．オーギュスト・コント後に登場した代表的な総合社会学の提唱者であり，社会学の実証的方法を確立した．

的行為者をステレオタイプ化し，周辺化してしまう危険性がある．さらに，**解釈実証主義（interpretative positivism）**も参照のこと．

post-colonial theory（ポストコロニアル理論）

「ポストコロニアル理論」（**post-colonial theory**）とは，植民地主義の遺産に対する哲学的・批判的アプローチのことである．この理論の信奉者は，植民地化した側（通常は，西欧）と植民地化された側との関係を調べ，しばしば両者の側の不平等な力関係と，この力関係がいかに正当化され，維持されてきたのかという問題に焦点を当てる．例えば，この理論の信奉者は，植民地化された側の土着の知識が，どのようにして，植民地化した側の利益のために用いられたのか，あるいは，植民地化した側の文学が，どのように，植民地化された側を従属させることを正当化したのかといった問題を研究する．この場合，植民地化した側には，植民地化された側について，劣等かつ非合理であり，自らを統治する術を持たず，それゆえ，指導を必要とするのだとみなす論理がある．ポストコロニアル理論は，また，植民地化された側の反応や，いかにして彼らが，学校や大学などの植民地の施設を用いて自らのアイデンティティ（ばらばらなものではあったが）を復権し，再構築したかを扱う．

さらに，この理論では，植民地化された側が，どのようにして，植民地化した側の言語（例えば，フランス語，ポルトガル語，英語）を用いて自分たちの歴史を書き，植民地文学や西欧とは異なった芸術様式からもたらされるイメージに対して創造的に抵抗するかといった問題が論じられる．頻繁に引用される思想家として，エドワード・サイード（Edward Said），フランツ・ファノン（Frantz Fanon），[32] ガヤ

---

[32] 訳者注：フランツ・ファノン（1925-1961）は，カリブ海，マルティニク生まれの精神科医・革命家で，アルジェリア民族解放戦線に深く関わった．ポストコロニアル理論の先駆者として知られる．*The Wretched of the Earth* (1961)（『地に呪われたる者』鈴木道彦・浦野衣子訳，みすず書房，1969（新

トリ・チャクラヴォルティ・スピヴァク (Gayatri Chakravorty Spivak)[33] などが挙げられる．さらに，**orientalism**（オリエンタリズム）も参照のこと．

post-feminism（ポストフェミニズム）

「ポストフェミニズム」(**post-feminism**) とは，1980 年代初頭に一般的になった用語であり，1960 年代，1970 年代の**第二波フェミニズム** (**second-wave feminism**) の後にもたらされた様々な一連の（時に対立する）談話や理論を指すものである．第二波のフェミニズムの関心は財産権や選挙権といった法的平等性に向けられたが，フェミニストの中には，この場合，女性を同質的で犠牲的集団であるとみなし，動作主性（agency）（もしくは，自己決定権）をほとんど持たない存在であると主張する人たちもいた．これに対して，ポストフェミニズム理論では，女性を多様な民族的，文化的，人種的，経済的背景を持った存在であるとみなし，女性の動作主性を認め，たんに男性優位的な構造と実践の受身的な受容者とは見ない．ポストフェミニストの中には，フェミニズムの目的には賛同するものの，自分たちをフェミニストだとは考えない女性がいるのはなぜかについて考察する人たちもいた．また，フェミニズムに対する反動を考察したり，ポールダンス（＝床から天井に立てた金属の棒に女性が身体をからめて踊るダンスまたはエクササイズ）といった社会的実践やポルノグラフィーの生産と消費をポストフェミニズム的視点から見る人たちもいた．ポストフェミニズム的研究の重要な要素は，ジェンダー差が，どのようにして，より，巧妙に，複雑に，そして，交渉された（negotiated）形

装版 2015)) などの著作がある．

[33] 訳者注：ガヤトリ・チャクラヴォルティ・スピヴァク (1942-) は，インドのカルカッタ（現，コルカタ）生まれのアメリカの文化理論家．*In Other Worlds: Essays in Cultural Politics* (1987)（鈴木聡・大野雅子・鵜飼信光・片岡信訳『文化としての他者』，紀伊國屋書店，1990）などの著作がある．

で存続し続けているのかについて研究することである．例えば，Levy（2005）による「猥雑」（raunch）文化の研究や Mills（1998）によるアメリカのテレビ時事解説週刊誌 *Dateline* の広告の研究などを参照．もしかすると，ポストフェミニズムの論争を呼ぶ立場の1つは，フェミニズムが戦った諸問題の多くはすでに解決してしまったので，もはやフェミニズムは重要ではなく，経済的不平等といった他の問題のほうが重要であるといった考えかもしれない．Lazar（2005: 17）は，ポストフェミニズムのグローバルな新自由主義的談話について，「女性にとっての（教育へのアクセス，労働力への参加，財産所有，堕胎，生殖といった）いくつかの指標が達成されたからには，フェミニズムはその目的を達成し，もはや重要ではない」と捉えている．かくして，現代のフェミニストたちの中には，ポストフェミニズムという用語を使わない人たちがいる．それは，その用語は自分たちの立場を正確に反映していないからである．代わりに，「第三次フェミニズム」（third-wave feminism）という用語を用いて自分たちの視点を記述するのである．

postmodernism（ポストモダニズム）

「ポストモダニズム」（**postmodernism**）は，哲学者のうち，とりわけ，ジャン・フランソワ・リオタール（Jean-Frangois Lyotard），[34] フランスのポスト構造主義哲学者ジャック・デリダ（Jacques Derrida），ジャン・ボードリヤール（Jean Baudrillard），[35] フランスの哲学

---

[34] 訳者注：ジャン・フランソワ・リオタール（1924-1998）は，フランスの哲学者で，ポスト構造主義の思想家．急進的なマルクス主義者としてアルジェリアで活動し，帰国後，ポストモダニズムの旗手の一人となった．*La condition postmoderne*（1979）（『ポストモダンの条件』小林康夫訳，水声社，1986）などの著作がある．

[35] 訳者注：ジャン・ボードリヤール（1929-2007）は，フランスの社会学者．*La Société de Consommation*（1970）（今村仁司・塚原史訳『消費社会の神話と構造』紀伊國屋書店，2015（新装版）などの著作がある．

者ミシェル・フーコー（Michel Foucault）などの知的活動から起こったものである．それはまた，美的，政治的，文学的運動ともみなされた（それゆえ，例えば，ポストモダニズム小説などという言い方も可能である）．ポストモダニズム哲学者によれば，真実や現実性は人間的・社会的な集団の産物であって，本質的に「そこに」（out there）存在して発見されるのを待っているのではないという．ポストモダニズムの中心的主張とは，「作者の死」（the death of the author）である．すなわち，ある特定のテクスト（例えば，小説，映画，絵画など）の真の意味，すなわち，当の作者が聴者・鑑賞者に理解してほしいと意図した意味は1つしかないという思考法を否定することである．ポストモダニストが主張することは，ある特定のテクストには，読み手しだいで複数の読みがあるというものである．さらに，「壮大な物語」（grand narratives），すなわち，すべてを説明することを意図した大規模理論も否定の対象となる．ポストモダニストは現代性の価値にも懐疑的である．例えば，人間性の本質は動物のそれとは異なっているという価値観，善は悪に打ち勝つという価値観などに対する懐疑である．例えば，クエンティン・タランティーノ（Quentin Tarantino）はポストモダンな映画製作者であるが，それは，彼の作品が多様なジャンルや談話を混合していたり，「高等な芸術と下等な芸術の境界を取り払っている」（Hayward 2000: 279）からである．[36] ポストモダニストは，反本質主義者であるだけでなく，経験を二項対立で区分するやり方にも異議を唱える．例えば，「男性」対「女性」，「合理的」対「感情的」，「知識」対「無知」，「支配」対「従属」などの対立である．それどころか，ポストモダニズムの目的の1つは，このような二項対立を解体することであった．それゆえ，ポストモダニズム的思考は，人生のあらゆる面において複雑性，矛盾，曖昧性，相互関連

---

[36] 訳者注：クエンティン・タランティーノ（1963-）は，アメリカの映画監督・脚本家．入り組んだプロットと犯罪と暴力の姿を描いた作品で一躍脚光を浴びた．代表作に『パルプ・フィクション』などがある．

性などを前面に打ち出す．ポストモダニストの中には，「内実でなく様式・スタイルを優先する，虚無的・非道徳的世界観を抱いている，比較的単純な概念を表すのに不必要に複雑な専門用語を乱用する」などとして批判された者もいる．さらに，**ポスト構造主義**（**post-structuralism**）も参照のこと．

post-structuralism（ポスト構造主義）

「ポスト構造主義」（**post-structuralism**）は，**ポストモダニズム**（**postmodernism**）と関係があり，「様々な競合的知識形態やこれらが奉仕する権力の利害関係が意味を一挙に定めることを切望する方法を批評する」ことにかかわっている運動のことである（Baxter 2003: 23，さらに，Ladau and Mouffe 1985 参照）．ポスト構造主義によれば，意味や現実性は談話的に構築される．言語学においては，ポスト構造主義は二項対立によって意味を構築することを避ける．スイスの言語学者フェルディナン・ド・ソシュール（Ferdinand de Saussure）といった構造主義者たちが述べたことは，言語記号は 2 つの部分から成っているということである．すなわち，「表すもの」（signifier）（例えば，書かれた語や音の集まり）と「表されるもの」（what is signified）（「表すもの」によって表象される心的概念）である．ソシュールは，これら両者の関係は恣意的であるが，固定されているとした．これに対して，ポスト構造主義者の見解によれば，「社会的意味というのは言語と談話を通して絶えず交渉され，競合している」（Baxter 2003: 23-24）．例えば，フランスのポスト構造主義哲学者ジャック・デリダ（Jacques Derrida）によれば，「表されるもの」は，他の語との「差異」を通して意味を獲得することに加えて，「保留」（deferral）というアイデンティティを持っているという（Derrida 1978）．すなわち，いかなる表象の意味も（当座のもので）一時的にしか決定できないということである．なぜなら，その意味はそれが置かれたコンテクストに左右されるからである．換言すれば，意味は不変のものでは

なく，談話的に構築され，それゆえに，時間と共に変化する存在なのである．ポスト構造主義者は，「変わらない自己」(a stable self) という概念を疑問視し，個人は多様で，変化し，相互作用する**アイデンティティ**（**identity**）特性（社会階級，年齢，ジェンダー，セクシュアリティ，民族性）を持っており，いかなる形の知識形成であれ（例えば，テクスト分析），分析者はこうしたアイデンティティ特性がどのように分析のプロセスに影響を及ぼすのかを考慮に入れなければならないという．さらに，ポスト構造主義者は，テクストには1つしか「真の」読み・意味はないという考えを斥けて，各読者はそれぞれ自分なりの読みを構築すればいいと唱え，すべての読みに妥当性があるとしている．

post-structuralist discourse analysis
（ポスト構造主義的談話分析）

「ポスト構造主義的談話分析」（**post-structuralist discourse analysis**）（PDA）は談話分析へのアプローチの1つである．それは，「まさに今やっているこの会話において，今現在，この場で起こっていること」に焦点を当てる（Baxter 2002: 828 参照．Wetherell 1998: 395 からの引用）．Baxter によれば，PDA が関心を抱くのは，「談話のコンテクストにおいて，話し手が，社会的・制度的な競合的（competing）談話によって，時には強力な，時には無力な存在として様々に位置づけられる，絶えず揺らいでいる状態」（Baxter 2002: 828）である．PDA にとっては，談話分析の目的は，完全な意味を見つけることではなく，話しことばの中に示されている「多様な視点，矛盾した声，バラバラなメッセージ」（Baxter 2002: 828）を明らかにすることである．その結果言えることは，いかなる談話も完全に支配的ではないということである．なぜなら，相互行為における言語は，絶えず変化しており，個々の話し手は，時に強力であり，時に無力であるからである．さらに，Baxter（2008）も参照のこと．

power（権力，力）

「権力」（もしくは，「力」）（**power**）とは，私たちの環境や，私たちあるいは他の人たちの生命を制御する私たちの能力のことである．ドイツの社会学者マックス・ヴェーバーは「権力」（もしくは，「力」）（Macht）について有名な定義をしたが（Max Weber 1925: 28），[37] それは，Kronman（1983: 38）によると，「ある社会関係の中にある1人の行為者が自分自身の意志を実行する立場にいる可能性であり，その可能性は，抵抗に抗い，立脚している基盤がどのようなものであろうとも，関係ない」．フランスの哲学者ミシェル・フーコー（Michel Foucault）は，「支配的な力」（sovereign power）と「規律的な力」（disciplinary power）とを区別している（Foucault 1979b）．イギリスの批判的談話分析学者ノーマン・フェアクラフ（Norman Fairclough）も「強制」（coercion）と「同意」（consent）とを区別している（Fairclough 1989: 33）．「支配的な力」は国家や君主によって行使され，君主は，人々を，罰し，強制し，殺す力を持っている．一方，後者の「規律的な力」は，人々が自己制御（セルフコントロール）をしたり，「専門家」（experts）の意志に従うことを保障する方法を指す．フーコーにとっては，規律的な力は支配的な力よりもはるかに能率的な制御方法である．そして，この力は，西欧社会の人々が日々の生活において遭遇する力の主な形となっている．Talbot（1998: 193）によれば，「現実の社会的力は大きな腕力の中には存在しない．それは企業のトップ，軍隊を率いる将軍，上院議員や下院議員など，他の

---

[37] 訳者注：マックス・ヴェーバー（1864-1920）は，ドイツの政治学者・社会学者・経済学者である．記念碑的な著作（*Die protestantische Ethik und der 'Geist' des Kapitalismus*）（1904-1905）（大塚久雄訳『プロテスタンティズムの倫理と資本主義の精神』，岩波書店，1989）の中で，ヴェーバーは，西洋近代の資本主義を発展させた原動力は，主としてカルヴィニズムにおける宗教倫理から産み出された世俗内禁欲と生活合理化であるとし，宗教と経済の隠れた関連性を解明した．**social action**（**社会的行為**）の項参照．

ところに存在する」という.

批判的談話分析は,「規律的な力」がどのようにして構築され,維持され,異議申し立てをされるのかという問題に焦点を当ててきた.例えば,フェアクラフは,フーコーに従って,「権力」（もしくは,「力」）に関して,同一の談話事象に参与している個人と個人の間に存在する非対称として定義するだけでなく,人々が,テクスト（それゆえ,談話）が生産され,配布され,消費されるかを制御するための種々の能力をどのような形で身につけているのかという観点から定義している（Fairclough 1995: 1）.批判的談話分析学者ヴァン・デイク（Van Dijk）によれば,「社会的な権力と支配はしばしば組織化され,体制化されているので,より効果的な制御が許され,日常的な形の権力再生産が可能になっている」という（Van Dijk 1996: 85）.すなわち,権力が奏功しているのは,まさしく日常的な行為を通して再演されているからにほかならないという.こうした行為は,別段,疑問を呈されることなく,むしろ当然視されているのである（**ヘゲモニー**（もしくは,**覇権**）（**hegemony**）参照）.権力が談話と結びついている理由というのは,談話は現実を表象し,構築する方法であるからである.その結果,権力関係は,談話を通して構築され,維持され,異議申し立てをされる.権力関係が常に流動的であるのは,談話と結びついているからである.権力の反対は,**抵抗**（**resistance**）である（さらに,**闘争**（**struggle**）,**転覆**（**subversion**）も参照のこと）.談話は優勢を競うので,それまで支配的であった談話もそれまで周辺的にすぎなかった談話によって異議申し立てをされたり,ややもすると取って代わられたりして,その結果,権力関係が変動したり,社会変化が起きたりする.

権力は一概に悪と決めつけることはできない.例えば,学生と教師は明らかに非対称的な力関係にあるが,この場合,この関係は通常は（望むらくは）学生にとって有害ではなく,有益である.談話分析の中には権力の乱用の事例に焦点を当てたものもあるが（例えば,権力が有害な結果を招くような事例）,一方で,**肯定的談話分析**（**positive**

discourse analysis）もある．それは，テクスト保持者によって行使される権力が善のために使用される事例に焦点を当てる．権力に関する「ポスト構造主義」的な見方とは，権力は人間の動作主性（agency）と関係しており，1人の個人があらゆる談話に対して権力を行使することはないということである．それゆえ，あるコンテクストでは権力を行使することができても，別のコンテクストでは無力なのである．さらに，Baxter（2003）も参照のこと．

pragmatics（語用論）

「語用論」（**pragmatics**）とは，言語学の一分野であり，ダイクシス，推意（もしくは，含み），前提，言語行為，ポライトネスなどを中心として，言語の伝達機能を研究する分野である（Levinson 1983, Thomas 1995, Yule 1996）．とりわけ，コンテクスト（大きくは，場面や社会）における言語と相互行為に関わっている．

語用論は，**言語行為論（speech act theory）**，**ポライトネス理論（politeness** theory），**会話分析（conversation analysis）**，**相互行為的社会言語学（interactional sociolinguistics）**といった他の分野や理論を含み，かつそれらと重なり合っている．

語用論は意味に関係している．それは，人々がどのように意味を理解しているのかという問題である．ある特定の言語が使えるようになるには，当然，その言語に関する知識を持っていなければならない．例えば，文法規則，個々の単語の意味，発音の仕方などである．しかし，語用論が焦点を当てるのは，そういった類の言語知識ではなく，「特定のコンテクストにおいてどのように意味が伝達されるのか」ということである．それは，以下のような問題に関係している．例えば，どのように，どこで，いつそのことは言われたのか，誰がそれを言っているのか，話し手と聞き手はどのような関係にあるのか，多義的な言語使用をどのようにして理解するのか．

例えば，次のような質問は，

Can you pass the salt? (塩を回していただけますか？)

表面的には，相手に，塩を取る能力があるかどうかを尋ねているかのように見える．しかし，実際には，上昇調で，食事中に，塩に近い席に座っている人に向かって言われた場合には，相手の「能力」を尋ねているのではなく，塩を取って欲しいという「依頼」をしていると解釈される．発話の意味とは，「実際に言われたこと」を超えているのである．

predicate (述語)

伝統文法では，文は2つの部分，すなわち，「主語」(**subject**) と「述語」(**predicate**) から成っている．述語は動詞を含んでいなければならず（名詞，形容詞，副詞などを含んでいてもかまわない），主語について述べる成分である．

predicational strategies (叙述的ストラテジー)

「叙述的ストラテジー」(**predicational strategies**) とは，評価 (evaluations) のことであり，通常は述語，形容詞，同格語 (appositions)，副詞，関係節，メタファー（隠喩），連語 (collocations) として生起する．叙述的ストラテジーは，特定の属性や特質を社会的行為者に対して用いて，しばしば差別的な談話を形成する (Reisigl and Wodak 2001 参照)．このストラテジーは**論証** (**argumentation**) の要素として用いられて，ある社会集団に対する差別を正当化する．Reisigl and Wodak (2001: 55) は，その一例として，オーストリアの新聞からの次の抜粋を挙げている．

Foreigners are socio-parasites, who exploit the welfare system.
（外国人は社会的寄生虫で，我々の福祉システムを食い物にしている）

こうしたストラテジーによって，「この国の外国人たちは社会福祉システムから排除されるべきであること」，あるいは，「彼らは自分たちの母国に帰るべきであること」を正当化しているのである．さらに，**referential strategies**（指示的ストラテジー）も参照のこと．

preferred reading（好まれる読み）

「受容理論」（**reception** theory）によれば，テクストは，生産される際にある意味を持って符号化（encode）されるが，解釈のプロセスを通して解読（decode）される．解読に際しては，そのテクストの理解と評価が伴う．イギリスの文化研究者スチュアート・ホール（Stuart Hall）によれば，テクストの消費者（解読者）がそのテクストの生産者が意図するように符号化された意味を受容する場合には，ここで言う「好まれる読み」（**preferred reading**）が生じるという（Hall 1973）．この類の読みは，支配的，覇権的な読みと称されることもある．そして，こうした読みに与する読者は，「支配的，覇権的，好まれる，あるいは受動的な」読者と言えよう．これに対して，「抵抗的な」読者もいる．その人たちは，「対抗的な読み」（alternative reading）をすることによって，テクストに符号化された支配的読みを斥けるのである．

prejudiced discourse（偏見的談話）

「偏見的談話」（**prejudiced discourse**）とは，特定の社会集団に対して明白な差別をしている類の談話のことである．よくある偏見的談話の例として，民族性，人種，性別，性的指向性（sexual orientation）に基づくものがある．こうした談話は，ある集団に対する差別を示している場合もあれば，それ以外の（通例は，より支配的な）社会集団への好意（favour）を示している場合もある．さらに，Van Dijk（1984）も参照のこと．

prescriptivism （規範主義）

　「規範主義」（**prescriptivism**）とは，言語研究の伝統的なアプローチである．このアプローチでは，言語の「純粋性」（purity）を保つことが重んじられる．このアプローチは，正確な言語使用と不正確な言語使用とを峻別する．厳格な規範主義者にあっては，言語の正確な使用を勧める際にも，間違いを指摘して，間違いを直させようとする．規範主義の一例として，「文が前置詞で終わってはならない」という規則が挙げられる．規範主義は極めて規則支配的（rule governed）なのである．しかし，規範主義者は，以下のような理由で批判の対象となり得る．すなわち，「自分の言語観を他人に押し付ける」，「規則に囚われすぎている」，「言語は常に変化する存在であり，言語使用者全員によって（無力な話し方と結びついた非標準的形式を用いるような人々によってさえも）所有されている（owned）ということを認めない」．**政治的公正**（**political correctness**）（**PC**）を唱える人たちは，ある意味では，規範主義者とみなせよう．というのは，彼らもまた，特定の価値体系に基づいて言語がいかに使用されるべきかを規制するからである．規範主義の例はほかにもある．それは，「平易な英語キャンペーン」（the Campaign for Plain English）である．このキャンペーンは，議会などでは，不必要な（当の集団内でしか通用しない）ジャーゴンや複雑な言語を避けるべきであると主張する．こうした言語使用は一般市民を排除し，混乱させるものであるからである．規範主義は記述言語学（descriptive linguistics）と対立する（**記述**（**description**）参照）．記述言語学は人々がどのように言語を使用しているのかを記述しようとするものであり，言語使用の正確さは問わない．ポストモダニズムの視点では，真に記述的なアプローチは不可能であるということになろう．なぜなら，こうしたアプローチもまた（中立的であろうとする）ある種の「判断」を下しているからである．

presupposition（前提）

「前提」（**presupposition**）とは，形式的には示されていないが，発話あるいは陳述が意味あるものとして解釈されるために前もって理解されていることが当然視されている命題のことである．例えば，'John's presentation was well received.'（ジョンの発表の評判は良かった）という文には，'John gave a presentation.'（ジョンは発表をした）という前提がある．この前提は，'John's presentation was not well received.'（ジョンの発表の評判は良くなかった）のように，たとえ否定されても，真のままである（'John gave a presentation.'（ジョンが発表をした）ということが真であるということは保たれている）．この点で，「前提」と「**伴立**」（もしくは，**論理的含意**）（**entailments**）は異なる．後者の場合，その文が否定されると，真ではなくなるからである．

談話分析にとって前提という概念が重要であるのは，前提は，話し手・書き手の常識的な想定や，当然視されているような考え方や態度を明らかにすることができるからである．談話分析者は，前提を分析することによって，テキストに込められている非明示的な意味を特定することができる．前提は，**テキスト相互性**（もしくは，**間テクスト性**）」（**intertextuality**）とも関係している．なぜなら，イギリスの批判的談話分析学者フェアクラフ（Fairclough）によれば，前提は「テキスト生産者によって当然視されたことであり，それはテキスト生産者の以前のテクストとのテクスト相互的な関係を考慮に入れて解釈される」からである（Fairdough 1992: 121）．しかしながら，Chapman and Routledge（2009: 179）が注意を促しているように，「言語学と言語哲学の間で，前提の標準的な概念とは何かという点に関して，研究者の間で見解の一致はない」．

privileged femininity（特権化された女性性）

「特権化された女性性」（**privileged femininity**）は，以下の2つの

解釈が可能である.

1. 1つの解釈は,「女性びいき (pro-female) 的談話」の場合である.
   それは,肯定的差別の一タイプとして機能する.これには,教育
   や職業などの様々なコンテクストにおける男性優位性の存在を認
   め,女性にとってのアクセス権や機会を改善しようとする実践が
   ある (Kitetu and Sunderland 2000).

2. もう1つの解釈は,比較的発達した社会における女性(成人女性
   や少女)を指す場合である.それは,顕著なアイデンティティ(個
   性)以外の側面によるもの,あるいは,有力な男性とのつながり
   を通してのものであるとも考えられる.その一例として挙げられ
   るのは,金持ちの男性と結婚して外で働く必要のない女性である.
   社会階級に関係している場合が多いにせよ,民族性と関係してい
   る場合もある.例えば,民主化前の南アフリカでは,白人女性は
   特権的であると考えられていた.というのは,白人女性の人生
   は黒人女性が送った苦難に満ちたものではなかったからである
   (McRobbie 2009: 87 も参照).さらに,**覇権的女性性**(**hege-
   monic femininity**)も参照のこと.

processes (プロセス(もしくは,過程,作用))

　言語学者マイケル・ハリディ (Michael Halliday) は,自らの体系
機能文法 (systemic functional grammar) の中で,次のように述べて
いる (Halliday 1994: 106).

> 経験に関する私たちの最も強い印象は,それが「生じる物事」
> (goings-on) から成り立っているということである.そのタイプ
> とは,「起こること」(happening),「すること」(doing),「感じ
> ること」(sensing),「意味すること」(meaning),「あること」
> (being),「なること」(becoming) である.これらすべてのプロ

セスは節の文法の中で区分けされる．かくして，節は，行為の様式（mode），さらには，品物・サービスや情報を与えたり，要求したりする様式であるだけでなく，「省察」（reflection）の様式でもあり，さらには，事象（events）の無限の変種と流れに秩序をもたらす様式でもある．これを達成する文法体系が「他動性」（transitivity）である．他動性の体系によって，経験の世界は**プロセス**（もしくは，**過程，作用**）**タイプ**（**process types**）の管理可能な集合へと構造化されるのである．

他動的プロセスは3要素から成り立っている．すなわち，プロセスそのもの（動詞によって表される），参与者（名詞類によって表される），状況（副詞類や前置詞句によって表される）の3つである．さらに，**プロセス**（もしくは，**過程，作用**）**タイプ**（**process types**），**他動性**（**transitivity**）も参照のこと．

process types（プロセス（もしくは，過程，作用）タイプ）

「プロセス」（もしくは，過程，作用）とは，**他動性**（**transitivity**）の諸側面のことである．言語学者マイケル・ハリディ（Michael Halliday）は，節の中に表象されるプロセスタイプを以下の6タイプに分類している（Halliday 1994）.[38]

---

[38] 訳者注：process という用語は，ハリディだけでなく，認知言語学者ロナルド・ラネカー（Ronald Langacker）も用いている．Langacker (1987: 254) では，"A process is a relationship scanned sequentially during its evolution through conceived time."（プロセス（もしくは，過程，作用）とは，概念化された時間を通して進展する間に連続的に走査される関係である）と述べられている．重要なポイントは時間的変化である．
　ハリディの言う「行動的プロセス」とは，「呼吸する」（breathe），「微笑む」（smile），「夢みる」（dream），「見る」（look），「考える」（think）といったように，生理的，心理的な行動を示すタイプであるとされる．行動的プロセスは「物質的プロセス」と「心的プロセス」との間に位置しているといわれているが，例えば，動詞 think の場合，下の（ia）は行動的プロセスであるものの，（ib）

① 物質的プロセス（material processes）（「する」（doing）というプロセス）

② 行動的プロセス（behavioural processes）（生理的・心理的状態の外的表出のプロセス）

③ 心的プロセス（mental processes）（「感じる」（feeling）というプロセス）

④ 言語的プロセス（verbal processes）（「言う」（saying）というプロセス）

⑤ 関係的プロセス（relational processes）（「…である」（being）というプロセス）

⑥ 存在的プロセス（existential processes）（「…がある」（there being）というプロセス）

上のリストで，主要なものは，①物質的プロセス，③心的プロセス，⑤関係的プロセスであり，二次的なものとして，②行動的プロセス，④言語的プロセス，⑥存在的プロセスがある．二次的なものは，主要なものと境界を接している．すなわち，②行動的プロセスは，①「物質的プロセス」と③「心的プロセス」との間に位置している．④言語的プロセスは③心的プロセスと⑤関係的プロセスとの間に位置している．（上の各プロセスの並びは実は円環的になっているので）⑥存在的プロセスは，⑤関係的プロセスと①物質的プロセスとの間に位置している．②行動的プロセスと⑥存在的プロセスの場合，1個しか「参与者」（participant）を持たないが，他のプロセスは1個または2個

は心理的プロセスに属している．
 (i) a. Be quiet! I'm *thinking*.
       （静かにしてくれ！考え事をしているんだから）
    b. They *think* we're stupid.（彼らは，私たちが馬鹿だと思っている）
                              (Halliday and Matthiessen 2004: 251)
Halliday and Matthiessen (2004: 172) によれば，6つのプロセス（もしくは，過程，作用）（process）の連続体は直線ではなく，円環状にあるという．すなわち，色彩環に例えるならば，赤，青，黄色が主要な3原色であり，紫，緑，オレンジが境界に位置しているのと平行しているのである．

process types　173

の参与者を持ってもよい．参与者を1つ持つプロセスは自動詞（intransitive verb）の形を，参与者を2個取るプロセスは他動詞（transitive verb）の形を取る．例えば，①物質的プロセスの場合，行為文として表象され，他動詞も自動詞も取ることができる．

> Joseph is kicking a ball. ［他動詞——2個の参与者：Joseph, a ball］
> Joseph is running. ［自動詞——1個の参与者：Joseph］

③心的プロセスの主体は，何かを感じる「人間ないしは人間に似た」参与者である．**主語**（**subject**）と主題（theme）はしばしば一致し，その結果，人称代名詞が使われて，受動文として実現する傾向がある．

> I am worried by your silence.
> （私はあなたの沈黙が心配だ）

⑤関係的プロセスは属性的もしくは存在的なパタンとして表象され，3タイプの節で実現することが可能である．

1. 内包的（intensive）：I am tired.
2. 状況的（circumstantial）：I am in my forties.
3. 所有的（possessive）：I have two children.

（Halliday 1985: 119）

現実生活のプロセスを表すために（①物質的プロセスを示すのに他動詞を用いるのか自動詞を用いるのかといった）どの節を選択するかは，イデオロギー的にも文化的にも重要である．さらに，表象に際して首尾一貫して③心的プロセスを選んだとしたら，それは，事象を客観的に説明しているというよりも，書き手・話し手による知覚を示している可能性がある．

production (生産)

　「生産」（**production**）とは，テクストの生産・創造に関わるプロセスのことである．イギリスの批判的談話分析学者ノーマン・フェアクラフ（Norman Fairclough）によれば，（テクストの）**受容**（**reception**）の分析と同じく，生産の分析は**批判的談話分析**（**critical discourse analysis**）の１つの段階であり得る（Fairclough 1989: 24–26）．分析者は，「どのような環境下でそのテクストは生産されたのか」，「それはどのような目的だったのか」，「そのテクストの生産にはどのような制約が課されたのか（例えば，検閲はあったのか）といったことを問うかもしれない．テクスト生産は特定の談話実践の内部で起こる．談話実践とは社会実践の１つの側面である．例えば，新聞のテクスト生産はニュース生産の談話実践の際に起こるが，それは産業としてのメディアの主たる社会実践の内部でなされるものである．テクスト生産は内在化された社会構造と慣習に基づいたプロセスに関わっている．それゆえ，各テクストの生産は，それが生産される社会の慣習に制約されているのである．

promotional culture (推進的文化)

　「推進的文化」（**promotional culture**）とは，社会現象であり，その機能は情報を提供するメッセージを伝達するだけでなく，社会生活のある特定の側面を推進することである（Wernick 1991）．こうした現象は談話の市場化もしくは商品化と関係している．例えば，イギリスの批判的談話分析学者ノーマン・フェアクラフ（Norman Fairclough）は，これまで授業の情報を提供するだけであった『大学案内』が推進的メッセージを載せて，大学そのものの宣伝の一タイプとして機能しているケースを挙げている（Fairclough 1992）．学位は一個の「製品」であり，学生は顧客であり，講師はサービス提供者であるとみなされているのである．

proposition（命題）

「命題」（**proposition**）とは，真偽判定が可能な文のことである．命題は，文の抽象的な（すなわち，コンテクストに依存しない）意味であり，語用論的意味と区別される．

prosody（韻律，プロソディ）

「韻律」（もしくは，プロソディ）（**prosody**）とは，連結された話しことばの超文節的な特徴のことであり，強勢，リズム，ピッチ，音量，イントネーションなどが含まれる．こうした特徴は，話し手あるいは話し手の意図を表している．例えば，音量は感情の高まりを，上昇イントネーションは疑問文と平叙文との区別を示している．書きことばにおいては，韻律的特徴は句読点によって表される場合がある．例えば，感嘆符を用いて，音量や強調などの韻律的特徴などがそれに相当する．

public identity（公的アイデンティティ）

「公的アイデンティティ」（**public identity**）は，Hekman（2004）の用語で，「個人的アイデンティティ」（individual identity）と対比される概念である（Hekman 2004）．ヘクマンによれば，どの個人であれ，独自のアイデンティティ（もしくは，中核的自己）を有しており，それは幼少期からの経験と影響によって形成されている．各個人が成熟した大人として機能することができるのはこのアイデンティティのなせる業である．この「個人的アイデンティティ」は「公的アイデンティティ」の一部であるという．公的アイデンティティは，公的談話によって形成される種々のアイデンティティのカテゴリーにまたがるものである．例えば，白人であること，黒人であること，労働者階級に属していること，キリスト教徒であること，移民であることなど

は，すべて，公的アイデンティティである．ヘクマンによれば，個人的アイデンティティによって私たち一人一人が区別され，公的アイデンティティによって私たちは社会集団の成員に属し，公的アイデンティティの他の成員と特性を共有していることになるという．

public sphere（公的領域）

「公的領域」（**public sphere**）とは，ドイツの社会哲学者ユルゲン・ハーバーマス（Jürgen Habermas）の用語で，社会システムと日常生活との関係のことである（Habermas 1984）．イギリスの批判的談話分析学者ノーマン・フェアクラフ（Norman Fairclough）は「公的領域」を「人々が市民として行動する領域」とみなしている（Fairclough 2003: 68）．公的領域においては，自分たちの生活に影響し，生き方に影響を及ぼす政策を左右する問題を討論することができる．社会の中のより多くの権力を持った成員は公的領域により多くアクセス（access）し，社会が発展していく方向を決める公的討論に参加することができる．

qualitative methods（定性的手法，質的手法）

　「定性的手法」（もしくは，質的手法）（**qualitative methods**）とは，非数量的なデータ収集・説明に関わる研究方法のことである．この方法には，**民族誌学（ethnography），参与者観察（participant obser-vation）**，非構造的インタビュー（unstructured interview），事例研究，**フォーカスグループ（focus group），会話分析（conversation analysis）** などが含まれている．この手法の場合，**定量的手法**（もしくは，**量的手法**）（**quantitative methods**）によって大量のデータを一般化するのではなく，少量のデータを綿密に分析する．定性的アプローチは，研究者のアイデンティティが研究プロセスに影響を与え得ることから，「主観的」であると批判されてきた．例えば，研究者は自分の予測を裏付けるデータを分析しようとする危険性なきにしもあらずというのである．さらに，Bernard and Ryan（2010）も参照のこと．

quantitative methods（定量的手法，量的手法）

　「定量的手法」（もしくは，量的手法）（**quantitative methods**）とは，数学的モデルと統計的テストによって体系的，客観的に自然現象を研究する方法のことである．この方法は，物理学，化学，数学のような自然科学において広く用いられていると同時に，**コーパス言語学（corpus linguistics）や内容分析（content analysis）** でも用いられている．しかし，社会科学においては，定量的研究は**実証主義（posi-tivism）** と結びついているとして批判されている．さらに，Blaikie（2003）も参照のこと．

queer theory（クイア理論）

　「クイア」（queer）とは，ゲイの人々に向けられた軽蔑的な語であった．しかし，この語は，20世紀の後半に，挑戦的で政治化されたアイデンティティラベルとして，差別的意味合いを払拭されることになった．「クイア」は同性愛と結び付けられることが多いが，クイア理論の提唱者によると，この用語は，主流社会が，「通常の」（normal）ものでないと考える事柄なら何でも指すという．とりわけ，性的なアイデンティティや欲望などにおいて（「変態」として）用いられる．例えば，S/M（サド–マゾ）の実践者，売春婦，あるいは，自分よりもはるかに若い男性と関係を持つ女性などもクイアと見なされよう．さらに，この用語は，ジェンダーアイデンティティ，民族的アイデンティティなどをカバーするように拡張可能である．それゆえ，異なった民族どうしのカップルなどもクイア的視点から分析し得る．クイア理論は，少数派のアイデンティティ集団を「解放」したり，主流集団へ「同化」させたりするのではなく，固定化され，定まったアイデンティティ（とりわけ，gay/straightという二項対立）の概念を解体し，これに挑戦し，こうしたアイデンティティは社会的構築物であり，「作り上げられたもの」（performed）であると主張する．クイア理論の1つの側面として，以下のような点がある．例えば，歴史的記録を調べたり，他の文化を調査したりすることによって，「クイア」といったアイデンティティカテゴリーは，特定の社会や過去のある一時期に特有のものであり，①こうしたアイデンティティは，かつては概念化されていなかったということ，そして，②「クイア」といったアイデンティティ集団に関する談話は，現在のものとは大きく異なっていた，ということを示すことがある．イギリスの文化研究者スチュアート・ホール（Stuart Hall）は，次のように述べている（Hall 2003: 101）．「… 欲望の性質は変わり得るものである．しかし，だからといって，私たち「みな」（all）が現実に男女両性的であるというわけではない．一般的に言って，クイア理論のポイントは，私たちが

queer theory   179

みな「現実に」(really) 一様な存在ではないということにある」. そ
れゆえ, クイア理論は**ポスト構造主義** (**post-structuralism**) に基づ
いているが, さらには, フェミニズム理論や**ジェンダー遂行性** (**gen-der performativity**) とも結びついている.

racism（人種差別主義）

「人種差別主義」（**racism**）とは，次のような考え方のことである．すなわち，人の能力や特性は民族性に基づいて区別可能であり，そしてその結果，ある「人種」（races）は，他の人種よりも（一般的に，あるいは，特定の特性に関して）優れている，もしくは劣っている．Memmi（1992: 103）によれば，人種差別主義によって，現実の，あるいは虚構の差異についての評価がなされることになるが，こうした差異は差別される側を傷つけるものである（Reisigl and Wodak 2001: 5-10 参照）．さらに，人種差別主義者は，自分の特権的な地位と（差別の）犠牲者の周辺的な地位を正当化し，それにお墨付きを与えるために，犠牲者を否定的に評価する．人種差別主義は「変わっている」（different）と認識される人々に対するあらゆる種類の差別的・攻撃的な傾向を一くくりにする標識でもある．関連する用語に「異種恐怖症」（heterophobia）がある．これは，異なった集団（例えば，ユダヤ人，黒人，アラブ人，女性，若い人，障害者など）への不合理な恐れないし嫌悪感を指す．人種差別主義はイデオロギー的でもある．すなわち，それは，様々な，社会文化的・宗教的な信念や疑似科学的理論の中に符号化されている．それらは，談話を通して表明され，結果的にある集団に対するステレオタイプ化につながっていく．制度的な人種差別主義のせいで，権力，アクセス，資本を持つことができない集団もいる．人種差別主義は，さらに，暴力や，ある場合には，大量虐殺にもつながる．批判的談話分析への**談話・歴史的アプローチ**（**discourse-historical approach**）を用いて，**人種差別談話**（**racist discourse**）をめぐる**論証**ストラテジー（**argumentation** strategies），**虚偽**（**fallacy**），**トポス**（**topoi**）がこれまで数多く検証されてきた．

racist discourse（人種差別談話）

「人種差別談話」（**racist discourse**）とは，人々は生物学的に異なって造られており，それゆえに，人間性を考慮に入れないようなやり方で扱うべきであるとする様々な方法のことである（**オリエンタリズム／オリエンタリズム的談話**（**orientalism/orientalist discourse**）参照）．**人種差別主義**（**racism**）は，**ステレオタイプ**（**stereotypes**）に根ざしている場合が多く，ステレオタイプを用いて民族集団を特徴づけようとする．すなわち，ある民族集団は他の集団と比べて特定の性質や本質的な違いを持っているなどとみなすのである．例えば，ある民族集団は他の民族集団よりも寛容でないとか，知的でないというふうにみなす場合もある．人種差別談話は，さらに，人種差別をするような**指示的ストラテジー**（**referential strategies**）あるいは命名法（nominations）の中にも見いだされる．例えば，'nigger'（黒人）とか'bushmen'（田舎者）などである．ただし，人種差別談話は，ある集団の人々を肯定的なステレオタイプ（もしくは，固定観念）によって肯定的に捉える場合もある．

reception（受容）

「受容理論」とは，テクスト分析への1つのアプローチである．それは，オーディエンス（読者・観衆・聴衆）ならびに（雑誌，書物，映画，音楽といった）テクストがどのように解釈されるのかに焦点を当てる．イギリスの文化研究者スチュアート・ホール（Stuart Hall）は，符号化（encoding）と解読（decoding）の理論を打ち立てた（Hall 1973）．ホールによると，オーディエンスは，テクストに対して3通りの反応を示し得るという．すなわち，第一に，支配的な，もしくは，「**好まれる読み**」（**preferred reading**）である．これは，作者が意図した読みと一致する．第二に，「対抗的な読み」（oppositional reading）（**抵抗的読者**（**resistant reader**）参照）がある．この場合，

オーディエンスは作者が意図した読みと対立するように解釈する．最後に，「折合いがつけられた意味」（negotiated meaning）がある．これは最初の2つの解釈の一種の妥協の産物である．受容の研究には別のアプローチもある．例えば，どのような類の人々がそのテクストを消費しているのか，どのような理由によってか，どのようなコンテクストにおいてか，などの問題を分析するのである．この場合，定量的（もしくは，量的）研究（例えば，視聴者について考察したり，様々な購買層を比較したりする）がなされることもあろうし，当該のテクストに接した人たちについて，**研究インタビュー**（**research interview**）や**フォーカスグループ**（**focus group**）による調査を試みたりもする．「受容」（**reception**）を考察することは，**批判的談話分析**（**critical discourse analysis**）を考察することでもあると言えよう．

reclaiming（復権）

　ここでの「復権」（**reclaiming**）とは，軽蔑的な語によって差別されている側の集団が，政治的なストラテジーとして，その差別的な意味合いを払拭することである．例えば，slut, dyke, bitch, nigger, queer といった語は肯定的な概念を持つように「復権」している．しかしながら，復権された語は多義的になる場合が多い．というのは，もともとの否定的な意味を保持している場合もあるからである．それゆえ，こういった語の意味解釈に際しては，コンテクスト，使用者のアイデンティティ，その語が誰に向けて用いられているのかが重要となる．話し手，とりわけ，差別されている側の集団に属していない人々の中には，こういった，誤解を招きかねない語を用いるのは不適当だと感じる人もいるかもしれない．

recontextualization（再コンテクスト化）

　「再コンテクスト化」（**recontextualization**）とは，テクスト（ある

いはテクストの一部）が元々あった場面（setting）やコンテクストから取り出されて，それとは別のコンテクストで用いられることである．イギリスの社会学者バジル・バーンステイン（Basil Bernstein）によれば，「選択し，再配置し，再焦点化し，他の談話と関連させて，新しい順序と順序付けを構成する再コンテクスト化原理に従って」意味的変動（semantic shifts）が生じるという（Bernstein 1990: 184）．Linell（1998）によれば，再コンテクスト化は，以下の３つの方法でなし得るという．第一に，「テクスト内的な」（intratextual）方法である．この場合，同一のテクストの内部で（すなわち，前後で）当該のテクストの一部が言及される．第二に，「テクスト相互的な（もしくは，間テクスト的な）（intertextual）方法である．この場合，テクストの内部で別のテクストの一部もしくは全部が言及される．第三に，「談話相互的な」（もしくは，間談話的な）（interdiscursive）方法である．この場合，複数のタイプの談話が再コンテクスト化される．

referential strategies（指示的ストラテジー）

「指示的ストラテジー」（**referential strategies**）は，「命名的ストラテジー」（nominational strategies）とも称され，**談話・歴史的アプローチ（discourse-historical approach）**で用いられて，社会的行為者を，自分および他人の表象や内の集団・外の集団の構成と関係した形で捉えるストラテジーのことである．このストラテジーでは，名詞を用いて人々や集団を表すラベルとしたり，**メタファー**（もしくは，**隠喩**）（**metaphor**），メトニミー（もしくは，換喩）（metonymy），シネクドキー（もしくは，提喩）（synecdoche）（一部で全体を表す方法）を使ったりする．例えば，「ビジネスマン」（businessman）を指すのに，'suit'（＝スーツ）と言う．指示的ストラテジーが用いられるのは，差別的な談話を明示するためである．たとえそれが肯定的であろうと否定的であろうと関係ない．Reisigl and Wodak（2001）は，**人種差別談話（racist discourse）**を分析する中で，いくつかの指示

的ストラテジーを挙げている．それらは人間に言及することによって
ある集団を軽蔑的に指している．名詞の中にはそれ自体が差別的な
ニュアンスを持っているものがある．すなわち，わざわざ修飾語を付
けなくても差別的な意味を伝えるのである．例えば，'paleface'（白
人，白人の同性愛者）はそのように指示される人たちを蔑んだ言い方で
ある．ただし，指示的ストラテジーには，多かれ少なかれ中立的なこ
とばを用いて，差別化される人たちに肯定的な価値を付与する場合も
ある．

　指示的ストラテジーの中には，批判的談話分析学者テオ・ヴァン・
レーウェン（Theo van Leeuwen）による社会的行為者の表象のカテ
ゴリーから借用・改作されたものが多数ある（van Leeuwen1996,
1997）．例えば，**合算（aggregation），非人間化（impersonaliza-
tion），排除（exclusion），抑制（suppression），背景化（back-
grounding），特定化（specification），一般化（genericization）** な
どである．以下の例は会話体の英語から取った指示的ストラテジーの
一例である．

　　That could have been painful that could you *bitch*.

(BNC, KCE)

（それは大変だったかもしれないな，お前）

叙述的ストラテジー（predicational strategies） 参照．

reflexivity（省察性）

　「省察性」（「自己省察性」と呼ばれる場合もある）（**reflexivity**）と
は，研究がなされる際にその研究に関して省察することである．これ
は，談話分析の中核部分を成している．例えば，当該の研究者は，自
分のアイデンティティの諸側面や自分が育ってきた社会が，研究の進
展の仕方にどのような影響を与え得るかを考えようとする場合があろ
う．例えば，テーマの選択，研究の問題点，データ収集や分析の方法

などがもたらす影響である．それゆえ，省察性は，研究者個人の中にあり得る偏向（bias）に対処するために自己意識（self-awareness）を用いるという1つの方法論的原理である．

register（レジスター，言語使用域）

「レジスター」（もしくは，言語使用域）（**register**）とは，特有の記号や言語変種であり，それは特定の社会実践と結びついており，特定の社会的目的に役立つように使い分けられるものである．それは特有の言語的パタン（語彙，文法，音韻など）から成り立っており，慣習的であり，また，かなり長続きするものでもある．「ジャンル」や「方言」が「レジスター」と同じ意味で用いられる場合もある．Halliday and Hasan（1985: 41）は，「方言」と「レジスター」を区別して，前者は「使用者に応じた言語変種」であり，後者は「使用に応じた言語変種」としている．また，後者は「人々が共通に参加している社会的活動の異なったタイプ」を反映しているという．レジスターは，言語使用者ではなく，言語使用に基づいているために，特定地域の地理的位置や人口統計的カテゴリーに基づいた言語変異は，レジスターには含まれない．

レジスターの例としては，医療面談，実験報告書，天気予報，新聞の社説などがある．ただし，レジスターは，明確に独立した言語変種ではなく，言語変種のスペクトラムとして見るべきものである．レジスターを識別するための明確な境界は存在しない．Biber et al.（1998）は，コーパスを用いたアプローチによって，書きことばの言語使用域と話しことば言語使用域の差異を明確化した．すなわち，両レジスターは，以下の5つの「線的尺度」（linear scales）や「次元」（dimensions）における生起の仕方（すなわち，どの極に近く現れるか）によって分類可能であるとしている．

① 「かかわり的生産」（involved production）か「情報伝達的生

産」(informational production）か.

②　「語り的談話」（narrative discourse）か「非語り的談話」
（non-narrative discourse）か.

③　「入念な指示」（elaborated reference）か「場面依存的な指示」
（situation-dependent reference）か.

④　「論証の明示的表現」（overt expression of argumentation）

⑤　「個人的スタイル」か「非個人的スタイル」か.

例えば，電話での会話の場合は，①の次元のうちの「かかわり的な」
極に生起する（話し手はこの言語使用域を用いて，相手にたくさんの
情報を伝達するというよりも，相手との（心理的な）かかわりを吐露
している）．一方，公的書類の場合は，その特徴として「かかわり」
ではなく，情報伝達である．しかしながら，②の次元から見ると，電
話での会話の場合も公的書類の場合も，「語り的談話」ではなく，「非
語り的談話」の極に生起する（両者とも，例えば，過去の出来事を
長々と述べたりはしないものである）.

relativism（相対主義）

「相対主義」（**relativism**）とは，一切の真理は絶対的なものではな
く，相対的なものであると主張する哲学の立場のことである．それゆ
え，相対主義からすれば，世界に対する私たちの理解は，私たちの環
境，経験，アイデンティティ（**identity**）に依存していることになる.
例えば，私たちはつい他の文化を私たち自身の文化と比較することに
よって理解しがちである.

> But in the developing countries of Asia, Africa and Latin
> America, parents live in mortal fear of these diseases - and for
> very good reason.　　　　　　　　　　　　　　　（BNC, A7G）
> （しかしながら，アジア，アフリカ，ラテンアメリカなどの開発途上国で
> は，親はこれらの病気に対する死の恐怖の中で生きている．そして，こ

れにも十分な理由がある）

上の例（イギリスの慈善団体のチラシから）で, 'developing coun-
tries'（開発途上国）という語が含意しているのは, 豊かではない国々
は, 'developed'（開発された先進の）（それゆえ, これ以上開発される
必要がない）豊かな諸国と異なって, いまだ開発途上であるというこ
とである. しかしながら, 実は, すべての国が「開発途上」にあるの
であって, それぞれ方法やスピードが違うだけのことである. 関連す
る概念に,「言語的相対性」(linguistic relativity) という用語がある
が, これは, 母語話者の言語の限界が彼らの世界の限界であるとい
うものである. 相対主義は,「**実証主義**」(**positivism**),「一元論」
(monism),「普遍主義」(universalism) といった概念と対立する.

relevance theory （関連性理論）

「関連性理論」(**relevance theory**) とは, ダン・スペルベル (Dan
Sperber) とディアドリ・ウィルスン (Deirdre Wilson) による認知語
用論である (Sperber and Wilson 1986). この理論は, 言語哲学者
ポール・グライス (Paul Grice) の, 会話における「協調の原則」
(Co-operative Principle) から発展した. グライスは,（カントの『純
粋理性批判』におけるカテゴリー表にならって）4 つの**会話の公理**（も
しくは, **会話の格率**）(**conversational maxims**)（すなわち, 量
(quantity) の公理, 質 (quality) の公理, 関連性 (relevance) の公理,
様態 (manner) の公理）を立てて, 話し手と聞き手がこれらの公理を
用いて意味や**推意**（もしくは, **含み**）(**implicature**) を表現したり,
解釈したりしていると唱えた. それに対して, スペルベルとウィルス
ンは,「関連性の公理」（もしくは, 格率）を理論の中心に据えた. こ
の理論の下では, 人々が会話的相互行為を行う際には, その相互行為
に関連性を持っていることが当然視される発話をしているとされる.
聞き手が推論できるのは, 話し手の会話がたとえ関連性の公理を破っ

ている（例えば，無関係なことを言っている）ように見えても，実は，それは，意味の理解を保証するように「関連している」からにほかならない．

Sue: Did you go to Tom's recital?
(トムのリサイタルに行ったの？)
Donald: Tracy's here.
(トレーシーがここにいるよ)

一見すると，ドナルドの返答はスーの yes/no 疑問文に関連してはいないかのように見える．なぜなら，ドナルドはリサイタルに行ったかどうかについて直接答えてはおらず，第三者であるトレーシーという女性についての情報を与えているからである．スーがドナルドの発話を意味あるものとして解釈するためには，彼女としては，このコンテキストにおいて，ドナルドの発話はこのやりとりに関連したものであると想定する必要がある．その想定とは，例えば，トレーシーはトムの元のパートナーであり，トレーシーはトムのことを話題にするのを嫌がっているといったことである．スーがドナルドの返答を解釈するために知っていなければならないことは，ドナルドは，① 2 人が別れたこと，さらに，②そのことを自分（＝スー）も知っているということを知っている（だからこそ，彼はそう言った），ということである．よって，ドナルドの発話はスーに対する警告とも取れよう．それは，もしかすると，話題を変えよということかもしれない．それゆえ，関連性は，主観的な概念である．なぜなら，それは，発話を認知する際の聞き手の立場と知識に依存しているからである．

repair（修復）

「修復」（**repair**）とは，**会話分析**（**conversation analysis**）の用語で，話し手が自分の言ったことを「修正する」（correct）ために，発話の一部を繰り返したり，言い直したりする必要がある場合に自然

に生じる会話のパタンのことである．これがよく起こるのは，会話参与者が言いにくい時，相手のことばが聞き取りにくい時，あるいはわかりにくい時である．修復には，話し手自身による「自己修復」(self-repair) の場合と，聞き手が相手の発話を明瞭なものに言い換えたり，修正したりする場合とがある．修復には，**繰り返し**（**repetition**）や**ポーズ**（もしくは，**休止**）（**pauses**），あるいは，er/erm（えーと／あのー）といったためらいを示す標識などもある．次の例を参照．

> I think *probably that was probably* London but in the north I lived on the north east coast in a very small town and some of I mean my memories are quite different in a way.　　(BNC, D90)
> （思いますに，たぶん，いやあれはたぶんロンドンでしたが，北部では，私はとても小さな町の北東部の海岸に住んでいました．要するに，記憶違いもかなりあろうかと思います）（斜体訳者）

上の会話の例では，話し手は，'probably' の後で，'that was probably' と言い直して文法を修正している．

repetition（繰り返し）

　「繰り返し」（**repetition**）とは，自分あるいは相手のことばを繰り返すことである．自然の会話では，繰り返しはよく見られる．

> Yes, could be could be anybody, yes, yes.　　　　　(BNC, JK1)
> （そうです，もしかすると，もしかすると誰でもでしょう，そうです，そうです）

この例で，'could be' の繰り返しはどもりの例とも取れるかもしれない．しかし，話し手は聴衆を引きつけようとしている可能性もあり，その場合，発話の一部を繰り返すことでこれを達成しようと試み，次に言うべきことを整えている．さらに，繰り返すことで強調しようともしている．これは 'yes' が繰り返されていることからもわかる．

文学的なテクストにおいては，繰り返しはとりわけ詩歌の中で美的・詩的効果を出すために用いられる特殊な技法である．同値の文法構造を繰り返すことは「並列体」（parallelism）と呼ばれ，出来事を前景化するために用いられる．並列された構造はより目立つものとされ，その結果，文体的に重要なものとなる（Short 1996）．

Halliday and Hasan（1976: 280）は，「繰り返し」は「再叙」（reiteration）と密接不可分であるとしている．「本書で「再叙」という場合には，同一の語の繰り返しだけでなく，関連語の生起をも含めている．関連語としては，同義語もあれば，近似的同義語もあり，類全体をひっくるめて指し示す一般的な語であってもかまわない」．

reported speech（間接話法）

「間接話法」（**reported speech**）（＝indirect speech）とは，話法の一種である．この場合，報告されたことばは元話者のものであるが，そのまま直接引用されているわけではない．この点で，「直接話法」（**direct speech**）（Short 1996）とは異なっている．間接話法の特徴とは，以下の例にあるように，被伝達部が引用符なしで表されることである．

She said I was a handsome devil, too.　　　　　　　（BNC, A74）
（彼女は，私もハンサムな悪魔だと言った）

representation（表象）

「表象」（**representation**）とは，一般に，美術，言語，その他の領域を通して，心象（mental image）が創造されることである．この場合，意味は劇場のように創造可能である．イギリスの文化研究者スチュアート・ホール（Stuart Hall）によれば，それは意味的実践と記号体系を含んでおり，これらを通して，意味が生産される（Hall

1997).

　談話分析は，ある特定の現象（人々，概念，出来事など）が言語使用を通してどのように表象されるかを分析することが多い．例えば，偏見を持った談話の特徴は，自己に関する表象は肯定的であるくせに，「他人」に関する表象は否定的である（Reisigl and Wodak 2001）．こうした姿勢はステレオタイプによってもたらされている．表象と同じ意味で，「構築」（construction）という用語が用いられることがある（この場合，**構造主義**（**structuralism**）や**ポスト構造主義**（**post-structuralism**）と結びついている）．

repressive discourse（抑圧的談話）

　「抑圧」（repression）とは，辛い，受け入れ難い，あるいは，不愉快な観念・思考・記憶・願望などを抑え込むことであり，それゆえ，「抑圧的談話」（**repressive discourse**）とは，受け入れ難いと感じられる観念・思考・記憶・談話を抑圧する談話のことである．例えば，20世紀には，同性愛をめぐって多くの抑圧的談話があった．それは，同性愛者を，変質的・精神病的であり，小児性愛者であり，男性の肉体に溺れた女性などと捉えていた．「同性愛」ということば自体が抑圧的談話の一部であった．なぜなら，この語は一般に医学的・法的実践と結びついていたからである．こうした実践は同性愛を体験した人たちを倒錯的・犯罪的と捉えていた．同性愛者を犯罪者にしてしまう法律はこうした抑圧的談話の結果であり，こうした法律によって抑圧的談話が強化された．抑圧的談話は規制的（regulatory）な傾向がある．さらに，**抑圧仮説**（**repressive hypothesis**）も参照のこと．

repressive hypothesis（抑圧仮説）

　「抑圧仮説」（**repressive hypothesis**）によると，19世紀から西欧社会は人間の性や性的欲望を抑え込もうと努めてきた．フランスの哲

学者ミシェル・フーコー（Michel Foucault）によれば，抑圧仮説は，大規模な検閲を含意しているが，実際には，かえって，それは性を抑圧する主題をめぐる談話の増殖につながった（Foucault 1979a）．インド，中国，メソポタミア，あるいはそれ以外の世界の地域における性に関する初期のテクストからわかることは，16世紀頃までは，人間の性が話題になっても別段恥ずかしいことではなかったということである．

reproduction（再生産）

ここでの「再生産」（**reproduction**）とは，「変革」（transformation）と対立する概念である．変革的談話は社会変革につながる談話であり，再生産的談話は現状維持につながる談話である．「再生産」とは，確立した慣習が再創造され，維持されることである．これは，長期にわたって覇権的地位を達成している支配的談話の結果である場合が多い．こうした談話はすでに確立している慣習を再生産し，現状を肯定するものである．しかしながら，イギリスの批判的談話分析学者ノーマン・フェアクラフ（Norman Fairclough）によると，人々は，談話の既存の秩序を利用する際に，創造的な組み合わせを用いる可能性があるという（Fairclough 1989: 39）．この組み合わせは，結果的に，再生産が「本質的に保守的で連続性を維持することになるか，あるいは，基本的に変革的であり，変化を引き起こすことになるか」のどちらかになるという．

research（研究）

「研究」（**research**）とは，確立された測定や分析の方法を用いて自然現象や社会現象を体系的に分析し，明らかにすることである．科学的研究と歴史的研究はしばしば一線を画される．まず，科学的研究の場合，仮説を立て，（実験を通して）その仮説を検証し，結論を導き，

一般化をする．調査結果が仮説と合致しておれば，その実験は仮説を支持しており，合致していなければ，その実験は仮説を支持していないことになる．一方，歴史的研究の場合，情報源として歴史的な保管文書（archives）を用いるが，これが証拠として用いられる．両者の間のさらなる研究手法的な違いとして，**定性的手法**（もしくは，質的手法）（**qualitative methods**）と**定量的手法**（もしくは，量的手法）（**quantitative methods**）が挙げられる．典型的には，前者の場合，特定の事例研究として詳細で非統計的かつ綿密な分析を行うが，後者の場合，量（数学的・統計的値）の観点から大規模な現象の測定・比較を行う．社会的研究の一タイプとしての談話分析は，しばしば倫理の問題を考慮に入れる必要があり，**省察性**（**reflexivity**）や**三角法**（**triangulation**）を取り入れて偏向を避けなければならない．

research agenda（研究計画）

「研究計画」（**research agenda**）とは，特定の科学的問題や社会的問題に関して研究・調査を行うためにデザインされた計画である．「研究計画」には，研究を通して達成したい「目的」と解決したい「問題」とが含まれている．談話分析者は複数の研究計画をかかえている場合があり，それらは，当該の研究者のアイデンティティ，個人的関心，研究中の事柄との関係，さらには，取り組んでいる談話分析の種類しだいで変わり得る．例えば，批判的談話分析に取り組んでいるフェミニズム研究者が研究に着手する理由は，研究を通して，公的政策を動かしてよりジェンダー指向的にしたいということからかもしれないし，一方，会話において談話標識がどのように用いられているのかについて取り組んでいる談話研究者が研究に着手する理由は，社会を変革するというよりも，特定の学問領域における理解を深めたいということにあろう．Wodak and Chilton（2005）を参照のこと．

research interview（研究インタビュー）

　「研究インタビュー」（**research interview**）とは，定性的（もしく
は，質的）研究で用いられる手法の1つで，調査・研究に際して，研
究者が相手（＝研究参与者，被験者）に，調査・研究トピックに関連
した質問をすることである．インタビューは，相手の経験に関する事
実のレベルと意味のレベルから成っており，相手の人生経験の深い説
明と相手が捉えた意味を入手するのに適している（Kvale 1996）．こ
うしたインタビューはアンケートに対する回答を明確にするのにも役
立つ．インタビューには多くのタイプがあり，それらは，研究者がど
の程度標準的な手続きから逸脱できる自由があるかによって，以下の
4つに分類可能である．

　第一に，「非構造的インタビュー」がある．このタイプのインタ
ビューは，決められたパタンに従わない．相手は，あらかじめ与えら
れた質問に回答することはしない．このタイプは，生の会話のパタン
に従っており，質問は，相手自身の必要性と優先度に合わせることが
可能である．ただし，興味深く詳細なデータを提供する場合が多いも
のの，おうおうにして焦点がぼやけ，整理するのに手間がかかること
が難点である．

　第二に，「一般的な手引き付きインタビュー」がある．このタイプ
のインタビューは，特定のトピックや分野から情報を入手できるよう
に設計されており，相手は，皆，同じ分野に関して話すように求めら
れる．ただし，聞かれる質問は全く同一であるわけではない．このタ
イプは，「非構造的インタビュー」よりも焦点がはっきりしている．

　第三に，「半構造的インタビュー」がある．このタイプのインタ
ビューの場合，質問者は，探求すべきテーマの枠組みを持ってはいる
が，必要に応じて，質問を変えてもよい．

　第四に，「構造的インタビュー」がある．このタイプのインタビュー
の場合は，インタビューは，あらかじめ決められ，限定された質問か
ら成っている．例えば，標準的な自由回答式のインタビューは，回答

者からすばやく回答を得るように設計されており，回答者全員に同一の質問が与えられる．

　最後に，「最も構造的なインタビュー」がある．このタイプのインタビューは，あらかじめ決められた，閉じた回答式インタビューであり，選択式の設問から成っている．この場合も，回答者全員に同一の質問が与えられる．このタイプは，手早く処理することはできるものの，特定の豊かなデータを得ることができない可能性もある．

research questions（研究課題）

　「研究課題」（**research questions**）とは，当該の研究者が研究しようと意図している現象を明確化し，焦点化するための一連の課題のことである．それゆえ，研究課題は，研究目的を達成可能な目標へと移し変えてくれるものである．研究プロジェクトには直接に研究しにくいような広範な課題が含まれているものがある．それゆえ，こうした場合には，広範な課題はより小さな，互いに関連する「取り組みやすい」課題へと分解される．よく考え抜かれた研究課題は解決可能な課題であり，広過ぎず，論理的に１つの仮説へと導かれる．この仮説は研究プロセスから発見された事柄から予測されるものである．Mason（2002: 20）によれば，研究課題とは，「私たちの広範な研究の興味を特定の研究の焦点とプロジェクトへと運んでくれる信頼すべき乗り物」である．

resistance（抵抗）

　「抵抗」（**resistance**）とは，**権力**（**power**）の押し付けに対する人民の反抗のことである．どの社会であれ，支配的な談話は，ヘゲモニー（もしくは，覇権）的な地位を手に入れ，常識的なものと化してゆく．しかしながら，フランスの哲学者ミシェル・フーコー（Michel Foucault）によれば，「権力のあるところに，抵抗がある」（Foucault

1979a: 95). 支配的な談話が社会的主体に一定の**主体位置**（**subject position**）を与える場合，こうした主体位置は，受け入れられるか，抵抗されるかのどちらかである．抵抗とは，権力的な談話によって与えられるこうした主体位置を斥けることである．それゆえ，抵抗は，人間の動作主性を強調し，権力を終わりのない闘争の対象として捉えるものである．

resistant reader（抵抗的読者）

「受容（reception）理論において，「抵抗的読者」（**resistant reader**）とは，「逆らって」読む読者のことである．こうした読者は，テクストが提示する意図的意味や主題の立場と対立する．受身的な読者と異なって，抵抗的読者は，テクストを新しい非意図的意味でもって解釈する．例えば，1950年代に，ハリウッドは，ベティ・デイヴィス（Bette Davis），ジョウン・クロフォード（Joan Crawford）といった女優を主演させて女性向けの映画を多数製作した．[39] こうした映画は「女性映画」（women's films）とか「お涙頂戴物」（weepies）などと呼ばれることが多かった．それは，こうした映画が（メロ）ドラマ的内容であり，私的でロマンチックな関係に焦点を当てていた．しかしながら，こうした映画もゲイの男性の間で人気を博するようになった．彼らは抵抗的読者となり，こうした映画を同性愛的なユーモア（camp humour）の源とみなしたからである．

---

[39] 訳者注：ベティ・デイヴィス（1908-1989）はアメリカ合衆国マサチューセッツ州ローウェル出身の女優．キャサリン・ヘプバーンと並ぶ演技派女優で，「フィルムのファースト・レディ」と呼ばれた．また，ジョウン・クロフォード（1904?-1977）はアメリカ合衆国テキサス州サンアントニオ出身の女優．映画，舞台，テレビで活躍した．

rewording（換言）

「換言」（**rewording**）とは，「詳述」（elaboration）の一タイプである．この場合，命題あるいは概念は，違ったことばを用いて述べ直される．例えば，以下の例である．

> Oh it's great, I love it.　　　　　　　　　　　　　　　(BNC, JT5)
>
> （ああ，すばらしい．大好きだ）

これは，「言い換え」（paraphrasing）もしくは「再語彙化」（relexicalization）とも呼ばれる．「語彙化」（lexicalization）とは，語彙を創造して生活の中のある特定の領域について語ることである．例えば，ビジネス，身体障害，教育などの領域である．語彙を通して私たちは経験を語彙化し，社会生活を営む．しかしながら，生活の諸領域は再語彙化される．そして，これはしばしば談話の構築を反映するストラテジーとなる場合がある．イギリスの批判的談話分析学者ノーマン・フェアクラフ（Norman Fairclough）によれば，2人のイギリス労働党のメンバーによって書かれたテクストの中で，「超国家的企業」（transnational companies）は，「超国家的資本」（transnational capital）と「国際資本」（international capital）とに言い換えられている．このことが示唆していることは，これら2人の書き手はマルクス主義的談話で用いられる，具象的概念としての「企業」と抽象的概念としての「資本」とを同一視しているということである（Fairclough 2003: 127）．

さらに，「換言」が従来の談話に異議申し立てをする場合がある．例えば，ボツワナでは，身体障害を指す伝統的な語は新しい語に差し替えられている．例えば，segole（びっこ），sefofu（めくら），semumu（唖）といった語は，それぞれ，monalebogole（障害のある人），motlhokapono（視力のない人），motlhokapuo（口のきけない人）といった語に差し替えられて，障害を持つ人々に対するより細やかな配慮を反映し，構築している．後者の語は，人間を指しているが，前者の語

は，非人間的な語を用いて障害者を指しているのである．換言的スト
ラテジーは談話を変えることに必ずしも成功してはいない場合もあ
る．とりわけ，主流の談話が極めて強い場合である．例えば，Pinker
(1994) の言う「婉曲語法の踏み車」(euphemism treadmill) という
状況がある．すなわち，最初は善意で作られた語もすぐに否定的な意
味を帯びるようになり，また新語を作らなければならなくなるのであ
る（**overwording**（**同義語過剰使用**），**political correctness**（**政治的
公正**），**reclaiming**（**復権**）参照．

rheme（評言）

「評言」(**rheme**) とは，話題 (topic) について語られるものであり
（焦点 (focus) と呼ばれる場合もある），「**主題**」(**theme**) と対立する
概念である．両者の違いは 19 世紀に遡るが，言語学者マイケル・ハ
リディ (Michael Halliday) は自らの「**体系機能言語学**」(**systemic
function linguistics**) の中にこの概念を取り入れた．

sampling（サンプリング）

「サンプリング」（**sampling**）とは，適用の広さと深さという観点からデータを抽出することである．言語使用の研究を行う場合，ある特定の人々やデータの集合から逐一，各例を収集することはできない．そこで，サンプリングの手法を用いて，当該の多数住民をなんらかの形で代表していると考えられる少量のデータを抽出するのである．サンプリングの手法としては，以下のようなタイプがある．第一に，「無作為サンプリング」（random sampling）がある．この場合，参与者やデータは無作為に抽出される．第二に，これと対立する方法として，「系統的サンプリング」（systematic sampling）がある．この場合，サンプルは決まった間隔で抽出される．第三に，「層化サンプリング」（stratified sampling）がある．この場合，サンプルはあらかじめセットされた基準に基づいて抽出されるが，その目的は，当該の住民の構成をより忠実に反映させるためである．例えば，ある国の80％が18歳以下であったとした場合，この年齢集団から400人を抽出し，それ以外の集団から100人抽出することになる．

Sapir-Whorf Hypothesis（サピアーウォーフの仮説）

「サピアーウォーフの仮説」（**Sapir-Whorf Hypothesis**）とは，ベンジャミン・リー・ウォーフ（Benjamin Lee Whorf）（1897–1941）とエドワード・サピア（Edward Sapir）（1884–1939）という2人の言語人類学者の名前から取られたものである．この仮説によれば，人々が用いる言語が彼らが見る世界の見方を決定する．こうした見解は「言語決定論」（linguistic determinism）とか「言語的相対性」（linguistic relativity）とも称される．ウォーフは，多くのアメリカ先

住民の言語の例に基づいて，さまざまな言語の構造に内在する文化的概念は，人々が世界を経験する仕方を決定していると論じた．例えば，ホピ語には，水を表す語が2つあるが，それらは，その水が器に入っているのか，湖水のような自然の水かによって区別されている．ほとんどの西欧の文化にはこうした区別はなく，水を表す語は1つしか存在しない．

scare quotes（要注意引用符）

「要注意引用符」（**scare quotes**）とは，テクストの中で，著者の声と他の声を分けるための引用符のことである．それゆえ，この引用符は**テクスト相互性**（もしくは，**間テクスト性**）（**intertextuality**）の標識にもなり得る．著者が，こうした特殊なタイプの引用符を用いて引用するのには，いくつかの理由がある．まず，著者は，実際には，誰かの表現を直接に引用してはいない可能性がある．こうした引用符が使われるのは，語句のある側面に疑問を呈したいからである．すなわち，著者は，自分がその引用に賛成してはいない，もしくは，他の人々がそれに賛成していないことに，自分は気づいているということを示しているのである．さらには，イギリスの批判的談話分析学者ノーマン・フェアクラフ（Norman Fairclough）が述べているように，現存する語の新しい用法を示したり，新語を導入したりする場合にも，こうした引用符が用いられる可能性がある（Fairclough 1992: 119–120）．[40]

---

[40] 訳者注：以下の例を，「要注意引用符」という観点から見てみよう．

　　森友・加計学園問題をめぐり，25日の参院予算委員会は延長国会で初の安倍晋三首相を追及する場となった．共産党が独自に入手したという政府の「内部文書」からは新たな疑問も浮上し，審議は紛糾．しかし，政府側は文書の存在を認めず，調査にも後ろ向きで，内容への見解も示さない姿勢に終始した．　　　　　（『朝日新聞』2018年6月26日）（下線筆者）

この例の下線部にある内部文書に角括弧（「…」）が使われているのは，その「内部文書」は共産党からの視点で捉えられおり，政府側はその文書を認めて

schema（スキーマ）

「スキーマ」（**schema**）（複数形は schemata, schemas）とは，長期記憶の中にパッケージとして蓄えられた情報のことであり，私たちは，このスキーマをもとに，社会現象を解釈し，理解している．私たちは，いかなる話題や出来事に対しても，それが何であるかに関する想定と予想から成る「スキーマ」，すなわち，心的モデルを保持している．例えば，私たちは，葬式に参列することになった時，そこでどのように振る舞えばよいのかについて知っているが，それは，私たちの記憶の中に，葬式とはどのようなもので，そこでは何が必要とされ，どのように振る舞うべきかに関する知識を持っているからである．フレーム（**frames**），スクリプト（**scripts**），Schank and Abelson (1977) も参照のこと．

scripts（スクリプト）

「スクリプト」（**scripts**）とは，時系列的に順序つけられた「スキーマ」（**スキーマ**（**schema**）参照）のことである．スキーマ理論では，こうした時系列的に順序つけられたスキーマと，そうでないスキーマ（すなわち，フレーム（**frames**））とが区別される（Minsky 1975）．スクリプトの場合，物事が時間的に起こる順序に関する想定を含んでいる．例えば，教会において，日曜礼拝は，祈りと共に始まり，その後，告示（announcements）や儀式などが続く．その後で，最も重要な行い，すなわち，日曜礼拝の主要イベントである説教がなされるといった具合である（日曜礼拝のスクリプトの中身は，個々人がどのような教会に通っているかによって変わり得る）．一方，フレームの場合，物事が起こる時間的順序に関する想定は含んではいない．日曜礼拝のフレームには，教会の礼拝とはどのようなものであるのか，そこ

いないということを示していると考えられる．

では，誰がどの活動を担当しているのか，説教をするのは誰であるのか（牧師，司祭），誰が誰に懺悔するのか，といった情報が含まれている．

second-wave feminism（第二波フェミニズム）

西欧においては，「第二波フェミニズム」（**second-wave feminism**）は 1960 年代に始まり，1970 年代に入っても続いた．これは第一波フェミニズム（first-wave feminism）や第三波フェミニズム（third-wave feminism）と対比される．第一波フェミニズムの場合には，19 世紀と 20 世紀初頭において，女性が投票権と財産権を獲得する闘争であった．一方，第三波フェミニズムは，1990 年から現在までの期間と定義される（ポストフェミニズム（**post-feminism**）も参照のこと）．第二波フェミニズムが取り組んだ問題とは，「**性差別主義**」（**sexism**）や性差別主義者の権力構造，家父長的社会における「他者」（the other）としての女性という概念，女性に関するメディアの表象，中絶，レイプ，離婚，セクシュアリティ，教育，職場などをめぐる法的闘いなどであった．**女性語**（**women's language**）に関する研究が盛んになったのは第二波フェミニズムにおいてであった．

self-disclosure（自己開示）

「自己開示」（**self-disclosure**）とは，自分の個人情報を，職場の同僚や友人などの他人に伝えることである．この行為は意識的な場合もあれば，無意識的な場合もある．自己開示は，人によっては威嚇的に映る場合もある．とりわけ，よく知らない人を相手にしている場合である．しかし，自己開示は，友人やパートナーとの親密な関係を築こうとする際に重要である．カウンセリングや，医者—患者の相互行為といった職業的場面では，カウンセラーに対して自己開示するのはクライアントであり，医者に自己開示するのは患者である．とりわけ，

カウンセリングにおいては，自己開示はセラピーの重要な部分を占めている．セラピーの場合，クライアントは，語るだけでも自分の痛みを軽くすることができる．自己開示には談話の「**略式化**」（**informalization**）という側面があるとみなすこともできよう．また，それは非対称的な権力構造を表している場合もある．なぜなら，自分の個人情報を開示するのは弱い立場の人に限られるからである（患者―医者の相互行為に関する議論に関しては，イギリスの批判的談話分析学者ノーマン・フェアクラフ（Norman Fairclough）の議論参照（Fairclough 1992））．

semantic field（意味の場）

「意味の場」（**semantic field**）とは，同一の概念領域に属する語の集合のことである．それらの語は同義ではないものの，互いに関連し合っている（Lyons 1977）．例えば，acupuncture（鍼（療法）），physiotherapy（物理療法），dialysis（透析），chemotherapy（化学療法）は「医学」という意味の場に属している．

semantic preference（意味的選好，優先的意味選択）

コーパス言語学者・談話分析学者マイケル・スタッブズ（Michael Stubbs）によれば，「意的的選好」（もしくは，優先的意味選択）（**semantic preference**）とは，「個々の語どうしの関係ではなく，ある見出し語（lemma）もしくは，語形（word form）と意味的にそれと関連する語との関係」のことである（Stubbs 2001: 65）．それゆえ，意味的選好は「**コロケーション**」（**collocation**）の拡張とみなすこともできよう．例えば，British National Corpus（BNC）において，cup という語の連語として，tea, coffee, coca-cola などがあるが，このことは，cup は飲み物との意味的選好があることを示唆している．しかしながら，cup にはさらなる連語の集合がある．例えば，

FA, UEFA, world, semi-final, qualifier, gold, finalists などである．これらはすべてスポーツの大会（通常は，サッカー）に関連した語である．この場合，勝利者にはトロフィーが授与される．こうした2つの意味的選好のタイプが示していることは cup の多義性である．すなわち，飲み物の容器とスポーツのトロフィーである．「**意味的韻律**」（**semantic prosody**）や「**談話的韻律**」（もしくは，談話的プロソディ）（**discourse prodody**）などと異なって，意味的選好は，通例，態度（attitudes）を反映してはいない．Stubbs（2001: 66）によれば，意味的選好は限定的な語の集合であるが，談話的韻律はより開放的である．

semantic prosody（意味的韻律，意味的プロソディ）

「意味的韻律」（もしくは，意味的プロソディ）（**semantic prosody**）とは，アイロニーに関する Louw（1993）の論文によって有名になった概念であり，**コロケーション**（**collocation**）の概念に関係している．Louw によれば，アイロニーは，コロケーションの衝突に依存していることが多いという．換言すれば，書き手は，アイロニーの効果を出すために通常のコロケーションから逸脱するのである．例えば，Louw（1993: 164）は，David Lodge 作 *Small World* から以下のような例を挙げている．

> The modern conference resembles the pilgrimage of medieval Christendon in that it allows the participants to indulge themselves in all the pleasures and diversions of travel while apparently *bent* on self-improvement.
> （現代の会議は中世のキリスト教徒の巡礼と似ている．すなわち，参加者は自己改善をしようと決意しているように見えるものの，旅の喜びと気晴らしにふけっている）

Louw によれば，bent（＝決意している，不正直な，うさんくさい）とい

う語は，通例，否定的な状況で用いられ，destroying（壊す），harry-
ing（＝悩ます，侵略する），mayhem（＝身体障害，暴力）といった語と
共起する．しかし，bent が self-improvement（＝自己改善）という肯
定的な語と一緒に用いられていることから，書き手は，皮肉を述べて
おり，会議の参加者は実際には自己改善などには興味はないことを示
唆しているというのである．意味的韻律には連語が関係していると思
われるが，意味的韻律に関係しているものとして，コーパス言語学
者・談話分析学者マイケル・スタッブズ（Michael Stubbs）の言う
「談話的韻律」（もしくは，**談話的プロソディ**）（**discourse prosody**）
がある．談話的韻律は，特定の語と連語する似た意味を持つより長い
連鎖の談話を扱う．さらに，意味的韻律は「態度」（attitude）を示唆
するが，**意味的選好**（もしくは，**優先的意味選択**）（**semantic pref-
erence**）はそうではない．

semantic relations（意味関係）

「意味関係」（**semantic relations**）とは，複数の意味・概念の間に
存在する関係のことである（Lyons 1977）．意味関係には以下のよう
なタイプがある．第一に，「多義性」（polysemy）がある．これは，
ある語，句，あるいは，記号（sign）に複数の意味がある状態をいう．
ただし，それらの意味は同一の語源から派生している．例えば，bed
という語は多義的（polysemous）であるが，それは，「ベッド」と「川
床」という 2 つの意味を持っているからである．第二に，「同音異義
性」（homonymy）がある．しかし，この場合には，多義性と異なっ
て，それぞれの異なった意味は，語源を異にしている．[41] 第三に，「同
義性」（synonymy）がある．これは，異なった語が同一の意味を持っ

---

[41] 訳者注：「同音異義性」の例としては，例えば，bear（熊）と bear（運ぶ），
school（学校）と school（（魚などの）群），shy（内気な）と shy（投げつける）
などがある．

ている状態を指す. 例えば, glad と pleased は両方とも「うれしい」の意味であり, 同義であると言えよう. 第四に, 「反義性」(antonymy) がある. これは, 2つの語が対立する意味を持っている状態を指す. 例えば, black（黒）/white（白）などの場合である. 第五に, 「上下関係」(hyponymy) がある. これは, 概念の上下関係のことである. 例えば, 「人間」(human) という上位概念は, 下位概念として「男」(man), 「少年」(boy), 「女」(woman), 「少女」(girl) を包摂している.

semantic role（意味役割）

「意味役割」(**semantic role**) とは, 節 (clause) の中の参与者がその節の本動詞に対して持つ意味的な関係のことである. 例えば, 「動作主」(agent) という意味役割は, その参与者（動作主）が節の本動詞によって表される行為の主体を意味する. 例えば, 次の例で,

Carol kissed Mary.（キャロルはメアリーにキスした）

Carol は, 動作主, すなわち, 本動詞 kiss によって表される行為の主体であり, 一方, Mary は, 受動者 (patient) の意味役割を持つ. このことは, Mary は, 本動詞 kiss によって表される行為の受け手であることを意味する. さらに, Kreidler (1998: 66) も参照のこと.

sentence types（文のタイプ）

「文のタイプ」(**sentence types**) は, いくつかのタイプに分類可能である. それは, その統語構造とそれが果たしている伝達機能に基づいている (Verspoor and Sauter 2000 参照). 例えば, 英語には, 平叙文 (declarative), 疑問文 (interrogative), 命令文 (imperative), 感嘆文 (exclamatory) がある. 平叙文は, 言明を表している (The sky is blue).

疑問文は，疑問を表しており，相手から情報を入手しようとしている（Do you love football?）．命令文は，本動詞が原形であり，命令したり，要請したりするのに用いられる（Get out of my house.）．最後に，感嘆文は，驚き・喜び・願望など，話し手の強い感情を表す（My God!）．

さらに，文は，それが含んでいる節（clause）の数と節と節の関係からも分類可能である．単文（simple sentence）は，1つだけの節から成り立っている．重文（compound sentence）は，複数の節から成り立っており，節と節の文法的関係は対等である（**parataxis（並列）**参照）．複文（complex sentence）も複数の節を含んではいるが，節と節の文法的関係は対等ではなく，片方の節が主節（もしくは，独立節）であり，もう片方の節が従属節となっている（**hypotaxis（従位）**，**subordination（従属）**参照）．主節は完全な文として独立することができるが，従属節は文の一部を成しているにすぎない．

I broke my knee.　［単文］

I fell and broke my knee.

［2つの節から成り，節と節の関係は対等である．重文］

When I fell, I broke my knee.

［2つの節がコンマで区切られており，2番目の節が主節で，最初の節が従属節である．複文］

sex（性）

「性」（**sex**）には，以下の2つの用法がある．

1. 第一に，「性」は，生殖機能を決定する，生けるものの生物学的な仕組みを指す．男性（オス）と女性（メス）の区別があり，まれに，両性具有の場合がある（間性（intersex）と呼ばれることがある）．sex（性）に対するより丁寧な同意語として gender（ジェンダー）という語が用いられることもある．さらに，「**生物学的**

な性」(**biological sex**) も参照のこと.

2. 第二に，性は，日常用語で，（生殖や快楽のための）広範囲の性的な行為や行動を指す.

sexism (性差別主義)

「性差別主義」(**sexism**) とは，男女の**性** (**sex**) によって人を差別することである．それは，おうおうにして，ある性は別の性よりも優れているという考え方に由来する．言語においては，次のような場合が挙げられる．①ある特定の性を侮辱する語（例：bitch（ふしだらな女））を使用する，②ある職業を一方の性に限定する形で分類する（例：fireman（＝消防士），policeman（警察官），charwoman（＝掃除婦，派出婦）），③例外的なケースをとりたてて標示する（例：lady doctor（＝女医），male prostitute（＝男娼））．性差別主義が言語体系に組み込まれている場合もある．例えば，英語においては，成人男性は，通例，Mr で，成人女性は，未婚であれば Miss で，既婚であれば Mrs で表される．この言語体系は，男性ではなく，女性に対して，既婚か未婚かを明らかにするように強いているのである（これに対して，Ms を用いることが提唱されたが，まだ一般的ではない）．さらに，性差別主義には，一方の性を排除する場合もあれば（例：industrial man（＝産業労働者）のような総称語），以下の例にあるように，男性や女性に関して一般化・ステレオタイプ化するような場合もある（無冠詞の "typical man" 参照）．

Laura took several sips.　Her face was screwed up with grief. 'Is John looking after Margaret and Rose?'　John was Laura's husband, Margaret and Rose their two-year-old twins.　'He offered. But he's so useless with them, *typical man*!　I thought it best I leave them with a neighbour'.　(BNC, AN7)（斜体訳者）
（ローラは何回かすすった．彼女の顔は苦痛でゆがんでいた．ジョンは

マーガレットとローズの世話をしているだろうか？ジョンというのは，ローラの夫であり，マーガレットとローズは2歳の双子だった．「彼は，2人の面倒を見ることを申し出てくれたが，あまりにも役立たずだ．典型的な男性なのだ！2人を隣の人に預けたほうがよいと思ったのに」）

honey（＝（妻，恋人，夫，子供などに呼びかけて）君，あなた，ねえ），sweetheart（＝恋人，愛する人（普通は女性））といった語を（例えば，職場で）不適切な形で用いる場合のように，性的対象化の形式にも性差別主義が見て取れる．性差別は，法律にも含まれている場合があり（例えば，女性が投票することや仕事を持ったりすることを禁止している），また，暴力の行使にも関係している場合がある（例えば，女性は男性よりも，パートナーに殺されたり，暴力を振るわれたりするケースが多い）．さらに，「**非性差別語**」（**non-sexist language**），サラ・ミルズ（Sara Mills）も参照のこと（Mills 2008）．

sexist discourse（性差別談話）

「性差別談話」（**sexist discourse**）とは，人々を，ステレオタイプ的に表象し，性差に基づいて周辺化し，社会的に排除することである．女性を「家庭的」（domestic）と表象するような談話は性差別的であるが，その理由は，女性を公的な仕事（例えば，正式の雇用，ビジネス，政治など）から排除しているからである．

sexual harassment（セクシュアルハラスメント）

「セクシュアルハラスメント」（**sexual harassment**）は，男性に対しても，女性に対してもなされ，また，男性によっても，女性によってもなされるものである．それは権力の乱用や支配の表現と関連している．また，人のセクシュアリティやジェンダーに関係した言語的・非言語的なメッセージから成っており，肉体的にも精神的にも脅迫

的・威圧的である（Mumby and Clair 1997 参照）．個人的なレベルでは，ジョークと受け取られるかもしれないような遠回しの言い方の場合もあるが，報酬をちらつかせたりして性的な関係を迫るような場合もあり，実際の性的な暴行に及ぶ場合もある．

　セクシュアルハラスメントはより広範囲な行為と見られる場合もある．この場合には，脅迫的メッセージは，個人個人に向けられているというよりも，むしろ，「女性」といった特定の社会集団に向けられている．Mumby and Clair（1997）によれば，セクシュアルハラスメントは，ミクロレベルとマクロレベルの，2つの社会的現実（social reality）であり，ミクロレベルはマクロレベルを支えており，マクロレベルは社会のある集団に対するセクシュアルハラスメントを合法化しているという．

sexual identity（性的アイデンティティ）

　「性的アイデンティティ」（**sexual identity**）は，いくつかの**アイデンティティ**（**identity**）の特性を定義するのに用いられる．第一に，人の性的特徴を定義するのに用いられる．第二に，性的指向（sexual orientation）（性的好み（sexual preference）とも称されることがある）を定義するのに用いられる．この場合の性的指向とは，人が同性に惹きつけられるのか，異性に（あるいは，同性にも異性にも）惹きつけられるのかという度合いのことである．第三に，性的欲望を指す場合もある．この欲望は相手の**生物学的な性**（**biological sex**）によって形成されているのではない．例えば，S/M の実践者は S/M を行う欲望によって自分の性的アイデンティティを決めている可能性があり，この場合，相手が男性か女性かは二次的であろう．かくして，性的アイデンティティには性的欲望や性的行動が関与していると言えるのである．

shared knowledge（共有知識）

　「共有知識」（**shared knowledge**）とは，複数の人が共有しており，互いに理解し合い，共存し得る世界知識のことである．同一の，文化・実践共同体や家族などに属している人々は，物事の仕方や互いの信念・イデオロギーに関する多くの共有知識を持っている．この知識のおかげで人々は共働し，摩擦や誤解を最小限に抑えることができるのである．

sign（記号）

　「記号論」（sign theory）を築いたのは，スイスの言語学者フェルディナン・ド・ソシュール（Ferdinand de Saussure）であった（Saussure 1966 参照）．「記号」（**sign**）とは，実体（entity）を表象する実体のことである．記号は世界に対する私たちの経験から意味を作り出すために用いられる．例えば，コンマ（,）は文の中のポーズ（休止）を表す記号であり，感嘆符（!）は驚き，怒りといった様々な感情を表す記号である．いかなる言語であれ，その中の語は記号である．語は慣習（convention）を通して「意味」（meanings/signification）を持っている．例えば，英語においては，cat（＝猫）という語はペットとして飼われているネコ科の動物を表している．記号は2つの部分から成っている．それは，「表すもの」（signifier）（＝ページ上の語，音，絵といった表象形式）と「表されるもの」（what is signified）（＝「表すもの」によって表象される心的概念）である．

　「自然の記号」と「慣習的な記号」は区別される．自然の記号は，自然界で生じる事物・事象を表している．例えば，熱はマラリアなどの病気の兆しかもしれない．一方，慣習的な記号は，言語使用者の間での合意（agreement）によって意味を得ている．例えば，table（＝テーブル）という語は家具の一種を表している．この場合，「表すもの」と「表されるもの」との関係は恣意的（arbitrary）である．なぜなら，

'table' という音とそれが表す物理的実体（＝テーブルという家具）との間には「自然な」関係はないからである．仮に自然な関係があったとすれば，「テーブル」を指す語はあらゆる言語で同じものになってしまうであろう．記号には，「明示的意味」（denotative meaning）と（特定のコンテクストに応じた）「暗示的意味」（connotative meaning）がある．「明示的意味」は，通例，（辞書の定義におけるような）非評価的な記述であり，一方，「暗示的意味」は，しばしば，主観的であり，評価的であり，非字義的である．例えば，owl の場合，明示的意味は「フクロウ」（＝夜行性の鳥）であり，暗示的意味は「知恵」である（**暗示**（**connotation**）参照）．フランスの哲学者ジャック・デリダ（Jacques Derrida）のような**ポスト構造主義者**（**post-structuralist**）によれば，「表すもの」と「表されるもの」との関係は絶えず流動し，談話的に構築されており，時と共に変化し続ける存在であるという（Derrida 1978）．

silence（沈黙）

「沈黙」（**silence**）とは，黙って口をきかないことである．談話分析者なら，沈黙が生じるコンテクストを理解したり，その社会的・文化的な規範を調査することに関心を抱くであろう．例えば，ある特定の相互行為の直近のコンテクストを見れば，ある人の沈黙の理由が相手の発話が聞こえなかったためなのか，それとも，すねたり，失礼な態度であったり，了解のしるしであったりするのかがはっきりする．**会話分析**（**conversation analysis**）のアプローチならば，相手の沈黙にどう向き合うかを考察するであろう．

しかしながら，談話分析者の中には，沈黙のコンテクストについて別のアプローチをする者もいるかもしれない．例えば，沈黙は「黙らせること」（silencing）の結果でもあり得る．それは，また，発言することをとがめるような実践の結果であるかもしれないし，言語による主張が汚名の対象となってしまうからかもしれない．例えば，ボツ

ワナにおけるセツワナ文化においては，女性は kgotla（＝公の場）で発言することを控えなければならないし，若者は大人に叱られた場合には「口答え」してはならないとされている．こうした文化的規範は黙らせることや特定の集団の力をそぐことにつながってしまう．

しかし，文化によっては，沈黙が**権力**（**power**）を示している場合がある．例えば，相手に同意・協力することを拒否している人や組織は，相手の訴えを黙殺しているかもしれないのである．さらに，Thiesmeyer（2003）も参照のこと．

similes（直喩，明喩）

「直喩」（もしくは，明喩）（**similes**）とは，比較の一タイプであり，like/as（…のように）といった明示的な類似性の標識を用いて，ある実体が別の実体によって表現される表現形式のことである．

> You're saying space is like a wobbly jelly?（BNC, FNW）
> （あなたは，宇宙は不安定なゼリーのようなものだと言っているのですか？）

直喩は**メタファー**（もしくは，**隠喩**）（**metaphor**）と似ているが，直喩の場合，当該の2つの要素は互いに異なっていると捉えられており，メタファーの場合，当該の2つの要素は同じであると捉えられている．直喩もメタファーも談話分析にとって興味深いものである．というのは，両者とも事物を表象する方法であり，その方法は特定の談話の痕跡を示している場合があるからである．

social action（社会的行為）

「社会的行為理論」（social action theory）は，ドイツの社会学者マックス・ヴェーバー（Max Weber）による理論である．**ヴェーバー**は，「社会的行為」（**social action**）について，次のように述べている．

行為とは社会的なものである．なぜなら，それは，他人の行動を考慮に入れており，それゆえ，行為のゆくえに関心があるからである（Weber 1947: 88）．[42]

社会的行為の一例が言語であろう．社会的行為は，以下のように分類可能である．①「目的的合理性」（目的とそれを達成するための手段は合理的に決定される），②「価値指向的合理性」（目的は合理的でない可能性もあるが，それを達成するための手段は合理的である），③「感情的行為」（行為は，例えば，葬式で泣くといった感情のために引き起こされる），④「伝統的行為」（行為は古くからのしきたりによってなされる）．

social actors（社会的行為者）

「社会的行為者」（**social actors**）とは，節の中の参与者のことである．節の中で，参与者は，主語（動作主）あるいは目的語（対象物）として表象される．イギリスの批判的談話分析学者ノーマン・フェアクラフ（Norman Fairclough）によれば，主語あるいは目的語ではあるが，社会的行為者ではないようなものを識別している（Fairclough 2003: 145-150）．例えば，以下の例で，

John is eating an apple.
（ジョンがりんごを食べている）

John は「食べる」という行為の動作主として表象されており，apple はその行為の対象物である．しかしながら，apple は社会的行為者とは言えない．なぜなら，それは自らの意志で行為をすることはできないからである．言い換えれば，それは無生であり，人間ではない．よって，それは社会的行為者ではない．社会的行為者とは，通例，有

---

[42] 訳者注：マックス・ヴェーバーについては，**power**（**権力**，**力**）の項参照．

生かつ人間，または，そのどちらかであるが，「協議会」や「協働社会」のような集団もしくは抽象的実体も含まれ得る．とはいえ，無生物あるいは抽象的概念も，動作主性（agency）を有しているかのように表される場合もある．

> *The rules* demanded that a hundred games had to be played within 24 hours; there was no time for sleep and only 20-minute breaks were allowed for snacks. (BNC, A89)
>
> (その規則は，24 時間の間に 100 ゲームされなければならないと定めていた．眠る時間もなく，軽食を食べるために 20 分間だけしか許されていなかった)

この例では，the rules（「その規則」）は様々な要件を「定める」（demanding）存在として表象されている．このことは，その規則に動作主としての資格を付与していることであり，その規則を作った人物のことを述べているわけではない．さらに **impersonalization**（**非人称化**）も参照のこと．

　社会的行為者の表象の仕方を分析するといった場合には，社会的行為者が当該の節の中に含まれているのか，それとも，それから除外されているのかといった問題がある．すなわち，社会的行為者は除外されている場合もある．これは，**抑制**（**suppression**）と呼ばれる．あるいは，述べられてはいるものの，類推されなければならない場合もある．これは，**背景化**（**backgrounding**）と呼ばれる．さらに，van Leeuwen（1996）も参照のこと．

social change（社会変革）

　「社会変革」（**social change**）とは，社会**闘争**（**struggle**）の結果として社会構造に生じる変化のことである．イギリスの批判的談話分析学者ノーマン・フェアクラフ（Norman Fairclough）によれば，いかなる社会であれ，様々な談話は「特定の社会条件の下で組み合わされ

て新しい複雑な談話を作り出す」という（Fairclough 1992: 4）．社会変革が起こる場合は，支配的・覇権的談話に対する闘争が成功した場合である．その結果，特定の人々の扱われ方や表象の仕方が変わったり，法律や社会が変わったり，これまでの態度や規範が変わったりする可能性がある．

social class（社会階級）

「社会階級」（social class）とは，社会の構造として，人々が，経済的・文化的，そして時には，民族的な特性に応じて階級化されていることである．マルクス主義の観点から言えば，「階級」とは，資産を持っているか否かによって人々を分類するシステムである．資産を持たない人々は資産を持っている人々のために労働せざるを得ない．そして，この状態は，マルクスによれば，社会にとって有害である．保守的な見方では，社会階級の区分は社会にとって本質的・必然的なものとされる．コンテクストによっては，社会階級は定義しにくく，行動，態度，背景，教育などの関連した様々なタイプの**資本**（**capital**）に応じて変わってくる．それは，たんに，経済的地位や財産の所有といった物質的な側面によって固定化されているのではない場合がある．例えば，無職の博士号取得者の収入は大工よりもはるかに少ないが，社会階級としては「高い」とみなされる可能性が高い．アメリカの社会言語学者ウィリアム・ラボフ（William Labov）のような言語変異的社会言語学者は，社会階級の概念を用いて，アクセントや語彙選択のような言語の側面を識別した（Labov 1966）．ラボフによると，一般に，労働者階級は現地のアクセントや方言を用い，中間階級は標準形式を用いる傾向があるという．

social cohesion（社会的結束性）

「社会的結束性」（social cohesion）とは，人々を結束させ，関係を

1つの形に固めるような，一連の社会現象のことである．社会的結束性が問題となるのは，分裂を引き起こしかねないような社会における（民族的，宗教的，性的，経済的といった）多様性がある場合である．

social constructionism（社会構成主義）

「社会構成主義」（**social constructionism**）とは，歴史的・文化的に決定されている社会をどのように理解するかという，理解の仕方のことである（Burr 1995）．社会構成主義は，**本性主義**（**essentialism**）に対して批判的である．社会構成主義からすれば，現実性（reality）に対する私たちの知覚には，自然なものは何ひとつ存在しない．例えば，男性と女性，女の子と男の子，大人と子供がどのように振る舞うべきかということに関する私たちの見解は，これらの「本質」（nature）とは無関係であり，すべては社会的，文化的，経済的な状況と関係しているとされる．世界に関する私たちの理解の仕方は，その世界の本質のゆえではなく，私たちが入手可能な談話を通して世界を理解していることに起因する．社会的相互行為，とりわけ，言語的相互行為は，現実性に関する私たちの理解の仕方に多大な影響を及ぼしているのである．

social identity（社会的アイデンティティ）

「社会的アイデンティティ」（**social identity**）とは，個人が持っている社会的に構築された特性のことである．例えば，家族関係（例：母親），職業（例：看護士），階級的役割（例：上司），宗教（例：イスラム教），セクシュアリティ（例：ゲイ），地域（例：北部地方の人），年齢（例：年金生活者）などがある．このように，人々は複数の社会的アイデンティティを持っているが，それらは一生を通じて変化し，理解する人が異なれば理解の仕方も異なる．社会的アイデンティティは，**主体位置**（**subject position**）を提供する談話によって構成され

ている．この主体位置に対して，人々は受け入れることも斥けることも可能である．Hogg and Abrams (1999: 7) は，「社会的アイデンティティ理論は，戦後のヨーロッパの社会心理学の産物であり，それゆえ，その発展を正しく理解するためにはヨーロッパの社会心理学の発達について知らねばならない」と述べている．**アイデンティティ**（**identity**）も参照のこと．

socially constitutive（社会構成的）

「社会構成的」（**socially constitutive**）とは，ある実体が，社会が構造化される仕方に影響を及ぼし得るということである．イギリスの批判的談話分析学者ノーマン・フェアクラフ（Norman Fairclough）によれば，テクスト，言語使用，談話は社会構成的である（Fairclough 1993, 1995）．すなわち，これらは社会や文化の様々な側面を構成するのに貢献しているのである．それは，知識体系，社会的人民，社会的人民どうしの関係を構築することを通してなされる．しかしながら，双方向的な関係も存在する．すなわち，言語は社会を形成するだけでなく，社会によって決定されもするのである．例えば，社会は，どの概念が命名されるのかを決定することによって言語の形成を助けている．例えば，英語における Mr/Miss/Mrs という呼びかけ語の体系はジェンダーに関する社会的見方を反映し，かつそれを形成しているのである．それゆえ，社会と談話，もしくは，社会と言語は互いに構成的であると言えよう．

social practice（社会的実践）

「社会的実践」（**social practice**）とは，言語によって媒介された構造的な（通常は制度的な）一連の行為のことである．例えば，政治，メディア，法律は社会的実践であり，そこでは，言語がその中核を成している．言語が社会的実践であるという理由は，それが社会の内在

的な部分を成しているからである．イギリスの批判的談話分析学者
ノーマン・フェアクラフ（Norman Fairclough）によれば，社会的実
践には以下の要素が含まれているという（Fairclough 2001: 122）．
すなわち，生産的行為，生産の手段，社会的関係，社会的アイデン
ティティ，文化的価値，意識，記号現象（semiosis）などである．こ
れらは離散的・自律的な実体ではなく，すべてが「弁証法的に」（dia-
lectically）関係しあっている．すなわち，社会的実践の様々な要素
は，互いに形成しあっているのである．フェアクラフの談話の「三段
階モデル」においては，第一段階が**テクスト**（**text**）のレベル，第二
段階が談話的実践（**discursive practice**）のレベル，そして，第三
階が，ここで言う**社会的実践**（**social practice**）のレベルに相当する．

social relations（社会的関係）

「社会的関係」（**social relations**）とは，異なった社会的行為者の間
に成立する関係である．例えば，医者―患者，弁護士―依頼人，学生
―教師，母親―子供といった関係である．社会的関係は，談話を通し
て，構築され，争われ，再構成されるものである．

socio-cognitive approach（社会認知的アプローチ）

「社会認知的アプローチ」（**socio-cognitive approach**）とは，批判
的談話分析学者ヴァン・デイク（Van Dijk）によって提唱された，**批
判的談話分析**（**critical discourse analysis**）へのアプローチの1つ
である（Van Dijk 1998, 2001）．このアプローチは，談話，認知，社
会のつながりを明らかにする．実践面では，話題（あるいは，マクロ
構造），（語彙選択といった現象に関係する）局所的意味，コンテクス
トモデル，（知識，態度，イデオロギーを含む）メンタルモデル，談
話と社会との関係性などを考察の対象とする．ヴァン・デイクは自ら
のアプローチを「談話と社会構造との相互作用との永遠のボトムアッ

プ的，トップダウン的なつながりである」としている（Van Dijk 2001: 118）．

sociolinguistics（社会言語学）

Wardhaugh（2005: 1）によれば，「社会言語学」（**sociolinguistics**）とは，「言語と社会との関係」を扱う研究分野である．ただ，アメリカの社会言語学者ウィリアム・ラボフ（William Labov）は，この用語は「奇妙なふうに冗長的である」としている（Labov 1972b: 183）．それは，言語と言語学は本質的に社会的なものであるからである．Bloome and Green（2002: 396）は，社会言語学の対話的性質を強調して，次のように述べている．「社会言語学的視点からすれば，どのように言語が使用されて社会的コンテクストが確立するのかを探求し，同時に，どのように社会的コンテクストが言語使用と意味の伝達に影響を及ぼしているのかを探求することが肝要である」．

それゆえ，社会言語学者の関心は，どのように個人もしくは社会集団の**アイデンティティ**（**idedntity**）が言語使用の仕方と関係しているのかを明確にすることにある．例えば，社会言語学者は，人々のタイプや集団（あるいは，その内部）の言語的差異（そして，類似性）を調べたり，年齢，性，社会階級，教育レベルといった社会的変数が（単独あるいは他の変数と組み合わさって）言語使用に影響を及ぼしていることを突き止めようとする．

社会言語学者の中には，一般的に使われるようになることば（あるいは，その側面）もあれば，使われなくなることばもあるのはなぜかといった問題に焦点を当てる研究者もいる．こうした問題に対しては，2つのアプローチがあり得るであろう．1つは，小さな集団もしくは共同体について，詳細で小規模な研究を行い，社会的ネットワークを調べ，「言語的革新者」（language innovators）の役割に焦点を当てるというものである．他方は，はるかに大きな住民に焦点を当てて，言語的隆盛（逆に，言語的衰亡）の側面を様々な社会的コンテク

ストに結びつけるというものである．また，医者と患者の関係といった特定のコンテクストについて考察する研究者もおれば，言語に関する態度や信念を調べて，なぜ，言語形式の中には他の言語形式よりも「より良い」，あるいは，「より悪い」とされるものがあるのか，こうした見方は様々なタイプの人々や言語使用そのものにどのような影響を及ぼしているのかといった問題について考察する研究者もいる．さらに，Meyerhoff（2006）も参照のこと．

somatization（身体化）

批判的談話分析学者テオ・ヴァン・レーウェン（Theo van Leeuwen）によれば，「身体化」（**somatization**）とは，客体化の一タイプである．これは，「換喩」（metonymy）であり，ある人や集団を分類するのに，その人や集団と結びつきの深い土地や事物，あるいは，彼らが従事している行為に基づいて行う（van Leeuwen 1996: 60）．Resigl and Wodak（2001: 48）は，この概念を用いて人種差別談話（racist discourse）を分析している．例えば，whites（超保守主義者，反動主義者），paleface（白人，白人同性愛者），slit-eyes（東洋人），bush negros（黒人）などである．

spatialization（空間化）

impersonalization（非人称化）参照．

speaking（スピーキング）

ここでの「スピーキング」（**speaking**）とは，人類学者・社会言語学者デル・ハイムズ（Dell Hymes）による頭字語であり（すなわち，S-P-E-A-K-I-N-G），ある特定の社会的コンテクストにおいて言語を用いる際に考慮に入れる必要のある項目を示すモデルのことである

(Dell Hymes 1974). 以下の 8 つの項目から成っている.

① 舞台 (Setting) (時と場所) と場面 (Scene) (文化的側面)
② 参与者 (Participants) (話し手, 聴衆, 両者の関係)
③ 目的 (Ends) (目的, ねらい, 結果)
④ 行為連鎖 (Act sequence) (形式と順序)
⑤ 調子 (Key) (音調, 話し方, 気持ち)
⑥ 媒体 (Instrumentalities) (話の形式とスタイル)
⑦ 規範 (Norms) (社会的ルール)
⑧ ジャンル (Genre) (言語行為もしくは言語事象の種類)

specification (特定化)

「特定化」(**specification**) とは, 社会的行為者を特定のケースとして表象する仕方のことである (これは, **一般化** (**genericization**) と対立する概念である). 批判的談話分析学者テオ・ヴァン・レーウェン (Theo van Leeuwen) によれば, 中産階級の新聞では, 政府職員や専門家たちは特定的な表現で言及され, 一般大衆は一般的な表現で言及されるという (労働者階級の新聞では, その逆である) (van Leeuwen 1996: 47).

speech act (言語行為, 発話行為)

「言語行為」(もしくは, 発話行為) (**speech act**) とは, 様々な社会的機能を果たすために言語を用いて遂行される行為のことである. 例えば, 依頼, 挨拶, 助言, 不平, 注意などの行為が挙げられる (さらに, **言語行為論** (**speech act theory**) も参照のこと). イギリスの言語哲学者ジョン・オースティン (John Austin) は, 以下の 3 タイプの言語行為を区別した (Austin 1962: 101).

1. 発語行為 (locutionary act): 一定の意味と指示を持つ発話を

発する行為

2. 発語内行為 (illocutionary act)：その発話の中に内在する「命令」,「許可」,「約束」「示唆」,「宣言」,「お詫び」などを遂行する行為

3. 発語媒介行為 (perlocutionary act)：その言語行為によってもたらされた実際の効果・結果として捉えられた行為

アメリカの言語哲学者ジョン・サール (John Searle) は，発語内行為を以下の5つに分類した (Searle 1975).

断言型 (Assertives)： 話し手がある命題が真であると主張する行為

指令型 (Directives)： 話し手が聞き手に何かをさせる行為

確約型 (Commissives)： 話し手が未来において何かをすることを約束する行為

表出型 (Expressives)： 話し手が何かに対する感情を表出する行為

宣言型 (Declarations)： その発話によって現実を変える行為（例えば，洗礼，罪の宣告など）

speech act theory （言語行為論，発話行為論）

イギリスの言語哲学者ジョン・オースティン (John Austin) の理論によると，人は，話す際に，ことばを用いてある行為を遂行している (Austin 1962). 例えば，注意，約束，求婚，招待，といった行為である．こうした言語行為に関する理論が「言語行為論」（もしくは，発話行為論）(**speech act theory**) である．司祭が結婚式で2人に向かって次のように言ったとしよう．

I pronounce you husband and wife.

（あなたがたは夫婦であることを宣言します）

224   **speech community**

この場合，司祭は2人を結婚させるという行為を遂行していること
になる．この場合，**適切性条件**（**felicity conditions**）が満たされて
いる限りにおいて，当該の言語行為は（一組の夫婦が誕生したとい
う）1つの新しい現実を作り出したことになる．アメリカの言語哲学
者ジョン・サール（John Searle）は，言語行為の分類体系を明示し，
同時に，「間接的言語行為」（indirect speech acts）という概念を導入
した（Searle 1969, 1975）．すなわち，1つの発話には複数の言語行
為が含まれている場合があり，そのうちの主要な言語行為が「間接的
言語行為」であり，文字通りでない意味を表すものである．一方，も
う1つの二次的な言語行為が「直接的言語行為」（direct speech acts）
であり，文字通りの意味を表すものである．例えば，以下の例におい
て，

　　Hugh:　I wish I was at Toys R Us.
　　　　　（トイザラスに行けたらなあ）
　　Paul:　OK, I'll take you.
　　　　　（よしわかった，連れていってあげよう）

話し手（子供）の間接的言語行為は，ポール（大人）に，自分をトイ
ザラスに連れて行って，そしておもちゃを買ってくれるように説得す
ることであり，直接的言語行為は，トイザラスに行けたらいいのにな
あという願望の表明である．**言語行為論**は，アメリカのポスト構造主
義哲学者ジュディス・バトラー（Judith Butler）が**ジェンダー遂行性**
（**gender performativity**）理論を生み出すきっかけとなった．

speech community（言語共同体）

　「言語共同体」（**speech community**）とは，アメリカの構造言語学
者レナード・ブルームフィールド（Leonard Bloomfield）の用語であ
る（Bloomfield 1926: 153-154）．「共同体の内部では，継続的な発話
は似ているか，部分的に似ている．… こうした共同体が言語共同体

である」．この用語はさらに，社会言語学者ジョン・ガンパーズ（John Gumperz），人類学者・社会言語学者デル・ハイムズ（Dell Hymes），アメリカの社会言語学者ウィリアム・ラボフ（William Labov）といった初期の社会言語学者によっても用いられた（Gumperz 1968, Hymes 1972, Labov 1973）．言語共同体は，生育する共同体から習得される言語形式と結びついている（継承（inheritance）と借用（adoption）を通して受け継がれていく）．言語共同体は**談話共同体（discourse community**）とは別物である．後者の場合，ある特定の公式，非公式の社会集団（例えば，e メイルリスト，ダンスクラブ，法律事務所など）で共有されている言語使用である．

　それゆえ，言語共同体は，共同体の成員とその成員間で共有されている言語コミュニケーションを含んでいる．しかしながら，これら2つの要因が言語共同体を定義するのにどの程度の役割を果たしているかに関しては意見の一致をみていない．ほとんどの社会には，複数の言語共同体が存在している．それゆえ，人々は複数の言語共同体に属していると言えよう．さらに，**実践共同体（community of practice**）も参照のこと．

stereotypes（ステレオタイプ，固定観念）

　Kunda（1999: 315）によれば，「ステレオタイプ」（もしくは，固定観念）（**stereotypes**）とは，「社会的カテゴリーの心的表象」のことである．ステレオタイプは，人や集団を少数の鮮明でわかりやすい特徴へと単純化するが，こうした特徴はしばしば誇張されたものであり，多くの場合，否定的であり，内集団（ingroup）と外集団（outgroup）の違いを固定化してしまう．ある社会集団の成員にはある特徴があるかもしれない（そして，こうした特徴は他の社会集団にもあるかもしれない）が，ステレオタイプ化すると，こうした特徴はある特定の集団の本質的かつ自然化された特性と化してしまうのである．例えば，なるほどゲイの男性の中には「いかにも女性的な」（camp）

声でしゃべる人もいるが，多くのゲイの男性はそのような話し方はしない（そして，異性愛の男性の中にもそのような話し方をする人もいる）．しかし，こうした話し方はゲイであることと結びついたステレオタイプになってしまっている．[43] もしかすると，その理由は，こうした話し方をするゲイの男性は，こうした話し方をしないゲイの男性よりもはるかに「変わっており」（different），それゆえ，目につくということかもしれない．同性愛を示そうとするお笑い芸人はこうした「オネエ」声で話そうとする．それゆえ，この特徴は，すべてのゲイの男性と結びつき，異性愛の男性とは「分断」されてしまったのである．

それゆえ，ステレオタイプ化は，合致しないものすべてを排除・放逐することによって「分断」というストラテジーを活用していると言えよう．Dyer（1977: 29）によれば，「... 境界には明確に輪郭が描かれなければならず，それゆえ，境界維持のためのメカニズムの1つとしての**ステレオタイプ**（もしくは，固定観念）（**stereotypes**）は，その特徴として，固定的であること，境界が明確であること，そして変更不可能であるということがある」．18 世紀と 19 世紀における人種的アイデンティティに関する議論の中で，イギリスの文化研究者スチュアート・ホール（Stuart Hall）は，以下の点について述べている（Hall 1997: 223–279）．それは，いかに，黒人が2, 3のたんなる見せかけの本質的特徴によって表象されたかということである．こうした表象は，差異を固定化し，これを永久に保障するためのストラテ

---

[43] 訳者注：このようなステレオタイプ化は「役割語」（金水 2003）の形成と深い関係を持つ．金水（2015: 224）は，役割語を次のように特徴づけている．

  (i) 役割語とは，話者の人物像とステレオタイプ的に結びつけられた話し方（語彙，語法，言い回し，音声・音韻的特徴等）のパターンのことである．例えば「おお，そうじゃ，わしが知っておるんじゃ．」なら老人が，「あら，そうよ，わたくしが存じておりますわ．」だったら女性，特にお嬢様など，いい家庭の夫人が話しているという知識が社会的に共有されている時，その話し方を役割語と言うのである．
（金水 2015: 224）

ジーなのである.「怠惰，低い忠誠心，愚かな盗み，詐欺，子供っぽさは，人種として，種族としての黒人のものだった．隷属はしたものの，ひざまずく奴隷などはいなかった．キリスト教徒としての忍耐はあったが，アンクル・トム（Uncle Tom）のような者などいなかった．白人一家に対する忠誠心があり，おいしい料理は確かにできたが，「ばあや」（Mammy）などはいなかった」（ibid.: 245）．ステレオタイプ化は**権力**（**power**）の不平等がある場合に生じがちであり，社会的排除につながる場合もある．

structuralism（構造主義）

「構造主義」（**structuralism**）とは，ひとつの知的運動であり，ここでは，あらゆる現象は，内在的な基底構造もしくは体系を有しているとみなされる．言語学においては，構造主義は，スイスの言語学者フェルディナン・ド・ソシュール（Ferdinand de Saussure）に始まる．彼は，言語は基底構造を持っているとした．構造主義者はある特定の時期における言語の構造に焦点を当て（共時的アプローチ），言語がどのようにして，なぜ変化するのか（通時的アプローチ）については焦点を当てない．彼らは，さらに，記号（signs）は，他の記号との対立を通して意味を派生する，とりわけ，二項対立の関係において，意味を派生するとみなした．例えば，woman（女性）は，man（男性）との対立によって意味を理解される．同じく，white（白い）はblack（黒い）との対立によって，good（良い）は bad（悪い）との対立によって意味を理解される．構造主義は，とりわけ，談話分析者によって批判されてきた（Baxter 2003 参照）．談話主義者によれば，概念の意味を二項対立から成るとみなすことは当該の概念の１つの要素を規範とみなし，他の要素は逸脱的もしくは派生的であるとみなすことにつながってしまう．構造主義は，さらに，社会性が欠けていると非難されてもきた．なぜなら，構造主義には，言語が実際に用いられている実態に焦点を置かない傾向があるからである．

struggle（闘争）

「闘争」（**struggle**）とは，ある社会集団が別の社会集団・体制に抵抗することから生じる緊張状態のことである．談話理論によれば，競合し，矛盾する関係においては，異なった談話や**社会的実践**（**social practice**）が生じるとされる．対立する談話や実践の間に生じる緊張状態は**ヘゲモニー**（もしくは，**覇権**）（**hegemony**）を勝ち取ろうとする闘争の結果である．周辺に追いやられている談話は，主流の権力を持った覇権的談話と闘争する．闘争が勝利に終わるのは，それまで周辺的であった談話や実践が支配的な談話に進入してそれに打ち勝ち，その結果，社会変革が生じた場合である．イギリスの批判的談話分析学者ノーマン・フェアクラフ（Norman Fairclough）は，社会的闘争を権力関係と階級関係に関係づけている（Fairclough 1989: 34）．

style（スタイル，文体）

本来，「スタイル」（もしくは，文体）（**style**）とは，物事のやり方のことである．言語学的な視点では，「スタイル」に関して，3通りの見方がある．二元論，一元論，多元論である（Short 1996, Leech and Short 2007）．第一に，二元論では，形式と意味を別個なものをみなし，文体は思想の衣装と定義する．第二に，一元論では，スタイル（形式）と意味は不可分であり，形式を選択することは意味を選択することであるとする．第三に，多元論では，「言語はいくつかの異なった機能を果たしており，言語のいかなる一片であれ，それは，異なった機能的なレベルでの選択の結果である可能性が高い」とする（Leech and Short 2007: 24）．

しかしながら，Carter and Nash（1990: 15）は，スタイルは，「文法や語彙といった言語の1つのレベルだけでは説明できない」と述べている．さらに，イギリスの批判的談話分析学者ノーマン・フェアクラフ（Norman Fairclough）も，スタイルは「アイデンティティや存

在の仕方」にも関係しているとし，「企業や大学において当世風に「マネージャー（manager）である」というのは，部分的に，正しい記号論的スタイルを発達させるという問題である」と指摘している（Fairclough 2009: 164）．

stylistics （文体論）

「文体論」（**stylistics**）とは，スタイル・文体（style）の言語学的研究のことである．それは，言語の多様性や特質を調べることに焦点を当て，レジスター（register），アクセント（accent），対話（dialogue），文法（grammar），文の長さ（sentence length）といった要素の背後に潜む原理を見ようとする．Short（1996: 5）によれば，文体論は「できるだけ明示的に言語事実（言語記述）と意味（解釈）とを結びつける」ものであり，それゆえ，「実践批評の論理的発展」である（ibid.: 6）．

subject （主語）

「主語」（**subject**）とは，文の中の 2 つの主要な構成要素のうちの一方である（もう一方は述語）．主語は，**動詞**（**verb**）を通じて文の他の要素（例えば，**目的語**（**object**））とも関係している．主語には，裸の名詞（*Walking* is painful.），完全な節（*That she didn't like me* was known to everyone.），不定詞（*To lose one's child* is a difficult thing.），非人称の it や形式主語の it（*It*'s raining; *it* was known that she didn't like me.）など，様々な要素がなり得る．主語は，情報の流れ，語順，文中における重要性などによって定められる．主語が行為者や動作主と混同される場合もある（**動作主性**（**agency**）参照）．例えば，以下の文を考えてみよう．

Bobby Robson was surrounded by players and coaches.

(BNC, A4P)

（ボビー・ロブソンは選手とコーチに取り囲まれた）

この文は受動態なので，Bobby Robson が主語になっているが，行為者は players and coaches である．この文が次のように能動態に変えられた場合，

Players and coaches surrounded Bobby Robson.

（選手とコーチがボビー・ロブソンを取り囲んだ）

players and coaches は主語でもあり，行為者でもあることになる．

subject position（主体位置）

Davies and Harré（1990: 48）によれば，「位置づけ」（positioning）とは，「自己が会話の中で位置づけられる談話的プロセスのことであり，その場合，自己は，共同で生産された会話の流れの中で，観察可能で，主体的に首尾一貫した参与者として位置づけられる」とされる．ある人がもうひとりの人に位置（positions）を告げるという類の「相互行為的な位置づけ」（interactive positioning）もあれば，自分が自分を位置づけるという類の「再帰的な位置づけ」（reflexive positioning）もある．それゆえ，談話においては，社会的行為者もしくは個人は，ある役割とアイデンティティを与えられており，それらが「主体位置」（**subject position**）と称される．例えば，ある男性がある女性を honey と呼んだ場合，彼は彼女をあるやり方で位置づけていることになる．この場合，彼女を愛しているということが示唆されているかもしれないし，あるいは，彼女と親密な関係にある，もしくは親密な関係を持ちたがっていることをほのめかしているかもしれない．さらには，彼女を上から目線で見ているということも考えられる．一方，女性のほうは，この「主体位置」を受け入れる形で返答することもあろうし，それに反発することもあろう．例えば，"I'm not your

subjectivity 231

honey!"（そんな言い方はやめてよ）といった場合である．個人は，様々
な場面に応じて複数の主体位置を持っている（例えば，親，上司，教
師，社会的行為者など）．それらは，個人が関わっている**社会的実践**
（**social practice**）やその実践と関連する談話によって変化する
（Hutcheon 1989, Jørgensen and Phillips 2002, Baxter 2003 参照）．

subjectivity（主体性）

西欧の人文主義的観点から見た場合，「主体性」（**subjectivity**）と
は，個人と個人を取り巻く環境との関係のことである．その環境はそ
の個人を唯一的かつ自律的な実体とみなす（Hutcheon 1989, Jor-
gensen and Phillips 2002）．こうした捉え方はポストモダニストに
よって批判されている．彼らは，主体性を談話を通して構築されるも
のだとみなすのである．**主体位置**（**subject position**）も参照のこと．

subordination（従属）

「従属」（**subordination**）には，以下の 2 つの用法がある．

1. 英語の伝統文法においては，「従属」（**subordination**）とは，2
   つの節をつないで複文を形成するという生成プロセスのことであ
   る．それらの節の 1 つが主節（main **clause**）（もしくは，独立節
   （independent clause））であり，もう 1 つが従属節（もしくは埋
   め込み節（embedded clause））である．例えば，以下の例は，2
   つの節から成り立っている．

   I enjoyed doing this because it took people by surprise.

   (BNC, A06)
   （私はこれをするのが楽しかったが，それは人々がこれで驚いたからだ）

   'I enjoyed doing this' が主節であり，'because it took people

by surprise' が従属節である．従属節は文として独り立ちできない．

2. 「従属」は，また，社会のある成員が他の成員につき従っており，同等な社会的地位を持てない状態のことでもある．Connell（1995）の**覇権的男性性**（**hegemonic masculinity**）理論によると，社会における集団は互いを従属させているという．例えば，異性愛的男性は女性やゲイの男性を従属させているというのである．

substitution（代用）

「代用」（**substitution**）とは，「結束性」（cohesion）の操作の1つである．この操作によって，テクストの中で既出の語句が別の語で代用される．以下の例を参照．

> Helen: Can you get me the flan tin down there ...
> （向こうにあるフラン皿をくださいませんか ...）
> Clare: Do you want the bigger *one*?
> （大きいのですか？）
> Helen: No, that *one* will do. (BNC, KCD)
> （いいえ，あれでいいです）

上の例では，one という語は flan tin という語の代用である．**前方照応**（**anaphora**）参照．さらに，Halliday and Hasan（1976）も参照のこと．

subversion／subversive discourses（転覆／転覆的談話）

「転覆」（もしくは，転覆的談話）（**subversion/subversive discourses**）とは，既存の慣習や世界がどのように進展しているのかに関して当然視されている伝統的な想定をくつがえす行為のことであ

る。この行為は権力関係と関連していることが多い。例えば，nigger（黒人）や queer（クイア：同性愛者自身が用いる場合の「同性愛者」）といった，それまで侮辱的に用いられてきた語の**復権**（**reclaiming**）は，転覆的ストラテジーに該当する。支配的・覇権的談話，とりわけ，ある集団を支配するような談話は，転覆的な談話を生み出す傾向がある。フランスの哲学者ミシェル・フーコー（Michel Foucault）が述べているように，権力があるところ，抵抗もある（Foucault 1979a）。例えば，同性愛を「逸脱した」（deviant）性的カテゴリーとみなした談話からも抵抗を表す語彙が生まれた。「同性愛は自らのために声を上げ，医学的には資格のないようなカテゴリーを用いてそれの正当性もしくは「自然性」（naturality）が認められるべきことを要求し始めた」（Foucault 1979a: 101）。

suppression（抑制）

ここでの「抑制」（**suppression**）とは，社会的行為者に対する「**排除**」（**exclusion**）の一タイプで，批判的談話分析学者テオ・ヴァン・レーウェン（Theo van Leeuwen）によると，ある特定のテクストのどこにも，ある特定の社会的行為者に対する言及がないことである（van Leeuwen 1996: 39）。典型的な例が，受動文の動作主削除（passive agent deletion）である。例えば，次の例では，

> Complaints were made to us about certain members of our staff (who, incidentally, no longer work for us) going into unoccupied floors to make love'　　　　　　　　　　（BNC, A6V）
> （わが社の社員の中に，無人の部屋に入ってセックスをしていたと，苦情が持ち込まれた（その社員はたまたま，すでに社をやめているが））

苦情を持ち込んだのが誰なのかはわからない。さらに，**動作主性**（**agency**），**背景化**（**backgrounding**）も参照のこと。

synchronic studies（共時的研究）

「共時的研究」（**synchronic studies**）とは，（ある時代に特化して）時間が「凍結した」（frozen）形での言語研究を指す．言語の共時的研究は，単一の住民に焦点を当てたり，（アメリカ英語とインド英語の比較，若者のことばと老人のことばの比較，など）異なるタイプの話し手が用いる言語使用を比較したりする．こうしたアプローチは構造主義的観点と結びついてきた．これと対立する**通時的研究**（**diachronic studies**）も参照のこと.

synthetic personalization（見せかけの個人化）

「見せかけの個人化」（**synthetic personalization**）とは，イギリスの批判的談話分析学者ノーマン・フェアクラフ（Norman Fairclough）の用語で，公共的な大衆に向けられた相互行為を調整して，聴衆の一人一人が，それは自分個人に向けられていることばであると感じさせるようにする類の話し方のことである（Fairclough 1989: 52）．フェアクラフは，空の旅での機内やレストランでの挨拶の例を挙げている．前者の場合には，"Have a nice day!"（楽しい一日をお過ごしください）といった表現が，後者の場合には，"Welcome to Wimpy!"（ウインピー（＝ファーストフードのレストランチェーン店）へようこそ）といった表現がある．「見せかけの個人化」では，**会話化**（**conversationalization**）の手法を用いて，関係が実質のあるものであるかのように見せかけているのである.

systemic functional grammar（SFG）/linguistics（体系機能文法／言語学）

「体系機能文法／言語学」（**systemic functional grammar（SFG）/linguistics**）とは，言語学者マイケル・ハリディ（Michael

systemic functional grammar (SFG)/linguistics   235

Halliday）が打ち立てた文法モデルである（Halliday 1961, 1978）．
彼は，イギリスの言語学者ジョン・ファース（John Firth）の影響を
受けた．この理論は言語記述への1つのアプローチであり，ねらい
とするところは，コミュニケーションのコンテクストにおいて言語が
どのように用いられているのかを説明することである．ハリディが体
系機能文法を打ち立てたのは1960年代のことであった．「体系」
（systemic）という部分では，言語は体系のネットワークとして見ら
れており，「機能」（functional）という部分では，言語が実生活の中
で果たしている言語使用に焦点が置かれている（この場合，言語を抽
象的な体系とみなす見方と対立する）．体系機能文法は言語を，意味
論，音韻論，語彙文法（構造と語との間の関係）という点から分析す
る．ハリディはさらに，言語は3つのレベルを持っているとみなし
た．すなわち，①「観念的」（ideational），②「対人的」（interperson-
al），③「テクスト的」（textual）の三レベルである．体系機能文法は，
批判的言語学（critical linguistics）の発展に貢献し（Fowler et al.
1979），後に，イギリスの批判的談話分析学者ノーマン・フェアクラ
フ（Norman Fairclough）による**批判的談話分析（critical discourse
analysis）**の発展につながった（Fairclough 1989）．ハリディのモデ
ルを用いることによって，ある特定の社会機能を達成するためにどの
ように文法体系や文法現象が用いられ得るかが明らかにされたのであ
る．

tabloidization（タブロイド化）

　ここでの「タブロイド化」（**tabloidization**）とは，メディアで生じる現象であり，この場合，ニュースはより個人的・感情的で，低俗で大衆迎合的な体裁で発表される．それは，より事実指向で冷静な体裁と対照的である．タブロイド化の特徴として，「個人的かつ単純化された語り」であるという点が挙げられる．例えば，殺人に関するニュース記事の場合，犠牲者と犠牲者の家族の写真を載せ，殺人に関する図示的な詳細を添える．犠牲者は，肯定的に評価され，このことによって，事件が悲劇であること，そして，命が奪われたことが強調される．殺人者は，逮捕された場合には，「怪物」（monster）として描写され，「邪悪」（evil）といった形容詞が付けられる．そして，報道の仕方としては，その殺人事件を麻薬服用やホラー映画鑑賞と結びつけようとする．ストーリー展開は，一連の感情を喚起しようとする．感情移入，同情，恐怖，怒りなどである．低俗化は，時々「レベル低下」（dumbing down）と称されてきた．この特徴としては，さらに，政治的，国際的ニュースから遠ざかり，娯楽産業出身の個人，有名人，あるいは，政治には無関心な人々に接近するということがある．タブロイド化は特定の政治的な意見と結びつく場合もある．例えば，国家主義である．よく似た語に，tabloidese（低俗化する）という語があるが，この語は，「固いニュースを格下げし，セックス，スキャンダル，娯楽報道を格上げすること」を意味している（Watson and Hill 2000: 307）．Conboy（2006: 212）は，「タブロイド化はあまりに複雑な現象で，単一の実体とみなすことはできず，趣味や商業主義の問題に満ちており，その品質に関して単純に判断することはできない．理想化されたジャーナリズムの質の低下であり，かつ，広範なメディア市場の中での，国際的なニュース競争における大衆的な国

tag question （付加疑問）

「付加疑問」（**tag question**）とは，文末に疑問文の断片を「付加」して疑問文に変えることである．典型的には，isn't it, would you, all right, eh, no, must I などがある．アメリカの言語学者ロビン・レイコフ（Robin Lakoff）は，付加疑問を理論化して，**女性語**（もしくは，**女ことば**）（**women's language**）特有の形式であるとした（Lakoff 1975）．というのは，彼女によると，付加疑問はポライトネス（丁寧さ）とつながっているからである．すなわち，話者は，付加疑問を用いることによって，同意や確認を求めているという．しかしながら，付加疑問は，強調や皮肉（irony）を示すために用いられる場合もある．それゆえ，それは，必ずしもポライトネス（丁寧さ）とつながっているとは言えない．ニュージーランドの社会言語学者ジャネット・ホームズ（Janet Holmes）によれば，付加疑問は，「モダリティ付加疑問」（modal tags）と「感情的付加疑問」（affective tags）に分かれるという（Holmes 1984）．前者は，情報を求めたり，そのことについて不確かな場合に情報確認をしたりする場合に用いられる．一方，後者は，聞き手に対する関心を示そうとする場合に用いられる．

感情的付加疑問は，さらに，「やわらげ付加疑問」（softeners）と「促進的付加疑問」（facilitative tags）に分かれる．前者は，ポライトネス（丁寧さ）を表すものであり，後者は，聞き手に，話し手の主張に関するコメントをするように促すものである．Dubois and Crouch (1975) によれば，学会などのコンテクストにおいては，女性よりも男性のほうがより多くの付加疑問を用いるという．一方，Cameron et al. (1988) も，英語の話しことばコーパスで見る限り，女性よりも男性のほうがより多くの付加疑問を用いており，男女とも，モダリティ付加疑問よりも感情的付加疑問のほうを多く用いるが，この点は

女性においてより著しいと述べている．Cameron et al. (1988) では，別のデータも調査されている．このデータには，話し手が比較的権力を持っている場合と，あまり権力を持っていない場合とが含まれている．この調査が示していることは，権力のある話し手は，感情的付加疑問を用いる傾向にあること，そして，付加疑問の使用のトータルな頻度としては，男女間に有意差はないということである．

technologization of discourse（談話の技術化）

イギリスの批判的談話分析学者ノーマン・フェアクラフ（Norman Fairclough）によれば，談話の既存の秩序の中に新しい談話技術が侵入してきつつあるという（Fairclough 1992: 215）．こうした技術には，広告，カウンセリング，会話制御スキルなどがある．Fairclough and Wodak (1997: 260) は，「社会生活における言語の重要性が増すにつれて，経済的，政治的，制度的目的に合うように言語実践を制御・形成しようとする意識的介入のレベルも上がった」と述べている．

フェアクラフは，「談話の技術化」（**technologization of discourse**）として，以下の特徴を挙げている（Fairclough 1996: 73）．①「談話技術者」（discourse technologists）の登場．彼らは，例えば，コミュニケーション専門家であり，特定のストラテジーのためにいかにして言語を用いるかを指南する．②談話実践の標準化．例えば，コールセンターにおける「台本」（scripts）の使用や，労働者がマニュアル通りに作業をしているかどうかを確認するために用いられる監視技術などがそれに当たる．③各種のコンテクストにまたがって使用できる様々な談話技術の作成．

tense（時制，テンス）

「時制」（もしくは，テンス）（**tense**）とは，時間の言語的表現のことである．時制は，参照点（あるいは，直示的中心）として「今」を

持っている．それゆえ，時制は，「今」を中心にして，その前後に起こる事象を表現する．英語には，現在，過去，未来の3つの時制が認められる．

I am eating.（私は食事中である）　　　　　　　　　　　　　［現在時制］
He ate all the vegetables.（彼は野菜を全部食べた）　　　　［過去時制］
He will eat all my vegetables.（彼は私の野菜を全部食べる）［未来時制］

時制は「相」（もしくは，アスペクト）（aspect）とつながっている．文法的相は，事象が進行しているのか，完了しているのかを表す文法形式のことである．英語には，進行相と完了相が存在している．前者は事象がまだ進行していることを，後者は事象がすでに完了していることを表す．

He sings very well.（彼はとても上手に歌を歌う）
［単純現在時制］
He was singing a very beautiful song.
（彼はとても美しい歌を歌っていた）
［過去時制，進行相，あるいは，過去進行時制とも呼ばれる］
He is singing a very beautiful song.
（彼はとても美しい歌を歌っている）
［現在時制，進行相，あるいは，現在進行時制とも呼ばれる］
He has sung a very beautiful song.
（彼は（今や）とても美しい歌を歌った）
［現在時制，完了相，あるいは，現在完了時制とも呼ばれる］

Vet and Vetters（1994: 1）は，時制を分析するに際しては，談話を考慮に入れる必要があるとし，以下のように述べている．「時制形式と相形式の意味のかなりの部分は，コンテクスト的な要因に，さらには，おそらくテクストの種類に，大きく依存しているので，時制と相は，テクストの結束性への影響を考慮に入れることなしには適切に研究することは不可能である」．

terms of address（呼びかけ語）

「呼びかけ語」（**terms of address**）とは，通例，名詞であり，人々を指すのに用いられる．呼びかけ語は，様々な範囲の社会現象を表現することができ，あらたまりの程度を示すものが多い．例えば，Mr, Mrs, Sir, Dr などは敬称であり，あらたまった場面で用いられて敬意や心的距離を示している．一方，うちとけた関係を示すものもある．例えば，darling（ねえ，あなた），love（ねえ，あなた），mate（兄貴よ），dude（よう，おい）といった語である．それゆえ，呼びかけ語は，呼びかける人と呼びかけられる人との間の社会的距離に応じて，様々なタイプのポライトネスと敬意を表すことが可能である．[44]

---

[44] 訳者注：Culpeper and Haugh（2014: 25-26）では，英語の呼びかけ語として以下のものを挙げている．

(i) a. 親愛表現（endearments）：(my) darling, love, sweetie, 等
   b. 家族（親族）名称（family (kinship) terms）：mum(my), dad(dy), ma, pa, granma, granny, grandpa, grandad, 等
   c. 親密表現（familiarisers）：guys, mate, folks, bro, 等
   d. ファーストネーム（first names）：Marj, Tom, Jackie（-ie は愛称的指小辞），等
   e. 敬称と姓（title and surname）：Mrs Johns, Mr Graham, Ms. Morrisey, 等
   f. 敬語（honorifics）：sir, madam, ma'am, 等
   g. その他（others）：Hello *lazy*!

(Culpeper and Haugh 2014: 25-26)

鈴木（1973: 166-169）は，通例，話し手を原点とする親族名称が，聞き手である子供や，家族内の年少者の子供を原点として，それも，「誰々のママ」のような「誰々」を明示することなく，また，「誰々」を省略した形としてでもなく使われる点を指摘し（例：妻が夫を「パパ」と呼ぶ），このような子供を原点とした親族名称の使い方を「子供中心的用法」と呼んでいる．日本語ほど広くは見られないが，英語でも親族名称の子供中心的用法の使用が認められる．次の (ii) は，子供の前で妻が夫を Daddy で呼ぶ例，(iii) は，子供がその場にいない場面で，夫が妻を Mom で呼ぶ例である．

(ii) Can Billie have an ice-cream, Daddy? (Levinson 1983: 72)
(iii) '（略）Do you want some food?'
    'Naw. I'm fine,' he said as he dumped the packages on the table

text（テクスト）

　「テクスト」（**text**）とは一体何か．これを定義することは並大抵ではない．その理由は，研究者によってその概念が一様ではないからである．典型的なテクストとは，例えば，本のように，多くの語を含むものであろう．しかしながら，De Beaugrande and Dressier（1981）によれば，テクストとは，テクスト性（textuality）に関する以下の7つの基準を備えた伝達的な存在であるという．すなわち，①結束性（cohesion），②首尾一貫性（coherence），③意図性（intentionaiity），④容認可能性（acceptability），⑤情報性（informativity），⑥状況性（situationality），⑦**テクスト相互性**（もしくは，**間テクスト性**）（intertextuality）の7つの基準である．同様な線に沿って，Halliday and Hasan（1976）は，テクストを，特定の社会的意味を有し，関連した文から成る存在としている．その主たる特質は，意味の統一性（unity）にある．テクストには結束性がある．すなわち，テクストの中の各々の文は結束を持ったつながりを通してその前の文と関連している．それゆえ，いかなる長さの言語であれ，統一体としての機能を持っているものは，すべてテクストである．このように定義するならば，ポスター，ショッピングリスト，eメール，詩，映画批評などもテクストに含まれることになろう．さらに，ある認められた言語体系に関係するいかなるものもテクストと見ることもできる（書かれたものだけでなく，話されたものも含まれる）．こう考えると，会話や歌もテクストと言ってよい．

　談話分析においては，テクストの概念は「ことばを用いたあらゆるもの」（anything with words）よりもはるかに広く捉えられる傾向にある．例えば，イギリスの社会学者バジル・バーンステイン（Basil Bernstein）は，テクストを「社会関係の形が可視的，可触的，物質的

---

and bent down to her. 'How're the kids, Mom?'
　　　（Lois Battle, *War Brides*）（下線訳者）（Dunkling 1990: 175）

になったもの」とした (Bernstein 1990: 17).[45] また，Talbot (1995: 14) は，テクストを「談話が記載された織物」と称している．Barker and Galasinksi (2001: 5) によれば，テクストとは「意味を持つ実践を通して意味を生成する現象である．それゆえ，衣服，テレビ番組，広告画像，スポーツイベント，ポップスターなどもテクストとみなすことができる」．研究者の中には（例えば，Hodge and Kress 1988, Caldas-Coulthard and van Leeuwen 2002），おもちゃのような物までもテクストとみなす人たちもいる．

　これに対して，イギリスの批判的談話分析学者ノーマン・フェアクラフ (Norman Fairclough) は，テクストを，「意味を生成するもの」と捉えることに反対している (Fairclough 1995: 4). フェアクラフが提案しているのは，テクストは，本来，言語的な事象であり，その中には基本的なプロセスが2つ実質化されているということである．そのプロセスとは，世界の認知と表象である (Fairclough 1995: 6).

　たとえテクストの定義が「言語事象」を意味していると考えられるとしても，忘れてはならないことは，テクストには，言語によらなくても意味を伝達し得るという別の側面もあるということである．例えば，広告の場合がそうである．広告は，書かれた語と画像を組み合わせているが，広告の意味はこれら2つの異なった部分の間の関係を考慮に入れることによってしか解読できない．さらに，フォントの大きさ，色彩，スタイルといった活字的情報もまたテクストに託されている意味に影響を及ぼしている．

---

[45] 訳者注：バジル・バーンステイン (1924–2000) は，イギリスの社会学者で，「制限コード」(restricted code) と「精密コード」(elaborated code) の区別に基づいた教育社会学理論で知られている．「制限コード」は，文構造の選択肢が少なく，構成が単純であるが，「精密コード」は，文構造の選択肢が多く，構成が複雑で工夫されている．イギリスの社会で，労働者階級の子供たちは制限コードを，中流階級の子供たちは精密コードを使用するとされる．こうした違いは学力差に関係している．

textual orientation（テクスト指向性）

「テクスト指向性」（**textual orientation**）とは，談話分析へのアプローチの1つである．このアプローチが特に注意を向けるのは，語彙，文法，**結束性**（**cohesion**），**首尾一貫性**（**coherence**）などの**テクスト**（**text**）の特徴である．テクスト指向的談話分析（TODA）では，「談話の実例」（actual instances of discourse）の分析がなされる．TODA は，「談話分析に対する，フランスの哲学者ミシェル・フーコー（Michel Foucault）のより抽象的なアプローチ」（Foucault's more abstract approach）とは一線を画している（Fairclough 1992: 37）．すなわち，（イギリスの批判的談話分析学者ノーマン・フェアクラフ（Norman Fairclough）の談話の「三段階モデル」に沿って言うならば）TODA がなすべきは，①「言語テクストの言語的**記述**，②当該の（生産する際の，あるいは，解釈する際の）談話的プロセスとテクストそのものとの間の関係の**解釈**，③談話的プロセスと社会的プロセスとの間の関係の**説明**」（Fairclough 1995: 97，太字は原著における斜体を示す）である．

theme（主題）

「主題」（**theme**）とは，談話上のトピックのことであり，それに関するコメントである**評言**（rheme）と対立する概念である．主題の定義の仕方は様々である．例えば，**主語**（**subject**）は主題でもあると言うこともできよう．あるいは，ひと続きの談話における主題の位置に焦点を置いて定義することも可能であろう．主題は，談話レベルと節レベルから下位区分することもできる．以下の例を見てみよう．

The house was full of little flights of steps where he least expected them. There were many dark, stained rooms. 'I would have had it done,' said the owner, a small, pale woman, 'but

I'm selling up to go and live with my sister and it didn't seem worth it'. (BNC, AOR)

（その家には，彼が予想もしなかった小さな階段がたくさんあった．薄暗く汚れた部屋がたくさんあった．「修繕してもらっておけばよかったけど」と，家主が言った．小柄で青白い女性であった．「だけど，この家を売って妹と同居することにしているものだから，修繕するほどのことはないという気がしたの」）

ここでは，the house（その家）が談話レベルの主題となっている．パラグラフ全体は the house を主題としたものなので，評言は the house 以下全部ということになる．しかしながら，ここでは，the owner（家主）を付加的で「局所的な主題」（local theme）とみなすこともできる．the owner は文レベルの主題，a small pale woman（小柄で青白い女性）は「局所的な評言」（local rheme）である．とはいえ，家主が話題としているのはあくまで the house なので，談話レベルの主題はやはり the house である．

topoi（トポス）

「トポス」（topos）（**topoi** は topos の複数形）とは，**論証（argumentation）**の一側面であり，論証を主張や結論へと導く説得のためのストラテジー・論法のことである．それゆえ，トポスは，本来，眞正の論証とはなり得ないような「論証」までも成立させてしまうような広範な考え（もしくは，思い込み）である．Resigl and Wodak (2001) は，トポスの実例をいくつか挙げている．それらは，しばしば特定の集団に対する差別的な実践を正当化するために用いられる類のものである．例えば，「ある集団が別の集団にとって重荷である場合には，その重荷を取り除くための行動が取られなければならない」というトポスがある．こうしたトポスは，移民の流入に反対する人たちによって利用され得る．反対者は，次のように主張する．「彼らは

ここに来て，福祉給付を要求しているが，すぐに底をつくのは目に見えている」．また，次のようなトポスもある．「危険／脅威のトポス」（x が y にとって脅威であれば，x を止めなければならない），「権威のトポス」（権威者が正しいと言っているのだから，x は正しい），「公平のトポス」（皆は同等に扱われるべきだ）などである．

transcription（転写，文字化）

「転写」（もしくは，文字化）（**transcription**）には，規則がある．それは，話されたテクストを，分析の便のために，書かれたテクストに変換するための規則である．転写は**会話分析**（**conversation analysis**），フォーカスグループ（**focus group**），研究インタビュー（**research interview**）などで用いられる場合が多い．一般に，転写された会話の各行には番号が付けられている．転写のスキーマは詳細な場合もある．例えば，1000 分の 1 秒単位でポーズ（休止）の厳密な長さを示したり，重なり合った話や言語外の情報を注記したりするのである．以下に，一般的な転写の規則を挙げておく．

① (1.0) 　　　　　丸括弧の中の数字はその数字の示す秒の長さのポーズを表している（10 分の 1 秒まで記述する）．

② . 　　　　　　　ピリオドは極めて短いポーズを表している．

③ ((laugh)) 　　　二重丸括弧は，パラ言語的（＝言語行動の範囲外で行われる）行動（声の調子など）を表している．

④ {leaves room} 　中括弧は非言語的な行動を説明している．

⑤ [are you]
　 [no] 　　　　　角括弧（＝[　]）は発話が別の発話と重複していることを表している．

⑥ so＝
　　 ＝well 　　　イコールは 2 人の話者の順番が途切れずに続いていることを表している．

| ⑦ | yes:::: | 多数のコロンは引き伸ばされた音節を表している. |
| ⑧ | WHY | 大文字は大きな音量を表している. |

Chafe (1982), Atkinson and Heritage (1984), Dressier and Kreuz (2000) などを参照のこと.

transitivity (他動性)

「他動性」(**transitivity**) とは,表象体系のことであり,この体系の中で当該の(英語の)節が重要な役割を果たしている.**動詞**(**verb**)は,他動詞(直接目的語を取る)か,自動詞(直接目的語を取れない)か,**能格動詞**(**ergative verbs**)(stop, break などのように,直接目的語を取ったり,取らなかったりする)かのいずれかである.さらに,他動詞のうち,単一他動詞(monotransitive verbs)は直接目的語を1つしか取らないが,二重他動詞(ditransitive verbs)は目的語を2つ取る.

(1) John ate the cheese.
(2) Tony slept.
(3) Sue gave John the ticket.

例(1)においては,動詞 ate は,単一他動詞であり,目的語 the cheese を取っている.一方,例(2)においては,動詞 slept は,自動詞であり,目的語は取らない.最後に,例(3)においては,動詞 gave は,二重他動詞であり,目的語を2つ取っている(John と the ticket).他動性は,二項対立と見るのではなく,むしろ連続性と見る向きがある.すなわち,動詞の中にはより高い他動性を持つものがあるということである.

　私たちが自分の外と内の世界に対する知覚や経験を表象するのは他動性を通してである.言語学者マイケル・ハリディ(Michael Halli-

triangulation 247

day）によれば，こうした知覚・経験は，（世界で）「生じる物事」
(goings-on) から成り立っているという (Halliday 1994: 106). それ
らを分類すると，以下の6つである.

① 「起こること」(happening)
② 「すること」(doing)
③ 「感じること」(sensing)
④ 「意味すること」(meaning)
⑤ 「あること」(being)
⑥ 「なること」(becoming)

　談話分析において他動性が重要な位置を占める理由とは，節のパタ
ンが世界を捉えたり，現実性を構築したりする様々な方法を表象し得
るからである．例えば，その表象の仕方によって，ある人々は行為者
と，別の人々は被行為者と捉えられたりする．イギリスの批判的談話
分析学者ノーマン・フェアクラフ (Norman Fairclough) によれば，
こうした表象の仕方によって，どの個人や集団が**動作主性**（**agency**)
や**権力**（**power**）を持っているのかがおのずとわかる場合もあるとい
う (Fairclough 1992: 177–185).

triangulation（三角法）

　「**三角法**」(triangulation) とは，研究に対して多面的なアプローチ
を採ることである．このアプローチには，データが関係する場合があ
る．例えば，多様な源泉からデータを集めるとか，多様なデータ収集
法を用いる（フォーカスグループ，インタビュー，アンケート）など
である．さらには，多様な分析手法が関係する場合もある．例えば，
定量的なコーパス分析か，詳細な定性的分析か，などである．この用
語は，幾何学や土地測量から来ている．これらの分野では，事物を複
数の位置から眺めることによって正確な把握が可能となるとされる．
Layder (1993: 128) によれば，三角法には次のような利点があると

いう．①仮説の妥当性の検証を容易にする，②研究結果をしっかりした解釈と説明の中に位置づける，③研究者は，研究についての予見不可能な諸問題に柔軟に対処できる．

談話基盤的な社会研究は三角法を提唱している．例えば，Reisigl and Wodak（2001: 35）は次のように述べている．

批判的談話分析研究者が偏向のリスクを最小限にし，正確に分析しないでたんに政治化してすますことを避けるための方法の1つは，三角法の原則に従うこと，さらには，学際的に，多方法論的に（multimethodically），そして，背景情報に加えて多様な経験的データに基づいて研究することである．

truth conditions（真理条件）

「真理条件」（**truth conditions**）とは，文や発話の意味内容に関係している．あるタイプの発話の意味はその真理条件に左右される．例えば，

The sun rises in the east.（太陽は東から昇る）

といった言明（statement）は，検証可能であり，かつ，真か偽かが判定できる．真理条件は**適切性条件**（**felicity condition**）とは別物である．後者の場合，ある遂行文（performative）が適切に遂行されるための状況に関係しているのである．

turn-taking（順番交代）

「順番交代」（**turn-taking**）とは，会話において話し手と聞き手が入れ替わることであり，**会話分析**（**conversation analysis**）の重要な側面となっている．順番交代のパタンは，最初は電話の会話やグループ・トークにおける英語の使用の研究に基いて記述された（Sacks et

al. 1974). しかし, Cook (1989) によると, 順番交代のメカニズム
は文化の違いや言語の違いによって一様ではないという. 英語を母語
とする社会においては, 順番交代は, 通例, 会話の中で一度に 1 人
の話者が話すことを意味している. 最初に話者 A が話し, そして,
話し終える. 次に, 話者 B が話し, そして, 話し終える. それゆえ,
以下のような会話のパタンがあることになる.

A-B-A-B-A-B.

Sacks et al. (1974) によれば, 順番交代を支配する規則は局所的な
管理システムである. このシステムにおいては, 話者は乏しい資源を
めぐって争奪戦を繰り広げる. それは, 発言権 (the floor) をめぐる
ものである. ここで言う「発言権」とは, 話し, かつ聴いてもらう権
利のことである. 話者たちは, 順番にそれを得ることによって発言権
を共有する. 会話の順番が共有される最小の単位は「順番構成単位」
(turn-construction units) と呼ばれており, 文, 節, あるいは句から
成っている. こうした単位は, イントネーションのような韻律的特徴
によっても示される. そして, この単位の終わり目は, 話者が交代す
るのに適切な場所を標示している. この場所は,「移行適切場所」
(transition relevance place) (TRP) と称されている. この場所があ
るからといって, この点に来たら話者は交代しなければならないと
か, 必ず交代するということではない. この点に来たら, 話者が交代
する可能性があるということにすぎない.

　会話という相互行為の中で話者の交代を支配したり, 発言権が共有
される仕方を支配する規則がいくつかある. これは話者選択と関係し
ている. A が今話している話者で, B が次の話者であるとしてみよ
う.

1. A が順番として B を選んだ場合には, A は話を止め, 次に
B が話さなければならない. B が選択された後, 最初の移行
適切場所で順番交代が生じる.

2. A が B を選ばなかった場合には，他の誰でも順番を取ってよい．最初の話者が発言権を得て，話し始める．

3. A が B を選ばず，他の人も自分で発言しようとしなければ，A は話し続けてもいい（し，そうしなくてもいい）．言い換えれば，その場の人たちは次の発言権を主張してもいいが，そうしなければならないということはない．

こうしたパタンが自然に繰り返される（Levinson 1983: 298 から改作）．

　こうした規則が意味していることは，一般に一度に 1 人しか話さないということである．最初の出だしを競い合う際に会話の重なり合いが生じる場合がある．さらに，移行適切場所が取り違えられた場合にも，会話の重なり合いが生じる．例えば，文末に付加疑問形や呼びかけ語が付け加えられたような場合である（ibid.: 299）．

　会話分析者は，順番交代が頓挫するかのように見える事例に興味を抱くかもしれない．というのは，こうした場合には，会話の中で何か重要なことが生じている可能性があるからである．さらに，会話分析者は，会話の参与者たちがこうした頓挫にどのように対処し，それを**修復**（**repair**）するのかを調べるかもしれない．また，会話における順番の割り当てを分析してみると，話者どうしの力関係が明確になり，その分析結果は，**批判的談話分析**（**critical discourse analysis**）において活用され得るものとなる．

unsolicited talk (求められてなされたのではない会話)

　「求められてなされたのではない会話」(**unsolicited talk**) とは，研究者の求めに応じてなされたのではなく，「真正の」(authentic) あるいは「自然な」(natural) 環境においてなされた会話の研究データのことである．

utterance (発話)

　「発話」(**utterance**) とは，話しことばの単位のことで，書かれた文とは異なっている．後者の場合には，文頭は大文字で始まり，文末には句読点があるが，前者の場合には，区切りが明確でない場合もある．「発話」の定義の中には，最初と最後に沈黙 (silence) があると述べるものもある．しかし，自然な会話においては，互いの発話が遮られることもあり，途中で切られたように聞こえることもある．さらに，発話の内部でもポーズ (もしくは，休止) が生じる場合もある．例えば，発話者が単語を忘れて言いよどむような場合である．ある発話の終わりと次の発話の始まりを標示する沈黙の長さも問題になり得る．

verb（動詞）

「動詞」（**verb**）とは，行為，出来事，存在状態などを表す語のことである．様々な言語において，動詞の語形は，時制（テンス）（tense），相（アスペクト）（aspect），（叙）法（ムード）（mood），ヴォイス（態）（voice）によって屈折（inflect）する．さらに，動詞はそれが指すものの人称（person），性（gender），数（number）と一致（agree）する場合もある．さらに，**動作主性**（**agency**），**能格性**（**ergativity**），**モダリティ**（**modality**），**遂行性**（**performativity**）**他動性**（**transitivity**）も参照のこと．

vernacular（土地ことば）

この用語には，実は，以下に挙げるいくつかの関連した意味がある．①「土地ことば・現地語」．その国やその地方固有の言語のことである．②アメリカの社会言語学者ウィリアム・ラボフ（William Labov）の言う「無意識の話し方」（Labov 1966）．すなわち，くつろいた会話で用いられることばであり，この場合には，どのように話そうかなどと意識することはない．③標準語ではなく，例えば地方の方言など．こうしたことばは，一般に，書かれるよりも話される場合のほうが多い．④「抽象的な規範の集合」（Lodge 2005: 13）．

vocabulary（語彙）

「語彙」（**vocabulary**）とは，ある言語で使用可能な語の集合のことであり，語彙目録（lexicon）と呼ばれる場合もある．語彙には様々なタイプがあり，人は様々なタイプの語彙を習得する．例えば，話し

vocabulary

ことばの語彙とは，話す時に活用することのできるすべての語であり，書きことばの語彙とは，読む時に活用することのできるすべての語である．同じく，能動的語彙と受動的語彙を区別することもできる．前者は，ある話し手が現在会話中に使っている語彙であり，後者は，使ってはいないが本来知っている語彙である．言語を問わず，語彙は常に成長している．それは，言語とは生産的であり，絶えず新語が作られるからである．しかし，使われなくなって，消えていく語彙もある．

warrants（保証）

「保証」（**warrants**）とは，正当化の形式のことである．Toulmin et al.（1979: 43）は，「保証」を「論証の一般的な方法が各々の事例に当てはまり，信頼性がしっかりと確保されたものとして暗黙裡に信頼されるものであることを示す陳述である」と定義している．**論証理論**（**argumentation** theory）において，**トポス**（**topoi**）は，論証を主張や結論へと導く説得のためのストラテジー・論法のことである（Reisigl and Wodak 2001: 75 参照）．人種差別主義者，外国人嫌い，あるいは，性差別主義者の談話においては，「保証」を用いて，周辺的集団の社会的な**排除**（**exclusion**）を正当化したり，「外集団」（out-groups）を作り上げたりする．この集団は，主流社会や「内集団」（ingroup）から隔てられなければならないものなのである．

「保証」に関して，Swann（2002）は，言語とジェンダーの研究と関係させて用い，「言語データを分析する際にジェンダーに関する結論を支えるために必要とされる証拠のことである」としている．例えば，ある表現がジェンダー的であると言うには，どのような「保証」が必要であろうか．様々なタイプの研究の分析に基づいて，彼女は以下のようなタイプの「保証」を挙げている．

① 言語使用の定量的・一般的パタン（例えば，コーパス分析）
② 定量的・一般的パタンに対する間接的な信頼
③ テクストの中で明確になっている参与者の指向性
④ 話し手／参与者自身による自発的な解釈（例：インタビュー）
⑤ 分析者の理論的立場（例：批判的談話分析者）
⑥ 分析者の直観
⑦ 話し手／参与者は男性か女性か

women's language（女性語，女ことば）

　「女性語」（もしくは，女ことば）（**women's language**）の定義や存在をめぐる諸問題は，これまで，とりわけ，フェミニズム言語学者の間で多くの言語研究のテーマであった．デンマークの言語学者オットー・イエスペルセン（Otto Jespersen）は，女性が男性とは異なった話し方をすると述べている（Jespersen 1922）.[46] イエスペルセンの主張は，今では性差別主義と取られかねないものであるが，女性による言語使用は男性によるそれよりも「劣っている」（deficient）というものである．アメリカの言語学者ロビン・レイコフ（Robin Lakoff）は，新しい見解を提出した（Lakoff 1975）．その見解とは，男性は言語を用いて女性を支配し，その結果，女性語は丁寧で，正確過ぎるものとなり，会話が円滑に進むように気を使うということである．レイコフの研究は，それ以来，彼女の同僚の少数のサンプルの観察に基づいて過度の一般化や結論づけをしているとして批判されてきた．自助を重んじる学者である，アメリカの社会言語学者デボラ・タネン（Deborah Tannen）は，レイコフ後の見解を提唱した（Tannen 1990）．彼女は，（社会化などの理由のため）男性語と女性語の用法は異なっていることを主張し，男性が女性をいじめている（女性はいじめの犠牲者となっている）わけではないと述べた．しかし，この見解の非政治的な観点は批判されることとなった．いずれにせよ，上で挙げた研究は，皆，女性語が独特であることに基づいたものであった．このことが，それ以来，ずっと問題とされてきている．1990年代以降は，多様性を考慮に入れる立場に立って，男性と女性が特定の

---

　[46] 訳者注：オットー・イエスペルセン（1860-1943）は，デンマークの英語学者・言語学者．著作として，*A Modern English Grammar on Historical Principles*（1909-49）（全7巻），*Language: Its Nature, Development and Origin*（1922）（市河三喜・神保格訳『言語——その本質・発達及び起源』1927, 岩波書店），*The Philosophy of Grammar*（1924）（安藤貞雄訳『文法の原理』2006, 岩波書店）などがある．

場面でどのように言語を用いるのか，そして，ジェンダーが，ジェンダー以外のアイデンティティ・カテゴリーとどのように関係するのかという，複雑な様相が考察されつつある（Eckert and McConnell-Ginet 1998）.

word order（語順）

「語順」（**word order**）とは，文中の語がつながって適格な文を作る際の順序のことである．例えば，次のような語順は意味をなさず，

Killed man the dog, vicious the.

英文法の規則に則って，下のように配列されなければならない．

The vicious dog killed the man.
（その獰猛な犬がその男を殺した）

文の形を変える規則が適用された結果，文の基本的な語順が変わり，その文のある成分が前景化（foreground）されることもある．例えば，新聞の見出しは2つの異なった形を取る場合がある．

Two hundred people die in train crash.
（列車衝突で200人死亡）
Train crash kills two hundred people.
（列車衝突，200人を死亡させる）

最初の文では，「200人」のほうが主題化（thematize）され，前景化されている．一方，後の文では，「列車衝突」のほうが主題化され，前景化されている．

The Key Thinkers
重要思想家・学者

Louis Althusser（ルイ・アルチュセール）

　ルイ・アルチュセール（1918-1990）は，アルジェリア生まれの哲学者で，マルクス，オーストリアの精神分析学者フロイト，フランスの精神分析学者ラカンなどから影響を受けた．彼は，イデオロギーの概念を研究し，私たちの選択，意図，価値，欲望はイデオロギー的実践（ideological practices）によって教え込まれたものであると論じた．換言すれば，社会的実践は，自己の概念を決定する個人に対してある役割を押し付けるのである．エッセイ『イデオロギーと国家の装置』（*Ideology and State Apparatuses*）（1971）の中で，アルチュセールが述べたことは，イデオロギー的実践は，彼の言う，イデオロギー的国家装置，例えば，宗教システム，家族，政治システム，労働組合，コミュニケーション（メディア）という各種の体制によって成り立っているということである．こうした構造は，人を抑圧しており，それから逃れられないものでもある．すなわち，人は，皆，イデオロギーに従属しているのである．イデオロギーに関するアルチュセールの概念化は，批判的談話分析に影響を与えている．[47]

---

　[47] 訳者注：アルチュセールの著作は，*Sur la Reproduction* (1995)（西川長夫・伊吹浩一・大中一彌・今野晃・山家歩訳『再生産について──イデオロギーと国家のイデオロギー諸装置』（上・下）平凡社ライブラリー，2010）など多数ある．

J. L. Austin (ジョン・オースティン)

　ジョン・オースティン（1911–1960）は，「言語行為」（もしくは，発話行為）（speech acts）という概念とその理論を確立したイギリスの言語哲学者である．オースティンの最も影響力ある著作は *How to Do Things with Words*（1962）（邦訳『言語と行為』）という小ぶりの書物である．この本は，1955年にハーバード大学のウィリアム・ジェームズ記念講演で行った連続講義に基づいたものであり，オースティンは，この本の中で，言明（statements）は真か偽かのみであるとする考え方を批判した．すなわち，「遂行的」（performative）な言明をはじめとして，真理値を持たない類の言明があるとする分析を提示したのである．これらの言明は，ある種の行為（言語行為）を遂行するために使われる．遂行発話（performatives）は，適切な条件下でのみ「適切」（felicitous）な発話となるという特質を有している（例えば，遺言書の中にアンティーク時計をある人に譲ると書いたとしても，そもそもアンティーク時計を持っていなかったり，譲る相手が存在しなかったりしたら，遺言書に書かれた遂行発話は不適切なものとなってしまう）．オースティンの研究は，その後，アメリカの言語哲学者ジョン・サール（John Searle）によって発展させられ，アメリカのポスト構造主義哲学者ジュディス・バトラー（Judith Butler）のジェンダー遂行性理論（performativity theory of gender）を生み出す契機となったばかりでなく，語用論に対して計り知れないほど大きな影響を与え続けている．

Allan Bell (アラン・ベル)

　アラン・ベル（1947-）は，ニュージーランドの社会言語学者であり，言語とメディア，ニュージーランド英語とその文体といった分野を研究している．ベルの有名な研究として，「聴衆デザイン」（audience design）の理論（1984）がある．この理論が提唱していること

は，文体変移（style-shifting）が生じるのは主として聴衆に対する場合であるということである．ベルは様々なタイプの聴衆を分類するためのシステムを開発した．それは，以下の3つの基準による．

① 当該の聴衆は話のコンテクストの一部であるとわかっているかどうか
② 話し手は聴き手（listener）の存在を認めているかどうか
③ 聴き手は直接話しかけられているかどうか．

ベルは *Journal of Sociolinguistics* の創刊にかかわった編集者の1人であり，彼の主要な著作として，『ニュースメディアの言語』（*The Language of News Media*）（1991）や『メディア談話へのアプローチ』（*Approaches to Media Discourse*）（1998）（Peter Garrett との共著）などが挙げられる．さらに，共編の著作として，『ニュージーランド的な話し方』（*New Zealand Ways of Speaking*）（1990）（Janet Holmes との共編），『ニュージーランドの言語』（*Languages of New Zealand*）（2006）（Ray Harlow and Donna Starks との共編）などがある．

Pierre Bourdieu（ピエール・ブルデュー）

ピエール・ブルデュー（1930–2002）は，フランスの社会学者・文化理論家である．マルクス，ウィトゲンシュタイン，ヴェーバーなどの影響を受けた．主要な著作として，*Distinction: A Social Critique of the Judgement of Taste*（1984）（邦訳『ディスタンクシオン――社会的判断力批判』），*Language and Symbolic Power*（1991）（邦訳『言語と象徴的力』），*The Field of Cultural Production*（1993）（『文化的生産の分野』）などが挙げられる．ブルデューは「資本」（capital）の概念を突き詰めて，この用語を拡大解釈し，その中に，社会資本（social capital），文化資本（cultural capital），象徴的資本（symbolic capital）などを含め，個人は複数の社会的立場を有していると論じた．こうした

タイプの資本は，支配階級や知識階級がポスト産業社会の中で権力を維持するのを支えているという．『ディスタンクシオン』において彼が論じていることは，人々は幼児期から美的な感性を内在化していること，そして，社会階級は，人々がどのように自分たちの社会的スペースを世界に提示しているかによって実証・維持されているということである．ブルデューは，社会的支配における経済的な要因を強調するのではなく，社会的行為者がどのように象徴的資本に参画しているのかに関心を抱いた．彼によれば，言語は権力のメカニズムであり，彼は「象徴的暴力」(symbolic violence) という用語も生み出した．この概念は，人々に影響を与えるために象徴的資本を押し付けることを意味している．さらに，彼は，社会学的分析における省察性 (reflexivity) の重要性を力説し，科学的客観性の概念を批判した．

Judith Butler (ジュディス・バトラー)

ジュディス・バトラー (1956-) は，アメリカのポスト構造主義哲学者で，ジェンダー，フェミニズム，クイア理論，倫理学，政治哲学など，幅広い分野の著作がある．彼女の研究は，身体化された自己の概念に焦点が当てられている場合が多く，ジェンダー遂行性 (gender performativity) の理論でも知られている．この理論は，ジェンダー・アイデンティティを，身体行為の反復的な様式化によって構成されるとみなす．しかしながら，彼女が強調するのは，アイデンティティの遂行は慎重な選択による問題ではなく，ジェンダー，性，セクシュアリティの何のカテゴリーが許されているのかを決定している談話の結果であること，そして，女性性は社会的に構築されたものであるということである．彼女の代表的な著作として，*Gender Trouble: Feminism and the Subversion of Identity* (1990) (邦訳『ジェンダー・トラブル』)，*Bodies That Matter: On the Discursive Limits of Sex* (1993) (『問題となる身体―性の談話的限界をめぐって』)，*Excitable Speech: The Politics of the Performative* (1997) (『激しやすい言語―遂行文の政治

学』), *Undoing Gender* (2004)（『ジェンダーを解く』），*Giving an Account of Oneself* (2005)（『自己に対する説明』）などがある．彼女の研究は，とりわけ談話分析の中のフェミニズムの領域の研究者に影響を与えている．

Deborah Cameron（デボラ・カメロン）

　デボラ・カメロン（1958-）は，イギリスの言語学者で，言語的・社会的なトピックに関して数々の著作をしてきている．彼女は，*Verbal Hygiene* (1995)（『言語の衛生学』）の中で，モラル・パニック（moral panic）理論を用いて**政治的公正**（**political correctness**）（**PC**）や言語における基準の低下をめぐる論争を考察した．一方では，*Good to Talk?* (2000)（『話すのは良いこと？』）の中で，社会的コンテクストにおけるおしゃべりの重要性に関する関心の高まりを考察している．彼女の研究の大部分はフェミニズム的視点からのジェンダーとセクシュアリティに焦点が当てられてきた．初期の著作として，*Feminism and Linguistic Theory* (1992)（『フェミニズムと言語理論』）がある．*Language and Sexuality* (2003)（『言語とセクシュアリティ』）（ドン・クーリック（Don Kulick）との共著）の中で，彼女は，クイア理論の定義を問題とし，性的なコンテクストにおける言語を理解するためには，「アイデンティティ」よりも「欲望」（desire）のほうがより適切なパラダイムである可能性があると述べている．*The Myth of Mars and Venus: Do Men and Women Really Speak Different Languages?* (2007)（『マースとヴィーナスの神話——男性と女性は本当にことばが違っているのか？』）の中で，彼女は，男性と女性の間では言語が違っているといった見方を批判している．男女関係指南の文学が盛んになったのは，こうした見方によるものであった．*Working with Spoken Discourse* (2001)（『話された談話による作業』）は話されたテクストの分析であり，会話分析や批判的談話分析などのアプローチをカバーしている．

Paul Chilton (ポール・チルトン)

　ポール・チルトン (1945-) は，談話分析学者・認知言語学者・文学研究家である．彼の関心は，概念メタファー理論，認知文体論，政治的談話に及んでいる．著作として，*Orwellian Language and the Media* (1988) (『オーウェル的言語とメディア』)，*Security Metaphors: Cold War Discourse from Containment to Common European Home* (1996) (『安全保障のメタファ——封じ込めから共通のヨーロッパの家庭への冷戦談話』)，*Analysing Political Discourse: Theory and Practice* (2004) (『政治的談話の分析——理論と実践』) などがある．チルトンは，言語哲学者ポール・グライス (Paul Grice) の「協調の原則」，スペルベルとウィルスンの関連性理論，チョムスキーの生成言語学に基づいて，政治的談話に対する認知的アプローチの原則を定式化した．メタファーに焦点を当てると共に，空間，ヴェクトル，座標の概念を取り入れた談話分析の理論を開発した．この理論によると，談話を処理する (process) 人は誰であれ，項 (arguments) と述語 (predicates) を空間 (s)，時間 (t)，モダリティ (m) の次元に従って位置づけるという．そして，これを用いて，彼は，談話分析の三次元モデルを構築し，自らの研究をクリントン大統領のスピーチの分析などに適用した．

Jennifer Coates (ジェニファー・コーツ)

　ジェニファー・コーツ (1942-) は，イギリスの言語学者で，言語とジェンダーの分野で幅広く出版している．主として，定量的，定性的な談話分析の手法を用いて話しことばを分析している．1986 年に *Women, Men and Language* (邦訳『女と男とことば——女性語の社会言語的研究法』) を出版したが，この著作は，会話に関する「ジェンダー的言語変種」(genderlect) という見方を超えて，男性と女性が日常会話の中でどのようにジェンダーを遂行しているのかという問題に関し

て，微妙な概念を考察している．この本は，社会的ネットワークについて考察すると共に，ジェンダーの違いによる言語の因果性を説明しようと試みている．この本に続いて，2つの実証的な研究が出版された．それらは，男性どうし，女性どうしのグループにおける，くつろいだ相互会話を分析したものである．1つは，*Women Talk* (1996)（『女性が語る』）であり，女性の会話がいかに団結の談話を指向しているかを考察したものである．他方は，*Men Talk: Stories in the Making of Masculinities* (2003)（『男性が語る―男性性の成立』）であり，男性の会話がいかに覇権的男性性の規範に関係しているかを明らかにしている．コーツは，さらに，*Women in Their Speech Communities* (1989)（『言語共同体における女性』），*Language and Gender: A Reader* (1998)（『言語とジェンダー―読本』），*The Sociolinguistics of Narrative* (2003)（『語りの社会言語学』）をはじめとする，いくつかの論文集の編者・共編者である．

Guy Cook（ガイ・クック）

ガイ・クック (1951-) は，応用言語学者であり，*Discourse* (1989)（『談話』），*The Discourse of Advertising* (1992)（『広告の談話』），*Discourse and Literature* (1994)（『談話と文学』）をはじめとして，多くの著作を出版している．*Applied Linguistics* の編集者であり，また，2009年から2012年までイギリス応用言語学会 (British Association for Applied Linguistics) の会長でもあった．クックは，談話に関して，実質 (substance) から形式 (form) を経て，相互行為 (interaction) へと段階的に進展していくものと見る．また，言語教師の視点から談話を捉え，理論を教室活動に応用して，学生の談話力が向上するように計らった．広告に関する書物の中では，書かれたテクストを扱う伝統的な形の談話分析の中に音楽や画像の分析を取り込んでおり，一方，文学に関する書物の中では，スキーマ理論がどのように文学テクストの談話分析に応用できるかについて論じている．

Malcolm Coulthard（マルコム・クールタード）

　マルコム・クールタード（1943-）は，談話分析や法言語学（foren-sic linguistics）の分野でよく知られている．1977 年に談話分析の入門書の草分けである *An Introduction to Discourse Analysis*（邦訳『談話分析を学ぶ人のために』）を出版した．1980 年に，デイビッド・ブラジル（David Brazil）とキャサリン・ジョンズ（Catherine Johns）と共著で，*Discourse Intonation and Language Teaching*（『談話イントネーションと言語教育』）を出版した．それは，イントネーション意味論に焦点を当てたものである．この本の出版の一年後，*Studies in Discourse Analysis*（『談話分析研究』）（マーティン・モントゴメリー（Martin Montgomery）との共著）が出版された．1992 年に編集した論文集である *Advances in Spoken Discourse Analysis*（『話された談話の分析の発展』）において，彼は法的談話分析（forensic discourse analysis）に関する章を執筆している．この中で，会話の公理（もしくは，会話の格率）（conversational maxims）や談話構造の分析を応用して法律尋問や自白について論じている．法言語学に関する後期の研究において，クールタードは頻度基盤的なコーパス研究に基づいて，ある特定のコンテクストにおいて言語使用が典型的なものであるかどうかを決定した．例えば，2000 年の論文の中で，1953 年に起訴された青年，デレック・ベントレー（Derek Bentley）による自白の記録であると考えられていたことばは，ほぼ確実に彼が述べたものではないということを実証した．

Jacques Derrida（ジャック・デリダ）

　ジャック・デリダ（1930-2004）は，アルジェリア生まれの多作なフランスの哲学者である．彼は「脱構築」（deconstruction）というアプローチを打ち立てた．この理論は，いかなるテクストにおいても多くの（そして，しばしば対立する）意味や解釈が存在するということ

を示そうとしたものである．こうした分析法は，分析方法として公式に提示されたことはなかったものの，とりわけ1990年代以降，談話分析へのアプローチに影響を与えた．すなわち，研究者によって定義されたカテゴリー化に基づいた社会研究をするという，伝統的な手法を批判する基盤を提供したのである．研究者の中には，「脱構築」を談話分析の一タイプとして捉える研究者もいたが，それに異論を唱える研究者（例えば，エルネスト・ラクラウ（Ernesto Laclau）など）もいる．デリダは，脱構築を「それがそうであるもの」でなく，「それがそうでないもの」に基づいて定義した．彼が影響を受けたのは，主として，フロイト，ニーチェ，ソシュール，ハイデガー，フッサールなどであった．デリダの最も有名な著作，*De la Grammatology*（1967）（英訳 *Of Grammatology*（1976）（邦訳『根源の彼方に　グラマトロジーについて』）がある．この本は，話しことばではなく，書きことばを理解する際の含意（implications）に焦点を当てたもので，書きことばが脱構築の基盤を形成しているとする．*Speech and Phenomena*（1973）（邦訳『声と現象』）も脱構築を論じたものである．

Norman Fairclough（ノーマン・フェアクラフ）

ノーマン・フェアクラフ（1941-）は，談話分析学者で，批判的談話分析の最初のアプローチの1つを開発した．彼のアプローチは，批判的言語学を発展させて社会的実践や様々なタイプのコンテクストを徹底的に考慮に入れることに基づいたものである（*Language and Power*（1989）（邦訳『言語とパワー』），*Discourse and Social Change*（1992）（『談話と社会変化』），*Critical Discourse Analysis*（1995）（『批判的談話分析』），*Discourse in Late Modernity*（1999）（『後期現代性における談話』）（リリー・チョウリアラキ（Lilie Chouliaraki）との共著），*Analysing Discourse: Textual Analysis for Social Research*（2003）（邦訳『ディスコースを分析する—社会研究のためのテクスト分析』）など参照）．フェアクラフは，言語学に関しては，マイケル・ハリ

ディ (Michael Halliday) やミハイル・バフチン (Mikhail Bakhtin) の, 社会学に関しては, ミシェル・フーコー (Michel Foucault), アントニオ・グラムシ (Antonio Gramsci), ルイ・アルチュセール (Louis Althusser), ピエール・ブルデュー (Pierre Bourdieu) の影響を受けた.

彼は, 批判的談話分析 (CDA) に関する自分自身の3段階理論 (テクスト指向的談話分析 (Textually Oriented Discourse Analysis) (TODA) と呼ばれることもある) を応用して, 言語がいかに権力関係とイデオロギーを構築し, 維持し, また, それに挑むのかを論じた. 彼が関心を抱いているのは, グローバリゼーション, ネオリベラリズム, 知識経済といった社会変化にまつわる概念である. 例えば, 彼の研究によって, マーケティング談話や, 略式化 (informalization), 会話化 (conversationalization) といった, 社会変化と関連する言語現象が多くの日常生活の中に入り込んでいることが明らかになった. 2000 年に, 彼は *New Labour, New Language* (『新しい労働, 新しい言語』) を著したが, その中で, トニー・ブレアの労働党政権の談話を論じている. 最近では, 中央ヨーロッパと東ヨーロッパにおける「移行」(transition) の諸相に目を向けている.

Michel Foucault (ミシェル・フーコー)

ミシェル・フーコー (1926-1984) は, 哲学者, 歴史家, 社会学者, 活動家で, フランスの哲学者・社会学者ルイ・アルチュセール (Louis Althusser) と共に学び, ヘーゲル, ニーチェ, ハイデガーの影響を受けた. 彼の著作では, 狂気や文明が論じられている. それは, 以下のような著作である. *A History of Insanity in the Age of Reason* (1967) (邦訳『狂気の歴史』), *The Archaeology of Knowledge* (1972) (邦訳『知の考古学』), 3 巻本の *The History of Sexuality* (1979a, 1986, 1988) (邦訳『知への意思 性の歴史 1』, 邦訳『快楽の活用 性の歴史 2』, 邦訳『自己への配慮 性の歴史 3』), *Discipline and Punish: The Birth of the Prison* (1979b)（邦訳『監獄の誕生』）．彼の著作は，社会体制，とりわけ，監獄システム，精神医学，薬に対する批判に焦点が当てられており，さらに，セクシュアリティや，権力，知識，談話の関係に関しても幅広く論じている．（『知の考古学』における）彼の談話理論は現代の談話分析，とりわけ，批判的談話分析に大きな影響を与えた．

Roger Fowler（ロジャー・ファウラー）

　ロジャー・ファウラー（1938–1999）は，イギリスの批判的言語学者で，主たる分野は文体論である（初期の著書として，*The Languages of Literature* (1971)（『文学の言語』）や *Linguistics and the Novel* (1977)（邦訳『言語学と小説』）などがある）．1979 年に，*Language and Control*（『言語とコントロール』）を共編したが，その中で，（ギュンター・クレス（Gunther Kress）との共著で）批判的言語学に関する章を書いた．この論文は批判的言語学の発展に影響を与えた．ファウラーとクレスは，言語学者マイケル・ハリディ（Michael Halliday）の機能言語学をテクストの批判的分析に応用した．彼がとりわけ注目したのは，他動性（transitivity），モダリティ（modality），名詞化（nominalization），受動化（passivization），再語彙化（relexicalization），過剰語彙化（over-lexicalization），首尾一貫性（coherence），談話の順序と統一性（order and unity of discourse）などであった．1991 年には，*Language in the News: Discourse and Ideology in the Press*（『ニュースの中の言語——新聞における談話とイデオロギー』）を出版した．この中で論じられていることは，世界の出来事に関する新聞の扱い方は，生の事実そのものの公平無私な記録とは言えず，社会的に構築されており，ステレオタイプ（もしくは，固定観念）に基づいており，偏向があり，様々な社会的・経済的な要因の産物であるということである．

Erving Goffman (アーヴィング・ゴッフマン)

アーヴィング・ゴッフマン（1922-1982）は，カナダ人の社会学者で，有名な *The Presentation of Self in Everyday Life*（邦訳『行為と演技—日常生活における自己呈示』）は，1956 年に出版された．この書物は，社会学的視点から，対面的相互行為を論じた先駆的研究とされる．彼は，社会的相互行為を一種の舞台演技であるとみなした．人々は，「舞台の表」では他者と向き合い，「舞台の裏」は私的である．ゴッフマンは，フェイス（面目）の理論を提唱した．それは以下のような考えに基づいている．すなわち，個人は他者に対して与える印象を操作しようとして，様々な実践をする．それは，自分や他者を当惑させることを避けるための「フェイスワーク」（面目行為）と称されるものである．ゴッフマンによると，たとえ文化の違いはあっても，どの社会であれ，基本的には同じ方法で自己調節をする．その方法は，威信，誇り，名誉といった概念に基づいている．彼の理論は後期の書物にも受け継がれている．*Stigma: Notes on the Management of Spoiled Identity*（1963）（邦訳『スティグマの社会学—烙印を押されたアイデンティティ』）と *Interaction Ritual: Essays Face-to-Face Behavior*（1967）（邦訳『儀礼としての相互行為—対面行動の社会学』）である．*Frame Analysis*（1974）（『フレーム分析』）の中では，人々がどのように経験を組織化するのかという問題に関する理論を提唱した．この理論では，絵画フレーム（枠組み）のメタファーが用いられており，この場合の「フレーム」とは，絵画を固定する構造のことであり，経験のコンテクストを指している．

Paul Grice (ポール・グライス)

ポール・グライス（1913-1988）は，イギリス生まれの言語哲学者で，彼の研究は語用論の分野を確立することに大きく貢献した．グライスが特に関心を抱いたのは，「話し手の意味」（speaker meaning）

と「言語的な意味」(linguistic meaning) との関係であった.「協調の原則」(Cooperative Principle) (Grice 1975) と4つの「会話の公理」(もしくは,会話の格率) (conversational maxims) を提唱して,「非字義的発話」(non-literal utterance) がどのように解釈されるのか,また,話し手は意味を伝達するためにどのように公理を守ったり,破ったりしているのか,ということを論じた.グライスは,「推意」(もしくは,含み) (implicature) の理論を確立し,「会話的推意」(conversational implicature) と「慣習的推意」(conventional implicature) を区別した.さらに,内容 (content) を次の4タイプに分類した.すなわち,「符号化された内容」(encoded content),「符号化されていない内容」(non-encoded content),「真理条件的内容」(truth-conditional content),「非真理条件的内容」(non-truth-conditional content) である.彼の死後, *Studies in the Way of Words* (1989) (邦訳『論理と会話』) が出版された.この中には,1967年にハーバード大学のウィリアム・ジェームズ記念講演で行った "Logic and Conversation" をはじめとする一連の講演が収録されており,これらは極めて影響力のあるものとなっている.意味と語用論的推論に関するグライスの理論は,ダン・スペルベル (Dan Sperber) とディアドリ・ウィルスン (Deirdre Wilson) の関連性理論 (Relevance Theory) の基礎となり,かつ批判もされている.

John Gumperz (ジョン・ガンパーズ)

ジョン・ガンパーズ (1922–2013) は,アメリカの社会言語学者で,初期の研究はミシガンの田舎における方言の差異に焦点が当てられていた.ガンパーズは,ノースインディアンの村落で人類学的研究を行い,言語接触の問題を調査した.1970年代に入ると,談話分析や会話分析に興味を持ち,二言語使用や異文化コミュニケーションを研究した.1972年に, *Directions in Sociolinguistics* (『社会言語学の方向性』) を人類学者・社会言語学者デル・ハイムズ (Dell Hymes) と共

編し，1982年に，*Discourse Strategies*（『談話のストラテジー』）を著した．ガンパーズが広く知られるようになったのは，「相互行為的社会言語学」（interactional sociolinguistics）と呼ばれるアプローチを提唱したことにある．このアプローチとは，話し手はどのように社会的相互行為の中で意味を伝え，読み取るのかに焦点を当てたものである．それは，記録された相互行為の詳細な分析に関わっている．ガンパーズは，コミュニケーションに対する「情報理論」的視点には反対した．この視点では，コンテクストは伝達内容から分離されてしまうからである．会話や相互行為の振る舞いの中には，社会文化的知識が埋め込まれているというのである．ガンパーズは，「コンテクスト化の合図」（contextualization cues）によって解釈の枠組みが伝達されると仮定している．例えば，韻律，語彙選択，視覚現象や身振り現象などの合図である．こうした合図によって，発話の命題内容が解釈可能となるとする．

Stuart Hall（スチュアート・ホール）

　スチュアート・ホール（1932-2014）は，ジャマイカ生まれの社会学者・文化理論家で，とりわけ，ヘゲモニー（もしくは，覇権），民族，若者のサブカルチャー，メディアなどに関心を抱いた．1973年に，彼は，*Encoding and Decoding in the Television Discourse*（『テレビ談話における符号化と解読』）を著し，テクスト分析に対する新たなアプローチを提唱した．それは，視聴者について，たんにテクストの受動的受容者と見ずに，意味と交渉し，意味に反対する能力を持っている存在であることに焦点を当てた．ホールが受容を強調したことによって，テクストの意味は生産者と読者の双方に存在することになる．1978年に，*Policing the Crisis: Mugging, the State and Law and Order*（『危機を警戒する──マギング，国家，法律と秩序』）（共著）を出版した．その中で，スタンリー・コーエン（Atanley Cohen）の「モラル・パニック理論」（moral panic theory）に基づき，いかに，メ

ディアの報告書や犯罪統計を用いて，ニュースの社会的生産の一部としてのモラル・パニックが拡大されているかを明らかにした．*Representation: Cultural Representations and Signifying Practices* (1997) (『表象—文化的表象と意味表示の実践』) は，アイデンティティの構築，とりわけ，写真，メロドラマ，映画，博物館展示物，広告などをはじめとする様々な社会的コンテクストにおける「よそ者」(the other) 扱いされている人々に焦点を当てたものである．

Michael Halliday (マイケル・ハリディ)

　マイケル・ハリディ (1925-2018) は，イギリス生まれの言語学者で，社会的記号論の分野を打ち立て，体系機能文法 (systemic functional grammar) (体系機能言語学 (systemic functional linguistics) (SFL) とも称される) を提唱した．ハリディの研究は，イギリスの言語学者ジョン・ファース (John Firth) の影響を受けており，人々の現実世界の体系と要求に根差したものである．例えば，子供の成長のために言語が持っている7つの機能を概説している．同様に，SFLを用いて，ハリディは，言語の機能的な側面を重視したが，それは，構造的な側面と対立するものである．SFL は，コンピューター言語学をはじめとする言語学の多くの領域に影響を与えている．さらに，この理論は，批判的言語学の基盤となり，イギリスの批判的談話分析学者ノーマン・フェアクラフ (Norman Fairclough) の批判的談話分析で採用されている談話の「三段階モデル」の中の第一段階である「記述的段階」(descriptive stage) の分析や，その他の様々な形式の批判的談話分析に影響を及ぼしている．1990 年に，ハリディは1つの論文を発表し，その中で，応用言語学者に対して，21 世紀に関係した諸問題，とりわけ，環境システムの破壊の問題を論じるように促した．この論文をきっかけに，「環境批判的談話分析」が生み出されることとなった．

John Heritage (ジョン・ヘリテッジ)

　ジョン・ヘリテッジ (1946-) は，イギリスの社会学者で，エスノメソドロジーの影響を受けて，のちに会話分析の分野の第一人者となった．*Garfinkel and Ethnomethodology*（『ガーフィンケルとエスノメソドロジー』）（初版は 1984 年）の中で，ヘリテッジは，1940 年代以降のエスノメソドロジーの理論と研究の起源と発達を論じている．ヘリテッジは，*Structures of Social Interaction* (1984)（『社会的相互行為の構造』），*Interaction and Language Use* (1986)（『相互行為と言語使用』），*Talk at Work* (1992)（『仕事の会話』），*Conversation Analysis* (2006)（『会話分析』）をはじめとする会話分析に関する論文集を共編している．後期の研究では，会話分析の手法が公的・制度的な場面に応用されている．例えば，テレビニュース，政治的インタビュー，医療看護，裁判，救急電話といった場面である．ヘリテッジは，しばしばポール・ドゥルー (Paul Drew) やスティーブン・クレイマン (Steven Clayman) と共著で出版している．

Susan Herring (スーザン・ヘリング)

　スーザン・ヘリング (1955-) はアメリカの言語学者で，情報技術を専門とする．1992 年に，オンライン環境における相互作用に関する最初の本の 1 つを編集した．それが *Computer-mediated Communication: Linguistic, Social and Cross-Cultural Perspectives*（『コンピュータ媒介的コミュニケーション──言語的，社会的，異文化的視点』）である．これに続いて出版されたのが，*The Multilingual Internet: Language, Culture, and Communication Online* (2007)（『多言語インターネット──言語，文化，コミュニケーション・オンライン』）であった．この本はブレンダ・ダネット (Brenda Danet) との共編である．ヘリングは，広範囲のコンピューター媒介的コミュニケーション (CMC) の実践を調査した．すなわち，SMS，ツイッター，ブログ，オンライ

ンゲーム環境，電子掲示板などである．ヘリングの研究には，2つの主要な領域がある．第一の領域は，ジェンダーの差異・支配とコンピューター参画である．こうした観点からコンピューターへの参画を調査することによって，CMC においては，男性参与者は，修辞的威嚇を用いて談話を支配する場合があることを明らかにしている．第二の領域は，CMC のコンテクストにおける多言語主義である．この問題を考察するにあたって，パーフォーマンスの理論と言語共同体（speech community）という観点から，多言語を用いる CMC 参与者がどのようにして，英語が主要言語となっているコンテクストにおいて，コミュニケーションの方法を発達させているのかという問題について論じている．

Janet Holmes（ジャネット・ホームズ）

ジャネット・ホームズ（1947–）はニュージーランドの社会言語学者で，研究領域は，言語とジェンダー，言語と職場，ニュージーランド英語などである．彼女の研究では，定性的アプローチと定量的アプローチが採られているが，とりわけ，コーパス言語学に沿ったものである．さらに，語用論の諸相も論じている．例えば，ポライトネスストラテジー，性差別語，語用論的不変化詞やヘッジ（断定緩和表現）(hedges)，お世辞，指令，謝罪，不同意，ユーモア，世間話などである．特に焦点を当てたのは，上下関係のある職場環境における変数としての性差であった．例えば，男性経営者と女性経営者がどのように権力という要素を処理するのかについて考察している．彼女の著作には，*An Introduction to Sociolinguistics*（1992）(『社会言語学入門』)，*Women, Men and Politeness*（1995）(『女性，男性，ポライトネス』)，*Gendered Talk at Work*（2006）(『職場におけるジェンダー会話』) などがあり，さらに，ミリアム・メイヤーホフ（Miriam Meyerhoff）との共編で，*The Handbook of Language and Gender*（2003）(『言語とジェンダーハンドブック』) がある．

Dell Hymes（デル・ハイムズ）

　デル・ハイムズ（1927-2009）は，アメリカの人類学者・社会言語学者であり，ある言語の言語使用者はその言語の語彙と文法を習得するだけでなく，それ以外の要素をも考慮に入れる必要があるという言語モデル（Hymes 1974）を提唱した．このモデルには頭文字を取ってSPEAKINGと呼ばれる（主な8つの部門の下に，16の構成要素がある）．すなわち，①舞台（Setting）と場面（Scene），②参与者（Participants），③目的（Ends），④行為連鎖（Act sequence），⑤調子（Key），⑥媒体（Instrumentalities），⑦規範（Norms），⑧ジャンル（Genre）である．このモデルが影響力を持った理由は，社会的コンテクストを前面に打ち出したことである．社会的コンテクストは，談話分析の中核的要素にほかならない．さらに，ハイムズは，チョムスキーの「言語能力」（linguistic competence）に対抗して，「伝達能力」（communicative competence）（1965）という概念を提唱した．後期の研究では，民俗学や詩学，とりわけ，アメリカ先住民の口承による語りによるものに焦点が当てられた．ハイムズは，ジャーナル *Language in Society*（『社会における言語』）の創刊者であり，著作として，*Language in Culture and Society*（1964）（『文化と社会における言語』），*Foundations in Sociolinguistics*（1974）（『社会言語学の基礎』），*Essays in the History of Linguistic Anthropology*（1983）（『言語人類学の歴史』）などがある．

Gunther Kress（ギュンター・クレス）

　ギュンター・クレス（1940-）は，イギリスの言語学者・記号論者であり，主として，言語とイデオロギー，リテラシー，メディア言語，ニューメディア，視覚デザイン（visual design）分析などに取り組んでいる．1979年，クレスは，ロバート・ホッジ（Robert Hodge）と共に *Language as Ideology*（『イデオロギーとしての言語』）を編集し

た．この書物は，批判言語学の発展に影響を及ぼした．彼とテオ・ヴァン・レーウェン (Theo van Leeuwen) は，視覚デザインの体系的研究を提唱したが，彼らによると，視覚デザインの中で，視覚イメージは言語の文法に非常によく似た「文法」を持っているという．というのは，例えば，絵には，文と同じように行為者 (actor)，行為 (action)，目標 (goal) があるからである．それゆえ，クレスの研究は，談話分析の中で長い間にわたって等閑視されてきた次元をつけ加えた．すなわち，視覚イメージ分析である．これ以外の著作として，*Learning to Write* (1982)（『書けるようになること』），*Before Writing: Rethinking the Paths to Literacy* (1997)（『書けるようになる前に──リテラシーへの道を再考する』），*Literacy in The New Media Age* (2003)（『ニューメディア時代におけるリテラシー』）などがある．さらに，ヴァン・ルーヴェンとの共編として，*Reading Images: The Grammar of Visual Design* (1990)（『イメージを読む──視覚デザインの文法』）と *Multimodal Discourse: The Modes and Media of Contemporary Communication* (2001)（『マルチモードの談話──現代コミュニケーションのモードとメディア』）がある．

William Labov (ウィリアム・ラボフ)

ウィリアム・ラボフ (1927-) は，アメリカの言語学者であり，言語変異的社会言語学の「父」と言われる．言語変化に影響を与える社会的要因どうしの関係について広範な著作をなした．それらの要因とは，性，年齢，民族性，社会階級などである．ニューヨーク市における英語の変異に関する彼のデータ収集法は広く引用されている．彼はさらにアフリカ系アメリカ人の共同社会で用いられている英語を調査し，その結論として述べたことは，この変種を非標準英語であると烙印を押すのではなく，独自の文法規則を持ち，それ自体でれっきとした1つの英語の変種であると完全に認めるべきであるということである．彼の著作には，*The Social Stratification of English in New*

York City (1966)（『ニューヨーク市における英語の社会的階級』）, *Language in the Inner City* (1972a)（『中心市街地における言語』）, *Sociolinguistic Patterns* (1973)（『社会言語学的パタン』）, *Principles of Sociolinguistics: The Internal Factors. Vol 1* (1994)（『社会言語学原理——内的要因　第 1 巻』）, *Principles of Sociolinguistics: Social Factors. Vol 2* (2000)（『社会言語学原理——社会的要因　第 2 巻』）, *Studies in Sociolinguistics by William Labov* (2001)（『ウィリアム・ラボフの社会言語学研究』）などがある.

Ernesto Laclau（エルネスト・ラクラウ）

　エルネスト・ラクラウ (1935-2014) は, アルゼンチン出身の政治理論家で, 1985 年に, シャンタル・ムフとの共著で, *Hegemony and Socialist Strategy*（邦訳『ポスト・マルクス主義と政治——根源的民主主義のために』）を著した. ラクラウのアプローチは, 一般に「ポスト・マルクス主義」と称される. それは, 談話分析的視点に立って「ヘゲモニー」(hegemony) というマルクス主義的概念を分析しているからである. ラクラウは, 談話分析に関するフーコーの概念化を再考して, より体系的, 一般的, 明晰な形での談話分析を生み出した. ラクラウは, 談話を「差異の構造的全体性」と定義している（しかし, 談話を定義しようとしても, それは談話の外に何かを対置することによっては明確になり得ないので, 内部崩壊をしてしまう）. さらに, ラクラウは, 談話を, 実践ではなく, 実践の結果として捉え, 談話分析は脱構築と対立し, 談話分析と脱構築は互いに循環的関係にあるとした. ラクラウの研究は, ほとんどが経験的というより, 理論的である.

Robin Tolmach Lakoff（ロビン・トルマック・レイコフ）

　ロビン・トルマック・レイコフ (1942-) は, アメリカの先駆的な

フェミニズム言語学者であり，その研究領域は，語用論と社会言語学である．レイコフがとりわけ関心を抱いたのは，言語とジェンダーの関係であり，画期的な著作 *Language and Woman's Place* (1975)（邦訳『言語と性—英語における女の地位』）で知られている．レイコフは，この中で，男性は女性を支配するために言語を用いているとし，女性を無力化する様々な話し方の例を挙げた．例えば，ヘッジ（断定緩和表現）(hedges)，付加疑問 (tag question)，過剰な正確さ，極端な丁寧形などであり，これらは，男性よりも女性のほうが多く使用するという．ジェンダーに関する彼女の考えは，批判されることも多いものの，談話分析に対するフェミニズム的アプローチの基礎となっている．さらに，*Talking Power* (1990)（『話す力』），*The Language War* (2001)（『言語戦争』）といった言語と権力に関する研究書も出版している．

Stephen Levinson（スティーヴン・レヴィンソン）

スティーヴン・レヴィンソン (1947–) は，語用論の発展に寄与している言語学者である．レヴィンソンの最も有名な著作が，1987 年に（ペネロピ・ブラウン (Penelope Brown) との共著として）出版された *Politeness: Some Universals in Language Use*（邦訳『ポライトネス—言語使用における，ある普遍現象』）であろう．そこには，言語哲学者ポール・グライス (Paul Grice) からの大きな影響が見て取れる（ただし，本書の内容の大部分は，すでに 1978 年に，エスター・グッディ (Esther Goody) が編集した *Questions and Politeness*（『質問とポライトネス』）という本の中で発表されている）．本書の中で，著者たちは，社会学者アーヴィング・ゴッフマン (Erving Goffman) の「フェイス」(face) の概念を援用し，「積極的フェイス」(positive face)，「消極的フェイス」(negative face)，「フェイス侵害行為」(face-threatening act) (FTA) といった考えを発展させて，ポライトな発話を構築する一組の原理を打ち出した．本書は，様々なタイプの

「積極的ポライトネスのストラテジー」と「消極的ポライトネスのストラテジー」を分類し，自らの理論を様々な文化や会話のコンテクストに適用している．1983年，語用論の概説書である *Pragmatics*（邦訳『英語語用論』）を著し，後期の研究においては，2000年に，会話的推意に焦点を当てた書である *Presumptive Meanings: The Theory of Generalized Conversational Implicature*（邦訳『意味の推定——新グライス学派の語用論』）を著した．レヴィンソンには，ほかに，言語獲得，言語相対性，言語と空間，人の社会性，進化と文化などに関する著作もある．

Karl Marx（カール・マルクス）

　カール・マルクス（1818–1883）は，ドイツ出身の哲学者，政治理論家，歴史学者，共産主義者である．最も有名な *The Communist Manifesto*（1848）（『共産党宣言』）の中で，マルクスは，社会の歴史とは階級闘争の歴史であると論じた．マルクスがとりわけ関心を抱いたのは，労働の組織とこれがどのように生産手段と生産関係につながっているのかという問題であった．マルクスが論じたことは，社会は，諸関係（例えば，新しい技術を規制する法律など）よりも速く生産手段を発達させる傾向があるということである．社会的堕落はこの結果であるという．マルクスによると，資本主義社会においては，労働者階級はブルジョワ階級によって搾取されており，種々の生産関係は，労働をはじめとする商品によって媒介され，結果的に，人民は自分自身の本性から疎外されるという．しかしながら，マルクスが信じていたことは，資本主義は最後には危機に陥り，社会主義にとって代わられ，階級のない，共産社会になっていくということであった．マルクスの階級基盤的観点は，社会科学に大きな影響を与えた．批判的談話分析もマルクス主義の影響を受け，その結果，政治的・社会的抑圧や不平等の問題を論じることとなった．

Sara Mills (サラ・ミルズ)

　サラ・ミルズは，イギリスのフェミニズム言語学者であり，ポライトネス，フェミニズム言語理論，批判的談話分析，フェミニズム的ポストコロニアル理論などを専門としている．著作として，*Discourses of Differences: Women's Travel Writing and Colonialism* (1991)（『差異の談話—女性の紀行文と植民地主義』），*Discourse* (1997)（『談話』），*Michel Foucault* (2003a)（邦訳『ミシェル・フーコー』），*Gender and Politeness* (2003b)（邦訳『言語学とジェンダー論への問い』），*Gender and Colonial Space* (2005)（『ジェンダーと植民地空間』），*Language and Sexism* (2008)（『言語と性差別主義』）などがある．1998 年の論文の中で，ミルズは，ポストフェミニズム的なテクスト分析を論じ，アメリカのテレビ時事解説週刊誌 *Dateline* の広告がいかに微妙な性差別談話を含んでいるかを明らかにしている．さらに，言語，ジェンダー，旅に関する論文集や *Journal of Politeness Research and Gender and Language* を編集している．

Jonathan Potter (ジョナサン・ポッター)

　ジョナサン・ポッター (1956-) は，アメリカの談話分析学者であり，デレック・エドワーズ (Derek Edwards) とマーガレット・ウェザレル (Margaret Wetherell) と並んで，談話心理学の分野の主な開拓者の 1 人である．ポッターは，マーガレット・ウェザレルと *Discourse and Social Psychology* (1987)（『談話と社会心理学』）を共編した．この書物は，社会心理学における研究遂行の（態度アンケートやカテゴリー化といった）伝統的な実験的手法を批判し，こうした手法は誤っており，単純化し過ぎた分析になってしまうと指摘している．談話心理学は，伝統的な実験的手法とは異なったアプローチを採った．すなわち，部分的に会話分析の手法に基づきつつも，「話す，書く」という人間の行為を定性的に詳細に分析するに際して，その手法

と，社会的コンテクストを考慮に入れる視点とを組み合わせるというものである．ポッターの後期の著作である *Representing Reality: Discourse, Rhetoric and Social Construction* (1996)（『現実性を表象する—談話，レトリック，社会構成』）は，社会科学における社会構成主義を概観・批判したものであり，ヘドウィッグ・テ・モルダー (Hedwig te Molder) と共編した *Conversation and Cognition* (2005)（『会話と認知』）は，談話分析的手法を認知研究に応用することを試みている．

Harvey Sacks（ハーヴェイ・サックス）

　ハーヴェイ・サックス (1935-1975) は，アメリカの社会言語学者で，1960 年代と 1970 年代に会話分析という分野を開拓した．サックスは，エスノメソドロジーの影響を受け，講義録をはじめとする著作の大半は，1975 年の早すぎる死の後に出版された．サックスは，当初，1960 年代に勤務していた自殺予防センターに設置されているホットラインの筆記録を研究していたが，しだいに，構造化された常套句に基づく会話理論を発達させるに至った（この理論は従来の考えと対立するものであった．なぜなら，従来は，会話など無秩序であり，話しことばは堕落したものであるとされていたからである）．サックスは，会話分析に関連する重要な概念を数多く生み出した．例えば，turn-taking（順番交代），speaker selection preference（話者選択の好み），adjacency pair（隣接ペア），conversational openings and closings（会話の始まりと終わり），pre-sequences（連鎖前置き），accounts（釈明），repair（修復）などである．会話分析は応用言語学研究において広く応用されており，その要素は話しことばの談話分析や談話心理学にしばしば用いられている．

Deborah Schiffrin (デボラ・シフリン)

　デボラ・シフリン（1951-2017）は，アメリカの言語学者で，談話分析に関する広範なトピックに関する著作がある．とりわけ，言語とアイデンティティ，談話と歴史，語りと口承の歴史，文法と相互行為などである．*Discourse Markers* (1987)（『談話標識』）は，会話の中で重要な働きをする頻度の高い不変化詞や接続語（connectives）を扱った比較フィールドワーク分析であった．1994 年に，彼女は *Approaches to Discourse*（『談話へのアプローチ』）を著した．この本は，談話分析を研究するための 6 つの主要なアプローチを比較しつつ概観したものである（言語行為論，語用論，エスノメソドロジー，相互行為的社会言語学，コミュニケーションの民族誌学，言語変異論）．また，談話分析に関する 2 冊の大作を共編した．すなわち，*The Handbook of Discourse Analysis* (2001)（『談話分析ハンドブック』）と *Discourse and Identity* (2006)（『談話とアイデンティティ』）である．

Ron Scollon (ロン・スコロン)

　ロン・スコロン（1939-2009）は，アメリカの言語学者で，ニュー・リテラシー研究，談話分析，異文化間コミュニケーションの分野で活躍した．スコロンは，アメリカの社会言語学者ジョン・ガンパーズ（John Gumperz）の影響を受けて，相互行為的社会言語学の分野を生み出す原動力となった．スーザン・ウォン・スコロン（Suzanne Wong Scollon）との共著 *Intercultural Communication: A Discourse Approach* (1995)（『異文化間コミュニケーション―談話的アプローチ』）の中で示された枠組みを用いてスコロンが明らかにしたことは，話し手がいかにして会話の首尾一貫性を構築するかということであった．これに続いて，スコロンは，1998 年に *Mediated Discourse as Social Interaction*（『社会的相互行為としての媒介された談話』）を出版したが，この本の中では，アイデンティティの構築における印刷媒体とテ

レビニュースの役割の民族誌学的研究に焦点が当てられている．彼は，さらに，「媒介された談話分析」(Mediated Discourse Analysis) という枠組みを発展させた．これは，分析の中心に談話や言語を据えるのではなく，社会的行為を前面に出すアプローチである．スーザン・ウォン・スコロンとの共著 *Discourses in Place: Language in the Material World* (2003)（『場所に置かれた談話—物質世界における言語』）では，「地記号論」(geosemiotics) の分野を確立し，人々が，世界の中で物質的に置かれている存在としての言語を解釈する種々のやり方を分析している．

Michael Stubbs（マイケル・スタッブズ）

マイケル・スタッブズ (1947-) は，言語教育，リテラシー，教育言語学，談話分析，コーパス言語学などを専門とする言語学者で，1983 年に，談話分析に関する最初の本の 1 つを出版した（*Discourse Analysis: the Sociolinguistic Analysis of Natural Language*（邦訳『談話分析—自然言語の社会言語学的分析』））．1990 年代に，スタッブズはコンピューターを用いた手法によって談話分析をするようになった．最初は *Text and Corpus Analysis* (1996)（『テクストとコーパス分析』）であり，次は *Words and Phrases* (2001)（邦訳『コーパス語彙意味論—語から句へ』）である．スタッブズは，さらに，共著として *Text, Discourse and Corpora* (2007)（『テクスト，談話，コーパス』）を著した．スタッブズによれば，コーパスを使うことによって言語使用の隠れたパタンが露わになるという．こうした隠れたパタンは，無意識に用いられているものであり，使用者も気づかないことが多く，イデオロギー的な働きを持っている場合があるという．さらに，Jewish intellectual（ユダヤ人的知識人），working mother（仕事を持っている母親）といった決まり文句の影響力を調査して，「意味的選好」（もしくは，優先的意味選択）(semantic preference) や「談話的韻律」（もしくは，談話的プロソディ）(discourse prosody) といった用語を創出してコ

ロケーションの理論を発展させた．また，コーパスの技術を応用して，「文化的キーワード」，すなわち，文化に関して何か重要なことを伝えている語という概念を深化させている．

John Swales（ジョン・スウェイルズ）

ジョン・スウェイルズ（1938–）は，アメリカの言語学者で，ジャンル分析，応用言語学，外国語としての英語といった分野の著作がある．スウェイルズが著した *Genre Analysis*（1990）（『ジャンル分析』）は談話分析にとって極めて興味深いものである．スウェイルズはさらに，比較レトリック，アカデミックな場面における英語使用を分析したが，自分の研究においてコーパス言語学の手法を用いた．スウェイルズは，MICASE（Michigan Corpus of Academic Spoken English）プロジェクトのリーダーの 1 人であり，自身の研究に MICASE を用いてアカデミックなコンテクストにおける談話管理を調査した．彼は，さらに，組織の使命宣言書（mission statements）のコーパスを調査して，こうしたテクストがいかに雇用者にとって魅力的に思えるように工夫して書かれているかを明らかにした．スウェイルズはまた，自分の名前を付けた 100,000 語コーパス（The John Swales Conference Corpus）を持っている．研究のもう 1 つの領域として，スウェイルズは「談話共同体」（discourse community）という概念を創出したが，この概念は，かつてマーティン・ナイストランド（Martin Nystrand）によって用いられていたものである．スウェイルズによる，談話共同体の 6 つの特徴は，この用語に関する明確な定義を模索する研究者によって引用されるのが普通である．

Deborah Tannen（デボラ・タネン）

デボラ・タネン（1945–）は，アメリカの言語学者で，ジェンダーや日常会話における対人関係コミュニケーションについての幅広い著

作がある．タネンは，話しことばと書きことばにおける首尾一貫性
(coherence) に関する論文集 (1982) や談話における枠組み構築
(framing) に関する論文集 (1993) を編集するとともに，日常会話に
関する書物も出版した．すなわち，*Conversational Style: Analysing
Talk among Friends* (1984)（『会話の文体—友人どうしの会話の分析』），
*Talking Voices: Repetition, Dialogue and Imagery in Conversation-
al Discourse* (1989)（『話す声—会話的談話における繰り返し，対話，心
象』）などである．彼女は次の本で有名である．すなわち，*You Just
Don't Understand: Women and Men in Conversation* (1990)（邦訳
『わかりあえない理由—男と女が傷つけあわないための口のきき方 10 章』）で
ある．ここで論じられているのは，女性と男性とは，そもそも下位文
化 (subcultures) が異なっており，会話の文体が違うのはこうした下
位文化の違いのためであるということである．タネンは，女性のこと
ばは弱くて欠陥があるといった，言語とジェンダーに対する従来のア
プローチを批判して，ジェンダーの「差異」という概念を強調した
（この立場は以後批判されることとなった）．その後は，彼女の著作
は，ジェンダーの差異に焦点が当てられた．*Talking from 9 to 5:
Women and Men in the Workplace: Language, Sex and Power*
(1995)（『9 時から 5 時まで会話する—職場における女性と男性—言語，性，
権力』），*You Were Always Mom's Favourite: Sisters in Conversation
throughout Their Lives* (2009)（『あなたはいつもお母さんのお気に入り
だった——一生を通じての会話における姉妹』）．

Teun Van Dijk（テウン・ヴァン・デイク）

　テウン・ヴァン・デイク (1943-) は，批判的談話分析の分野を牽
引する人物であり，批判的談話分析 (CDA) への 1 つのアプローチ
の提唱者である．デイクのアプローチは認知，談話，社会の関係を考
慮に入れるものである．デイクが理論化したことは，人々がどのよう
にテクストを生産し，理解し，記憶し，話すのかということであっ

た．また，デイクの関心は談話，イデオロギー，権力の関係にも向けられている．デイクの研究の2つの相関した領域として，談話における人種差別主義と偏見の再生産，ならびに，ニュース談話の分析がある．デイクは談話分析に関するいくつかの雑誌を創刊し，また，著作としては，以下の書物がある．*Prejudice in Discourse* (1984)（『談話における偏見』），*News as Discourse* (1988)（『談話としてのニュース』），*Racism and the Press* (1991)（『人種差別主義と報道機関』），*Elite Discourse and Racism* (1993)（『エリート談話と人種差別主義』），*Ideology* (1998)（『イデオロギー』），*Discourse and Context: A Socio-cognitive Approach* (2008)（『談話とコンテクスト——社会認知的アプローチ』）．

Theo van Leeuwen（テオ・ヴァン・レーウェン）

テオ・ヴァン・レーウェン（1947-）は，オランダの言語学者であり，かつ，映画やテレビ制作にも関わっている．ヴァン・レーウェンは，雑誌 *Visual Communication* の創刊時の編集者の1人であり，メディア談話，批判的談話分析，マルチモーダル・コミュニケーションなどに関して幅広い著作がある．ヴァン・レーウェンは，ギュンター・クレス（Gunther Kress）と共著で *Reading Images: The Grammar of Visual Design* (1990)（『イメージを読む——視覚デザインの文法』）を出版し，視覚イメージへのアプローチを提唱した．その後，2人は，*Multimodal Discourse: The Modes and Media of Contemporary Communication* (2001)（『マルチモードの談話——現代コミュニケーションのモードとメディア』）を著した．さらに，言語使用における社会的行為者を表象するためのシステムを開発し（1996, 1997），批判的談話分析に影響を与えた．ヴァン・レーウェンのアプローチは，コンピューターゲーム，おもちゃ，写真といった非伝統的な「テクスト」の分析に関わっている．

Margaret Wetherell（マーガレット・ウェザレル）

マーガレット・ウェザレル（1954-）は，イギリスの社会心理学者であり，談話心理学（discursive psychology）という分野を提唱した．ウェザレルは，談話心理学の枠組みを用いて，アイデンティティ，とりわけ，民族性，人種差別主義，ジェンダーに関する問題を分析した．ウェザレルが調査したのは，病気，性差に基づく分業，独身であることの困難にまつわる談話実践であった．1987年に，ウェザレルは，ジョナサン・ポッター（Jonathan Potter）との共著で，*Discourse and Social Psychology*（『談話と社会心理学』）を出版した．2001年には，*Discourse Theory and Practice: A Reader*（『談話の理論と実践──読本』）と *Discourse as Data: A Guide to Analysis*（『データとしての談話──分析への手引き』）という2冊の論文集を共編した．彼女は，2003年には，論文集 *Analysing Racist Discourse*（『人種差別談話を分析する』）（共著）を出版し，2009年には，アイデンティティに関する2冊の論文集を出版した．すなわち，*Identity in the 21st Century*（『21世紀におけるアイデンティティ』）と *Theorising Identities and Social Action*（『アイデンティティと社会的行為を理論化する』）である．ウェザレルは，会話分析においてはジェンダーの偏在性が顕著であるということを論じ，さらに，心理分析と談話理論との連携を探求して，主体性（subjectivity）の分析を行った．

Henry Widdowson（ヘンリー・ウィドウソン）

ヘンリー・ウィドウソン（1935-）は，応用言語学，言語教育，談話分析，批判的談話分析などに関して出版した．小ぶりな本 *Discourse Analysis*（2007）（『談話分析』）は，このテーマに関するすぐれた入門書であり，各章で，談話の様々な意味や，会話分析，批判的分析，コーパス言語学，語用論，結束性，首尾一貫性，スキーマ理論といったアプローチが紹介されている．批判的談話分析に関しては，

Henry Widdowson

ウィドウソンは，*Text, Context, Pretext*（2004）（『テクスト，コンテクスト，プリテクスト』）の中で，もっと用意周到なアプローチをすべきことを論じており，「批判的談話分析が研究している方法に関して重大な懸念を抱いている」としている（2004: ix）．ウィドウソンが憂慮しているのは，CDA 研究者たちが自分自身の実践については十分に批判的ではないということ，自分に都合のいい言語的特徴を取り上げているということ，そして，解釈が主観的であるということである．なぜなら，その解釈に確とした根拠がなく，コンテクスト的・プリテクスト（pretext）的要因によって決められているからであるとする．[48]

---

[48] 訳者注：上記の Widdowson（2004: 79）では，"pretext" について，以下のように説明されている．

The term 'pretext' generally refers to an ulterior motive: a pretending to do one thing but intending to something else.

（「プリテクスト」という用語は，（当該の発話をする際の）隠れた動機のことである．すなわち，あることをするふりをしながら，実は別のことを意図している場合である．）

この定義に従うならば，プリテクストを「行為」とみなした場合，例えば，刑事が歩道を散歩しているふりをしながら，実はある家を見張っているような場合が挙げられよう．以下の例（松本清張『点と線』から）では，安田が割烹料亭「小雪」の 2 人の女中を銀座のレストランに招待し，食事を終えて帰ろうとする場面である．ここには，「言語」としてのプリテクストがある．

(i) 　　安田は，煙草をすいながら，目を細めて何か考えるようにしていたが，

「どうだい，君たち．このまま別れるんじゃ，おれ，ちょっと寂しいんだ．東京駅まで見送ってくれよ」

と言いだした．半分，冗談ともつかず，本気ともつかぬ顔つきだった．

（松本清張『点と線』）（下線筆者）

この例で興味深いのは，安田の隠れた意図は，「見送って欲しい」という「依頼」にあるのではなく，東京駅の 13 番線で，お時という女性が特急「あさかぜ」に若い男性と一緒に乗り込む場面を，2 人の女性に目撃させることにあったということである．このことがプリテクストに相当すると考えられる．しかし，2 人の女中がそのような意図を持っていたとは知る由もなかった．

Ruth Wodak (ルート・ヴォダック)

　ルート・ヴォダック (1950-) は，オーストリアにおける批判的談話分析の分野の指導的学者であり，人種差別主義，反ユダヤ主義，ジェンダー研究，政治的談話，組織談話 (organizational discourse)，オーストリア人とヨーロッパ人のアイデンティティなどの領域において幅広い著作がある．マーティン・レイシグル (Martin Reisigl) と共に，ヴォダックは批判的談話分析に談話・歴史的アプローチを導入した．このアプローチは，「三角法」(triangulation) を用いるものであり，テクスト分析と歴史的・政治的なコンテクストとを組み合わせることを重視するものである．ヴォダックの枠組みでは，論証理論，体系機能言語学，民族誌学が用いられる．著書としては，次の書物が挙げられる．*Disorders of Discourse* (1996) (『談話の無秩序』)，*The Discursive Construction of National Identity* (1999/2009) (『国家的アイデンティティの談話的構築』) (ルドルフ・デ・シリア (Rudolf de Cillia)，マーティン・レイシグル (Martin Reisigl)，カリン・リーブハルト (Karin Liebhart) との共著)，*Discourse and Discrimination: Rhetorics of Racism and Antisemitism* (2001) (『談話と差別——人種差別と反ユダヤ主義のレトリック』) (マーティン・レイシグルとの共著)，*The Politics of Exclusion: Debating Migration in Austria* (2008) (『排除の政治——オーストリアにおける移民について討議する』) (マイケル・クルジザノウスキー (Michal Krzyzanowski) との共著)，*The Discourse of Politics in Action: Politics as Usual* (2009) (『行為における政治の談話——平常時における政治』)．その他，彼女は批判的談話分析の方法論に関する論文集を編集した．

The Key Texts
重要テキスト

Austin, J. L. (1962) *How to do Things with Words* (邦訳『言語と行為』). **Oxford: Oxford University Press.**

　比較的小ぶりの書物だが，言語の研究に多大な影響を与えた本書は，イギリスの言語哲学者ジョン・オースティンが 1955 年にハーバード大学のウィリアム・ジェームズ記念講演で行った 12 回にわたる講義録に基づいたものである．本書において，オースティンは「言語行為論」(speech act theory) を打ち立て，言語には，(真偽判定可能な)「叙述文」(もしくは，事実確認文) (constatives) と，真理値を持たず，当該の発話が適切か不適切かという観点，すなわち，「適切性条件」(felicity conditions) から捉えられる「遂行文」(performative) とがあることを明らかにした．遂行文を発することは，賭け，結婚，命名，遺言といった行為からわかるように，当該の行為を「遂行する」ことに欠かせない部分となっている．ただし，遂行文は，適切な状況下で発話されなかった場合，不適切となってしまう．例えば，結婚式で，聖職者に 2 人を結婚させる権限がなかったら，2 人を結婚させることはできない．本書で，講義が進行していく中で，オースティンは，「明示的遂行文」(explicit performatives) と「非明示的遂行文」(implicit performatives) の区別を行う．また，本書の終盤では，言語行為を，「発語行為」，「発語内行為」，「発語媒介行為」に三分類する．オースティンの言語行為論は，その後，アメリカの言語

哲学者ジョン・サールによって発展させられた (Searle 1969).

Bell, A. and Garrett, P. (1998) *Approaches to Media Discourse* (『メディア談話へのアプローチ』). Oxford: Malden.

　本論集（1998）は，言語学，談話分析，メディア研究の分野の学者からの寄稿を編集したものであり，様々なアプローチによって，テレビにおけるニュースインタビュー，新聞における投書，新聞の一面といったテクストを分析している．ここで採られているアプローチには，テクスト分析，語り分析，受容分析，視覚イメージ分析などがある（例えば，ガンザー・クレスとテオ・ヴァン・レーウェンは，新聞のレイアウトを分析して，テクストの分析はもはや言語的手段だけで構造化されているのではなく，テクスト，写真，あるいはその他の図式などの空間的な段組みの配列によっても構造化されていると論じている）．テクストや談話分析への多様なアプローチを紹介しているという点で，本書は，談話分析にとっての価値ある源泉となっている．

Benwell, B and Stokoe, E. (2006) *Discourse and Identity* (『談話とアイデンティティ』). Edinburgh: Edinburgh University Press.

　本書は，談話とアイデンティティ（ここでは，アイデンティティを広く定義して，人々が互いに自己がどのような存在であるかを示すものとしている）の関係を考察したものである．この明解な書物は，7章から成っており，各章で，人々が「アイデンティティ・ワーク」(identity work) をする様々な談話的環境について考察されている．テーマとしては，日常会話や様々なタイプの語り，コンピューター媒介的・仮想的コンテクスト，広告，組織などが論じられている．自然な会話データの分析に際しては，他の学者の重要な研究も取り入れられており，とりわけ，会話分析，批判的談話分析，談話心理学，ポラ

イトネス理論，位置づけ理論（positioning theory），語り分析など，一連のアプローチが批判的に考察されている．興味深いことに，本書では，談話とアイデンティティのうちのやや等閑視された側面，すなわち，アイデンティティに関連した空間的位置も取り上げられている．

Brown, G. and Yule, G. (1983) *Discourse Analysis* (『談話分析』). Cambridge: Cambridge University Press.

　本書は，談話分析に関する比較的早い時期に書かれた書物で，「使用における言語」に焦点を当てたものであり，談話を権力関係やイデオロギーと結び付けて捉えることはしていない．本書は，広い範囲の談話基盤的な研究や言語学的用語を説明しており，各章ごとに以下のような中心的なトピックを論じている．すなわち，解釈におけるコンテクストの役割（前提，推意，推論），話題と談話内容の表示，主題構造，情報構造，指示（結束性も含む），首尾一貫性（言語行為論，フレーム，スクリプトを含む）などである．本書は，全体として，多くの実生活の例を使いながら人々がどのようにコミュニケーションをしているのかという問題に関して分析をしたものである．ただし，テクスト相互性（もしくは，間テクスト性）や生産と受容のプロセスは論じられていない．

Brown, P. and Levinson, S. (1987) *Politeness: Some Universals in Language Usage* (邦訳『ポライトネス──言語使用における，ある普遍現象』). Cambridge: Cambridge University Press.

　本書（以前に発表されていた著作の再出版）は，普遍的に（すなわち，文化の違いを超えて）適用可能なポライトネスの原理を明らかにしようとしたものである．ブラウンとレヴィンソンの枠組みは，「協調の原則」や意図的コミュニケーションといった，グライス流の語用論の影響を受けている．しかしながら，本書のモデルにとってより重

要なものは「フェイス」の概念である．フェイスには，「積極的フェイス」と「消極的フェイス」とがある．「積極的フェイス」は，他人から，賞賛・承認されたい，理解されたいという欲求を表し，「消極的フェイス」は，他人から干渉されたくないという欲求を表す．本書の眼目は，様々な種類の「フェイス侵害行為」（face-threatening act）（FTA）（＝これらのフェイスを侵害する行為），ならびに，積極的フェイスと消極的フェイスに関連した様々な種類の会話的ストラテジーを論じることにある．本書では，いろいろな言語（英語，タミル語，日本語，ツェルタル語など）から採られた発話が挙げられ，様々な文化的コンテクストが例示されている．本書の終わりで，著者は社会的・言語的な理論にとっての本書のモデルの意味合いを考察している．

Butler, J. (1990) *Gender Trouble* （邦訳『ジェンダー・トラブル』）. London and New York: Routledge.

本書は，ポスト構造主義に関する，影響力の大きいテクストである．固定されたジェンダーのアイデンティティの概念を批判し，ジェンダーと性的カテゴリーは言語によって表される強力な談話の結果としての産物であると論じている．かくして，ジェンダーは，日常生活の中で繰り返し遂行されることによって，一見固定的であるかのように見えるにすぎない．本書の題名の由来は，「ジェンダー」の意味をめぐる現代のフェミニズムに関する議論は，ある意味で「トラブル」に陥るというバトラーの見解である．バトラーは，主として，フーコー，イリガライ，クリステヴァ，ウィティッグといった哲学者に依拠するとともに，フロイトやラカンの心理分析理論も参照している．本書では，フェミニズムの主体としての女性，義務的な異性愛，近親相姦タブー，母体をはじめとする様々なトピックや概念が論じられている．終章では，ジェンダーのパロディと政治とのつながりが論じられている．

The Key Texts

De Saussure, F. (1966) *Course in General Linguistics* (邦訳 『新訳 ソシュール一般言語学講義』). C. Bally and A. Sechehaye (eds.) Translated by Wade Baskin. New York: McGraw-Hill Book Company.

　革新的な本書は，ソシュールの中心的な考えを概説したもので，1906 年から 1911 年にかけてジュネーブ大学で行われた講義の内容に基づいている．本書で論じられている一連のトピックは，談話分析にとって重要である．すなわち，言語をラングとパロールに分けることや，言語単位としての記号の考察などである．ソシュールにおいては，記号は，「表すもの」と「表されるもの」から成り立っており，両者の結合関係は恣意的である．ソシュールは，さらに，言語は差異の関係を通して機能すると論じており，2 つのタイプの関係を述べている．すなわち，「連辞関係」と「連合関係」である．本書は 6 部から構成されている．「序論」では，文字表記の体系と音韻論が論じられている．「一般原理」では，記号の理論が論じられ，静態言語学と進化言語学に区別されている．「共時言語学」では，言語の文法的な側面に焦点が当てられている．「通時言語学」では，音変化に重点が置かれている．「言語地理学」では，方言が考察されている．最後に，「回顧的言語学の諸問題」は，本書の結論に当てられている．

Fairclough, N. (1989) *Language and Power* (邦訳『言語と力』). London: Longman.

　「ロングマンの社会生活における言語」シリーズの第 1 巻として書かれた本書において，ノーマン・フェアクラフは，はじめて，批判的談話分析の理論と手続きを説明している．ポストモダニズム，体系言語学，談話分析，社会言語学，語用論，批判的言語学，社会理論などの研究をはじめとする一連の文献に基づいて彼が論じていることは，言語は社会的実践であり，言語に関する純粋に記述的説明では完全な

姿は捉えきれないということである．かくして，彼は，批判的談話分析における，談話の「三段階モデル」を提唱する．すなわち，記述，解釈，説明の3段階である．分析を例証するための実例では，いかにして権力関係が新聞記事，広告，会話などの中で表現され，維持されているかに焦点が当てられている．フェアクラフはさらに，分析者の立場も考慮に入れられなければならないと論じている．後半の章では，サッチャー主義，広告，消費主義，官僚制，治療などの談話に焦点が当てられており，最後は，学校などの教育機関において批判的言語研究を導入することが勧められている．

Fairclough, N. (1995) *Critical Discourse Analysis: The Critical Study of Language* (『批判的談話分析——言語の批判的研究』). London: Longman.

　本書は，ノーマン・フェアクラフが主として1983年と1993年の間に書いた重要な論文と3本の新しく書き下ろした論文とから成る論文集であり，以下の4つのテーマを扱っている．

①　言語，イデオロギー，権力．このテーマは，言語，イデオロギー，権力という三者の間の関係を研究するための分析の枠組みの発展を反映したものである．

②　談話と社会文化的変化．このテーマは，談話分析と社会分析とを統合し，3次元的枠組みとしての批判的談話分析を提示している．

③　社会研究におけるテクスト分析．このテーマは，言語研究の外で研究している談話研究者に焦点を当てて，この種の研究の中にテクスト分析（言語的分析とテクスト相互的（もしくは，間テクスト的）分析）が含まれるべきであると論じている．

④　言語に対する批判的な気づき（awareness）．このテーマに関

して，フェアクラフは，談話分析の批判的研究を教育に応用することに焦点を当て，学校教育における言語に対する気づきと言語の適切性といった概念について論じている．

Fowler, R., Hodge, B., Kress, G. and Trew, T. (eds) (1979)
Language and Control（『言語とコントロール』）**. London: Rout-ledge.**

　本書は，批判的言語学の発展を期して4人の著者によって書かれた，10本の論文から成る論文集である．本書の目的は，以下の3点を明らかにすることである．

① 現実性に関する特定の見方を表現するために，どのように言語が用いられているのか．
② 言語の変異は，構造化された社会的な差異をどのように反映し，表現しているのか．
③ 言語の使用は社会のプロセスの一部であるというのは，どのような状態でか．

著者たちは，新聞，インタビュー，子供の言語，出生登録書類をはじめとする様々な自然データを分析して，以下のことを論じている．すなわち，どのように，言語構造は，(i) 現実性に関する私たちの知覚に影響を与えているのか，(ii) 行動を規制しているのか，(iii) 人々や出来事・事物をカテゴリー化しているのか，そして，(iv) 地位（status）を主張しているのか．こうした点を論じるに際して，著者たちはハリディによる体系機能文法のモデルを用いている．『言語とコントロール』は批判的談話分析に大きな影響を与えたが，本書では，コンテクスト分析を追加することによって，体系機能文法の中で用いられている分析の言語的な手法・技術の多くを補っている．

Grice, P. (1989) *Studies in the Way of Words* (邦訳『論理と会話』). Cambridge, MA: Harvard University Press.

　グライスの死後，1989 年に出版された本書には，グライスの多くの研究が収録されている．その中には，1967 年にハーバード大学のウィリアム・ジェームズ記念講演で行った "Logic and Conversation" をはじめとする一連の講演ならびに，その後の研究も収録されている．本書は「論理と会話」(Logic and Conversation) と「意味論と形而上学の探求」(Explorations in Semantics and Metaphysics) の 2 部から構成されている．焦点は，どのようにして人々がお互いの発話を理解しているのかに当てられているが，とりわけ，どのようにして人々が意味と話し手の意図を解釈しているのかという問題や，言語哲学，認識の哲学，形而上学に関する諸問題が扱われている．ここで，グライスは，「協調の原則」(Cooperative Principle) を提唱し，量 (quantity)，質 (quality)，関連性 (relevance)，様態 (manner) から成る 4 つの「会話の公理」(もしくは，会話の格率) (conversational maxims) について論じている．本書には，推意 (もしくは，含み) (implicature) や前提に関するグライスの研究も含まれている．

Halliday, M. and Matthiessen, C. (2004) *An Introduction to Functional Grammar* (『機能文法入門』). Third Edition. London: Edward Arnold.

　本書は，マイケル・ハリディの体系機能文法の理論を詳細に論じたものである．本書の初版が出版されたのは 1985 年であった．文法に関するハリディの研究は，批判的言語学・批判的談話分析の研究者によって採り入れられたが，こういった研究者が焦点を当てているのは，文法が話し手や聞き手に提供する表現の選択の機会であり，さらに，こうした表現の選択の機会というものが意味の解釈に影響を与え，ひいては，イデオロギー的な機能を持っているということであ

る．体系機能文法では，言語は３つの方法で分析される．すなわち，意味論，音韻論，語彙-文法である．そして，テクストは３つのメタ機能の観点から分析可能とされる．すなわち，観念的（ideational），対人的（interpersonal），テクスト的（textual）の３つである．本書，すなわち，第３版では，初版と第２版の構成と叙述範囲が踏襲されているものの，主としてコーパスのデータから新しい資料が追加されており，前２版よりも体系的視点と文法化により重きが置かれている．

Hoey, M., Mahlberg, M., Stubbs, M. and Teubert, W. (2007)
Text, Discourse and Corpora（『テクスト，談話，コーパス』）.
London: Continuum.

　本書は８章から成る論文集であり（ジョン・シンクレア（John Sinclair）による序論が付けられている），談話分析あるいはテクスト分析の様々な側面において，コーパス言語学的アプローチがどのように活用できるかを論じたものである．談話分析に関する類書と異なって，本書が焦点を当てているのは，膨大な電子テクストデータをコンピュータを用いて分析することによって，いかにして言語使用の隠れたパタンを露わにすることが可能となるのかということである．そうしたパタンは通常は人の目では捉えられないものである．事例研究に関しては，BNC（the British National Corpus）のような大規模な検索コーパスや目的を絞った小規模なコーパスなどが使用されたり，コーパスとして（検索エンジン調査による）ウェブが使われたりしている．ホイイ（Hoey）は語彙的プライミング（lexical priming）の理論を概説しており，テウベルト（Teubert）はキーワード（例えば，globalization, work, property など）を調査しており，スタッブズ（Stubbs）は多語連鎖（multi-word sequences）や言語モデルに対してコーパスアプローチが与える示唆を分析しており，マールベルグ（Mahlberg）は新聞や文学テクスト（後者の場合，コーパス文体論の

概念化も扱っている) のコーパスを論じている.

Kress, G. and van Leeuwen, T. (1990) *Reading Images: The Grammar of Visual Design* (『イメージを読む──視覚デザインの文法』). Victoria: Deakin University Press.

　本書は, 視覚デザインの体系的分析に対するアプローチであり, 著者たちは, 言語の文法と視覚デザインの文法には重要な対応が存在すると論じている. 児童画, テキストのイラスト, 写真ジャーナリズム, 広告から採られた画像, 芸術をはじめとする様々な例を挙げて, 色彩の使い方, 視点, 構成, 構図といった要素は, 修辞的技法としての意味や行為を伝えることができると述べている. さらに, 彫刻や建築といった3次元画像も考察されている. 本書の改訂版は2006年に出版されたが, その中では, 動画, 色彩, ウェブサイト, ウェブに基づく画像に関する新しい資料, さらには, 視覚的コミュニケーションの将来についても考察されている.

Lakoff, R. (1975) *Language and Woman's Place* (邦訳『言語と性──英語における女の地位』). New York: Harper & Row.

　本書は, ジェンダーと言語の研究のパイオニアとなった書である. この中で, 著者のレイコフが論じていることは, 言語使用と女性の無力さとの間には直接的な関係があるということであり, 以下の2点に焦点を当てている. それは, 「女性によって用いられる」言語と, 「女性について用いられる」言語とである. 本書でレイコフが主として論じていることは, 女性特有の言語があり, それは女性の従属的な地位を反映しているものであるということである. 挙げられている例としては, 以下のようなものがある. 付加疑問, ヘッジ (断定緩和表現) (hedges), 「内容のない」形容詞, 上昇調イントネーションなどである. これらは, 女性語を, ためらいがちで弱いものにしていると

いう．レイコフは，女性語および女性に関する言語は無力さを表していると主張したが，この主張は，ジェンダーとフェミニズムの学者の間で長きにわたる論争を引き起こした．その結果，レイコフの研究は今や広く引用されている．本書は，近年メアリー・ブチョルツ（Mary Bucholtz）によってコメント付きの拡張版（2004）が出版された．元のテクストに対する多様なコメント論文が収録されている．また，言語，言語学，文化人類学，情報科学，その他といった分野から様々な声を集めて，元のテクストを現代のフェミニズム・ジェンダー研究の枠の中に位置づけている．

Potter, J. and Wetherell, M. (1987) *Discourse and Social Psychology*（『談話と心理学』）. London: Sage.

本書は，談話をあらゆる形式の言語活動（話し，書く）とみなし，談話分析の概念と手法を社会心理学の，あるいは，社会心理学関連の様々なトピックに適用し，いかに談話分析がデータ理解にとってより洗練された方法を提供してくれるかを示したものである．著者たちは，伝統的な社会心理学のアプローチを批判して，それは研究者の偏向を反映する場合があったり，不正確であったりする場合があることを指摘している．本書で論じられていることは，テクストの詳細な定性的（もしくは，質的）分析（qualitative analysis）（とりわけ，会話とインタビューのデータ）を通して次のことを明らかにできるということである．すなわち，「態度」（attitudes）といった概念（これは伝統的に計測しやすく，安定的であるとみなされてきた概念であるが）が，会話においてはしばしば矛盾し複雑であると思われることである．会話分析の技術と，あらかじめ決められた類型論に基づいたカテゴリー化に関わる技術とが対照されて，後者の技術によっては，人々がどのように「釈明」（accounts）を系統立てて述べるのかについて説明できないことが論じられている．終章では，談話分析を行うための 10 段階モデルが提唱されている．

Reisigl, M. and Wodak, R. (2001) *Discourse and Discrimination: Rhetorics of Racism and Antisemitism* (『談話と差別──人種差別主義と反ユダヤ主義のレトリック』). **London and New York: Routledge.**

　本書は，批判的談話分析の重要な一冊であり，談話と，社会的差別，とりわけ，人種差別主義，反ユダヤ主義，民族差別主義との関係について論じたものである．著者たちは，自らの談話・歴史的な枠組みをテクストの批判的談話分析に適用して，当該のテクストが生産され，消費される政治的，歴史的，文化的コンテクストを考察している．その理論は，オーストリアにおける新聞記事，政治的スピーチ，政策テクストから採った経験的データに基づいている．著者たちは「論証理論」（argumentation theory）を用いて，様々な論証ストラテジーが用いられて民族差別的な，あるいはそれ以外の差別的な実践が正当化されているという実態を明らかにしている．さらに，本書では，社会的行為者の表象に関する van Leeuwen（1996）の枠組みを援用・発展させて，指示的・叙述的ストラテジーが社会的行為者を分類・評価することによって社会的排除を正当化するために用いられている実態を明らかにしている．さらに，本書は，差別の基盤として「ステレオタイプ」（もしくは，固定観念）がどのように利用されているかという問題も併せて論じている．

Sacks, H. (1992) *Lectures on Conversation* (『会話講義』). **Oxford: Blackwell.**

　1400ページで2巻本から成る本書は，著者のハーヴィ・サックスが会話とそれに関連したトピックについて1964年から1972年にかけて行った講義を収録したものである（ガイル・ジェファーソンによって編集された）．サックスは会話分析の多くの側面を概説しており，その際に（自殺予防センターに勤務していた頃に収集した電話で

の会話をはじめ）自分が収集した会話の転写を用いている．第1巻では，成員カテゴリー化装置と会話における連鎖の規則に焦点が当てられており，「順番交代」（turn-taking）の規則について詳説されている．第2巻は，日常会話の詩学，公的悲劇，会話における語りといったトピックに当てられている．本巻の最後は，会話分析の最も有名な側面の1つである「隣接ペア」（adjacency pair）が詳述されている．両巻を通じて，サックスは，会話分析に関連する一連の方法論的諸問題に関してもコメントしている．

Schiffrin, D., Tannen, D. and Hamilton, H. E. (eds) (2001) *The Handbook of Discourse Analysis*（『談話分析ハンドブック』）. Oxford: Blackwell.

この41章，850ページの大著の論文集では，談話分析の様々な概念化に関連する一連のテーマが論じられており，このトピックに関して最も射程が広く包括的な書物のうちの1つとなっている（さらに，Jaworski and Coupland 2006 も参照のこと）．本書は，以下の6つのセクションに大別されている．①談話——意味，機能，コンテクスト，②談話を分析するための手法と資料，③連鎖と構造，④社会関係の交渉，⑤アイデンティティと主体性，⑥権力，イデオロギー，コントロール．各セクションの末尾にはいくつか問題点が挙げられている．論文は既出のものが多く，この重要な書はそれ自体が重要なテクストの集積であるが，専門家による最近の論文も収録されている．そして，論文の中には省察的論評があり，それらは当該分野のいくつかの章どうしの違いを浮き彫りにしている．

Stubbs, M. (1983) *Discourse Analysis: The Sociolinguistic Analysis of Natural Language* （邦訳『談話分析——自然言語の社会言語学的分析』）. Oxford: Blackwell.

本書は，談話分析に関する初期の書物であり，談話を，「文もしくは節を超えた言語」であり，社会的コンテクスト，なかんずく，複数の人々の間の相互行為において生じるものとして捉えている．本書は，以下の5部に大別されている．第1部は，基本用語の定義に当てられている．第2部は，談話分析に対する以下の3つのそれぞれ異なったアプローチを紹介している．①構成パタンを明らかにするために筆記録（transcripts）を分析するアプローチ，②発話の基底にある意味に焦点を当てる民族誌学的アプローチ，③ well や please といった談話標識に焦点を当てるアプローチ．第3部は，会話のやりとりとその構造に焦点を当てており，第4部は，結束性，首尾一貫性，命題に関係している．最後に，第5部は，方法論的側面について考察しており，談話分析をするための確立された方法は存在しないということについて省察し，サンプリング，データサイズ，偏向，三角法などの問題を論じている．

Sunderland, J. (2004) *Gendered Discourses* （『ジェンダー談話』）. London: Palgrave.

本書の中で，ジェーン・サンダーランドは，言語使用の中に見られる「痕跡」（traces）を分析することを通して談話を同定し，命名するためのシステムを提唱している．サンダーランドは，（教室談話（classroom discourse）のような）「記述的談話」（descriptive discourses）と「解釈的談話」（interpretive discourses）を区別している．前者は，談話がなされる場面に基づく中立的な命名が用いられるが，後者は，（「人種差別談話」のように）特定の見解やイデオロギーを表す命名となっている．本書では，ジェンダー発話の実例が議論されて

いる．例えば，'women beware women'（女性は女性にご用心）とか
'poor boys'（かわいそうな男の子たち）といった例である．本書の焦点
は，談話の様々なタイプや秩序に当てられており，談話は階級的に配
列されていること，そして，支持的な場合もあれば，対立的な場合も
あることを論じている．本書の中間部分では，育児雑誌，児童文学，
教室での相互行為からのテクストの例が挙げられており，終わりの部
分では言語的介入の一節があり，有害な談話に焦点が当てられてい
る．

Van Dijk, T. (ed.) (1997) *Discourse as Social Interaction* (『社会的相互行為としての談話』). London, Thousand Oaks and New Delhi: Sage.

　本論集は，様々な形の談話分析を論じているが，とりわけ，コンテ
クスト，権力，イデオロギーに焦点が置かれている．ここでは，談話
と社会生活との結びつきが確証されているが，それは，著者たちがテ
クストと会話の機能に焦点を当てて，談話は言語の形式と意味に関係
しているだけでなく，社会的相互行為にも関係していることを明らか
にしているからである．本書で提示されている談話分析へのアプロー
チには，批判的談話分析，会話分析，社会認知的分析などがあり，人
種差別，民族差別，ジェンダー，企業権力，制度的場面，政治，文化
なども論じられている．本書は，様々なレベルの専門性における談話
分析としてもすぐれているが，さらに，コミュニケーション研究，カ
ルチュラルスタディーズ，法律，人類学などに興味を抱いている人々
にとっても有益である．

Widdowson, H. (2004) *Text, Context, Pretext: Critical Issues in Discourse Analysis* (『テクスト，コンテクスト，プリテクスト──談話分析における重大問題』)．Oxford: Blackwell.

本書の中で，ウィドウソンは，批判的談話分析（CDA）を批判的に捉えている．すなわち，ウィドウソンは，研究者の CDA の背後にある動機は称賛に値するものであるにせよ，そのアプローチたるや問題が多いと述べている．なぜなら，研究者たちは分析において解釈が主観的になりがちであるからである．例えば，あるテクストの特徴を取り出して，自分の都合のいいように選択して論じている．ウィドウソンによれば，「批判的談話分析」という名称は誤っているという．というのは，その研究成果は一般にコンテクスト的，プリテクスト的要因によって条件づけられた解釈から成り立っているからである．さらに，ウィドウソンは，コーパス・アプローチに 1 章をさいて，コーパス言語学者は共テクスト（もしくは，コテクスト）的要因からコンテクスト的要因を推論することができないので，談話の証拠としてテクストデータを用いることができないと論じている．結論として，ウィドウソンが勧めていることは，CDA がより学問的な厳格さを持つことであり，また，提案していることは，心理言語学的研究に基づいたり，民族誌学的研究によって生産と消費を詳細に調査するなどして，客観的・標準的な解釈を定めるといった研究法を採ることである．

Wodak, R. and Meyer, M. (eds) (2001). *Methods of Critical Discourse Analysis* (邦訳『批判的談話分析入門』)．London, Thousand Oaks and New Delhi: Sage.

本書は，批判的談話分析（CDA）入門書であり，6 人の多作な学者による 7 章の寄稿を編集したものである．第 1 章において，ルート・ヴォダックは CDA の歴史をまとめ，かつ，この分野における重要な

The Key Texts

概念と発展について述べている．第2章では，ミヒャエル・マイヤーが，談話分析を行うに際して，CDA が，理論的にも方法論的にも，様々なレベルのアプローチを用いることを論じている．しかしながら，彼によると，こうした多様性の中にも，共通した重要な特徴があるという．すなわち，「権力，階級性（ヒエラルキー），排除，支配という社会的な営み」(Meyer 2001: 30) に焦点が置かれているということであり，同時に，社会的不平等の談話的側面を露わにすることを目指しているということである (ibid.)．さらに，CDA 研究に関する5つの重要なアプローチが取り上げられて，理論的・方法論的問題を提示すると共に，分析の実例が挙げられている．すなわち，第3章ではジークフリート・イェーガーによる談話と装置 (dispositive) の分析が，第4章ではヴォダックによる「談話・歴史的アプローチ」(discourse-historical approach) が，第5章ではヴァン・デイクによる「社会認知的アプローチ」(socio-cognitive approach) が，第6章ではノーマン・フェアクラフの CDA が，終章の第7章ではロン・スコロンによる「媒介された談話分析」(Mediated Discourse Analysis) が論じられている．

References
参考文献

Aijmer, K. (1996), *Conversational Routines in English. Convention and Creativity*. London: Longman.

Albertazzi, D. and McDonnell, D. (2008), *Twenty-First Century Populism: The Spectre of Western European Democracy*. New York and London: Palgrave Macmillan.

Althussur, L. (1971), *Lenin and Philosophy and Other Essays*. London: New Left Books.

Altman, R. (2008), *A Theory of Narrative*. New York: Columbia University Press.

Anderson, B. (1983), *Imagined Communities*. London and New York: Verso.

Andersen, G. (1998), 'The pragmatic marker *like* from a relevance-theoretic perspective.' In A. H. Jucker and Y. Zov (eds), *Discourse Markers: Descriptions and Theory*. Amsterdam/Philadelphia: John Benjamins, pp. 147–170.

Anderson, A. R., Belnap, N. D. and Dunn, J. M. (1992), *Entailment: The Logic of Relevance and Necessity. Vol. 2*. Princeton, NJ: Princeton University Press.

Armistead, N. (1974), *Reconstructing Social Psychology*. Harmondsworth: Penguin.

Atkinson, J. and Drew, P. (1979), *Order in Court: The Organization of Verbal Interaction in Judicial Settings*. London: MacMillan.

Atkinson, M. and Heritage, J. (eds) (1984), *Structures of Social Action: Studies in Conversation Analysis*. Cambridge: Cambridge

University Press.

Auer, P. (1984), *Bilingual Conversation*. Amsterdam: John Benjamins.

Austin, J. L. (1962), *How To Do Things With Words: The William James Lectures Delivered at Harvard University in 1955*. Oxford: Clarendon. [J. L. オースティン（著），坂本百大（訳）（1978).『言語と行為』東京：大修館書店]

Baker, P. (2002), *Polari—The Lost Language of Gay Men*. London: Routledge.

Baker, P. (2005), *Public Discourses of Gay Men*. London: Routledge.

Baker, P. (2006), *Using Corpora in Discourse Analysis*. London: Continuum.

Baker, P. (2008), *Sexed Texts*. London: Equinox.

Baker, P. (2010), 'Will Ms ever be as frequent as Mr? A corpus-based comparison of gendered terms across four diachronic corpora of British English.' *Gender and Language*, 4.

Bakhtin, M. M. (1986), *Speech Genres and Other Late Essays*. Edited by C. Emersen and M. Holquist. Translated by V. McGee. Austin, TX: University of Texas Press.

Barker, C. and Galasinski, D. (2001), *Cultural Studies and Discourse Analysis. A Dialogue on Language and Identity*. London: Sage.

Baron-Cohen, S. (2004), *The Essential Difference: Men, Women and the Extreme Male Brain*. London: Penguin.

Baxter, J. (2002), 'Competing discourses in the classroom: A poststructuralist discourse analysis of girls' and boys' speech in public contexts.' *Discourse and Society*, 13, 827–842.

Baxter, J. (2003), *Positioning Gender in Discourse: A Feminist Methodology*. Basingstoke: Palgrave Macmillan.

Baxter, J. (2008), 'Feminist post-structuralist discourse analysis: A new theoretical and methodological approach?' In K. Harrington, L. Litosseliti, H. Sauntson and J. Sunderland (eds), *Gender and Language Research Methodologies*. Basingstoke: Palgrave Macmillan, pp. 243–255.

Beetham, D. (1991), *The Legitimation of Power*. London: Macmillan Education Ltd.

References

Beier, L. (1995), 'Anti-language or jargon? Canting in the English underworld in the sixteenth and seventeenth centuries.' In P. Burke and R. Porter (eds). *Languages and Jargons*, Cambridge: Polity Press, pp. 64–101.

Bell, A. (1984), 'Language style as audience design.' *Language in Society*, 13(2), 145–204.

Bell, A. (1991), *The Language of News Media*. Oxford: Blackwell.

Bell, A. and Garrett, P. (1998), *Approaches to Media Discourse*. Oxford: Blackwell.

Bell, A., Harlow, R. and Starks, D. (eds) (2006), *Languages of New Zealand*. Wellington: Victoria University Press.

Bell, A. and Holmes, J. (eds) (1990), *New Zealand Ways of Speaking*. Wellington: Victoria University Press.

Benveniste, E. (1954), 'Civilisation: Contributions à l'histoire du mot.' In E. Benveniste (ed.), Problèmes de linguistique générale. Paris: Gallimard (1966), pp. 336–345.

Bernard, H. R. and Ryan, G. W. (2010), *Analyzing Qualitative Data: Systematic Approaches*. Los Angeles, CA: Sage.

Bernstein, B. (1990), *The Structuring of Pedagogic Discourse: Class, Codes and Control. Vol. 4*. London: Routledge.

Bhatia, V. K. (2004), *Worlds of Written Discourse: A Genre-Based View*. London: Continuum.

Biber, D., Conrad, S. and Reppen, R. (1998), *Corpus Linguistics: Investigating Language Structure and Use*. Cambridge: Cambridge University Press.

Biber, D., Johansson, S., Leech, G., Conrad, S. and Finegan, E. (1999), *Longman Grammar of Spoken and Written English*. London: Longman.

Biber, D., Conrad, S. and Cortes, V. (2004), 'If you look at …: Lexical bundles in University teaching and textbooks.' *Applied Linguistics*, 25(3), 371–405.

Billig, M. (1987), *Arguing and Thinking: A Rhetorical Approach to Social Psychology*. Cambridge: Cambridge University Press.

Blaikie, N. (2003), *Analyzing Quantitative Data: From Description to*

Explanation. London: Sage.

Bloome, D. and Green, J. (2002), 'Directions in the sociolinguistic study of reading,' In P. D. Pearson, R. Barr, M. L. Kamil and P. Mosenthal (eds), *Handbook of Reading Research vol 1*. Mahwah, NJ: Lawrence Erlbaum, pp. 395–421.

Bloomfield, L. (1926), 'A set of postulates for the science of language.' *Language*, 2, 153–154.

Boas, F. (1887), 'Museums of ethnology and their classification.' *Science*, 9, 589.

Boas, F. (1889), 'On alternating sounds.' *American Anthropologist*, 2, 47–53.

Bordo, S. (1993), *Unbearable Weight: Feminism, Western Culture, and the Body*. Berkeley, CA: University of California Press.

Bourdieu, P. (1984), *Distinction: A Social Critique of the Judgement of Taste*. London: Routledge and Kegan Paul.

Bourdieu, P. (1986), 'The forms of capital.' In J. Richardson (ed.), *Handbook of Theory and Research for the Sociology of Education*. New York: Greenwood, pp. 241–258.

Bourdieu, P. (1991), *Language and Symbolic Power*. Cambridge: Harvard University Press.

Bourdieu, P. (1993), *The Field of Cultural Production*. New York: Columbia University Press.

Bowell, T. and Kemp, G. (2002), *Critical Thinking: A Concise Guide. Second Edition*. London: Routledge.

Brazil, D., Coulthard, M. and Johns, C. (1980), *Discourse Intonation and Language Teaching*. London: Longman.

Brewer, J. (2000), *Ethnography*. Buckingham: Open University Press.

Brown, G. and Yule, G. (1983), *Discourse Analysis*. Cambridge: Cambridge University Press.

Brown, P. (1973), *Radical Psychology*. London: Tavistock.

Brown, P. and Levinson, S. (1987), *Politeness: Some Universals in Language Usage*. Cambridge: Cambridge University Press. [P. ブラウン・S. C. レヴィンソン（著），田中典子（監修，訳）斉藤早智子・津留﨑毅・鶴田庸子・日野壽憲・山下早代子（訳）（2011）．『ポライ

References

311

トネス：言語使用における，ある普遍現象』東京：研究社]

Burr, V. (1995), *An Introduction to Social Constructionism*. London: Routledge.

Butler, J. (1990), *Gender Trouble: Feminism and the Subversion of Identity*. New York: Routledge. [J. バトラー（著），武村和子（訳）(2018).『ジェンダー・トラブル新装版——フェミニズムとアイデンティティの攪乱』東京：青土社]

Butler, J. (1991), 'Imitation and gender insubordination.' In D. Fuss (ed.), *Inside/Out*. Lesbian Theories, Gay Theories. New York: Routledge, pp. 13-31.

Butler, J. (1993), *Bodies That Matter: On the Discursive Limits of Sex*. New York: Routledge.

Butler, J. (1997), *Excitable Speech: A Politics of the Performative*. New York: Routledge.

Butler, J. (2004), *Undoing Gender*. London: Routledge.

Butler, J. (2005), *Giving an Account of Oneself*. New York: Fordham University Press.

Button, G, Drew, P. and Heritage, J. (eds) (1986), *Interaction and Language Use, Special Double Issue of Human Studies*, 9. Republished in 1991 by Lanham: University Press of America.

Caldas-Coulthard, C. R. and van Leeuwen, T. (2002), 'Stunning, shimmering, iridescent: Toys as the representation of gendered social actors.' In L. Litosseliti and J. Sunderland (eds), *Gender Identity and Discourse Analysis*. Amsterdam: John Benjamins, pp. 91-108.

Cameron, D. (1992), *Feminism and Linguistic Theory*. London: Palgrave.

Cameron, D. (1994), 'Words, words, words: The power of language.' In S. Dunant (ed.), *The War of the Words: The Political Correctness Debate*. London: Virago, pp. 15-34.

Cameron, D. (1995), *Verbal Hygiene*. London: Routledge.

Cameron, D. (2001), *Working with Spoken Discourse*. London: Sage.

Cameron, D. (2002), *Good to Talk? Living and Working in a Communication Culture*. London: Sage.

Cameron, D. (2007), *The Myth of Mars and Venus*. Oxford: Oxford

University Press.

Cameron, D. and Kulick, D. (2003), *Language and Sexuality*. Cambridge: Cambridge University Press.

Cameron, D., McAlinden, F. and O'leary, K. (1988), 'Lakoff in context: The social and linguistic function of tag questions.' In J. Coates and D. Cameron (eds), *Women in Their Speech Communities*. Harlow, GA: Longman, pp. 74–93.

Canary, D. J. and Hause, K. S. (1993), 'Is there any reason to research sex differences in communication?' *Communication Quarterly*, 41, 129–144.

Canovan, M. (1981), *Populism*. New York and London: Harcourt Brace Jovanovich.

Carter, R. and Nash, W. (1990), *Seeing Through Language: A Guide to Styles of English Writing*. Oxford: Blackwell.

Cazden, C. B. (2001), *Classroom Discourse: The Language of Teaching. Second Edition*. Portsmouth, NH: Heinemann.

Chafe, W. (1982), 'Integration and involvement in speaking, writing, and oral literature.' In D. Tannen (ed.), *Spoken and Written Language*. Norwood, MA: Ablex, pp. 35–54.

Chapman, S. and Routledge, C. (2009), *Key Ideas in Linguistics and the Philosophy of Language*. Edinburgh: Edinburgh University Press.

Choi, P. Y. L. (2000), *Femininity and the Physically Active Woman*. London: Routledge.

Chomsky, N. (1965), *Aspects of the Theory of Syntax*. Cambridge, MA: MIT Press. [N. チョムスキー（著），安井稔（訳）（1970）『文法理論の諸相』東京：研究社]

Coates, J. (1986), *Women, Men and Language*. London: Longman. [J. コーツ（著），吉田正治（訳）（1990）『女と男とことば――女性語の社会言語学的研究法』東京：研究社]

Coates, J. (1996), *Women Talk: Conversation between Women Friends*. Oxford: Blackwell.

Coates, J. (ed.) (1998), *Language and Gender: A Reader*. Oxford: Blackwell.

References 313

Coates, J. (2003), *Men Talk. Stories in the Making of Masculinities*. Oxford: Blackwell.

Coates, J. and Cameron, D. (eds) (1989), *Women in Their Speech Communities*. London: Longman.

Cohen, S. (1973), *Folk Devils and Moral Panics*. St Albans: Paladin.

Conboy, M. (2006), *Tabloid Britain: Constructing a Community through Language*. London: Routledge.

Connell, R. W. (1987), *Gender and Power*. Stanford, CA: Stanford University Press.

Connell, R. W. (1995), *Masculinities*. Oxford: Polity Press.

Cook, G. (1989), *Discourse*. Oxford: Oxford University Press.

Cook, G. (1992), *The Discourse of Advertising*. London: Routledge.

Cook, G. (1994), *Discourse and Literature: The Interplay of Form and Mind*. Oxford: Oxford University Press.

Cossard, P. K. (2006), 'Electronic Medievalia: Global warming for humanities computing? Strategic changes in the economic forecast.' *A Journal of Early Medieval Northwestern Europe* 9. Online journal http://www.mun.ca/mst/heroicage/issues/9/em.html.

Coulthard, M. (1977), *An Introduction to Discourse Analysis*. London: Longman. [M. クールタード (著), 吉村昭市・鎌田修・貫井孝 (訳) (1999).『談話分析を学ぶ人のために』京都：世界思想社]

Coulthard, M. (ed.) (1992), *Advances in Spoken Discourse Analysis*. London: Routledge.

Coulthard, M. (2000), 'Whose text is it? On the linguistic investigation of authorship.' In S. Sarangi and M. Coulthard (eds), *Discourse and Social Life*. London: Longman, pp. 270-287.

Coulthard, M. and Montgomery, M. (1981), *Studies in Discourse Analysis*. London: Routledge and Kegan Paul.

Davies, B. and Harre, R. (1990), 'Positioning: The discursive production of selves.' *Journal for the Theory of Social Behaviour*, 20(1), 43-63.

De Beaugrande, R. and Dressler, W. U. (1981), *Introduction to Text Linguistics*. London: Longman.

De Fina, A., Schiffrin, D. and Bamberg, M. (eds) (2006), *Discourse and Identity*. Cambridge: Cambridge University Press.

Derrida, J. (1973), *Speech and Phenomena, and Other Essays on Husserl's Theory of Signs*. Translated by D. B. Allison. Evanston, IL: Northwestern University Press. [J. デリダ (著), 林好雄 (訳) (2005). 『声と現象』東京：筑摩書房]

Derrida, J. (1976), *Of Grammatology*. Baltimore, MD: John Hopkins Press. Translation of *De la Grammatologie*. Translated by G. S. Spivak (1967). Paris: Editions de Minuit. [J. デリダ (著), 足立和宏 (訳) (1976).『根源の彼方に――グラマトロジーについて』東京：現代思潮社]

Derrida, J. (1978), *Writing and Difference*. London: Routledge. [J. デリダ (著) 合田正人・谷口博史 (訳) (2013).『エクリチュールと差異』東京：法政大学出版局]

De Saussure, F. (1966), *Course in General Linguistics*. Edited by C. Bally and A. Sechehaye. Translated by Wade Baskin. New York: McGraw-Hill Book Company. [F. ド・ソシュール (著), 町田健 (訳) (2016).『新訳　ソシュール一般言語学講義』東京：研究社]

Dindia, K. and Allen, M. (1992), 'Sex differences in self-disclosure: a meta-analysis.' *Psychological Bulletin*, 112(1), 106-124.

Dressier, R. A. and Kreuz, R. J. (2000), 'Transcribing oral discourse: A survey and model system.' *Discourse Processes*, 29, 25-36.

Drew, P. and Heritage, J. (eds) (1992), *Talk at Work: Interaction in Institutional Settings*. Cambridge: Cambridge University Press.

Drew, P. and Heritage, J. (eds) (2006), *Conversation Analysis* (4 Volumes), London: Sage.

Dubois, B. and Crouch, I. (1975), 'The question of tag questions in women's speech: They really don't use more of them.' *Language in Society*, 4, 289-294.

Dunant, S. (ed.) (1994), *The War of the Words: The Political Correctness Debate*. London: Virago.

Duncan, S. (1973), 'Towards a grammar for dyadic conversation.' *Semiotica*, 9, 29-46.

Dyer, R. (ed.) (1977), *Gays and Film*. London: British Film Institute.

Eagleton, T. (1991), *Ideology: An Introduction*. London: Verso. [T. イー

References

グルトン（著）, 大橋洋一（訳）（1999）.『イデオロギーとは何か』東京：平凡社］

Eckert, P. and McConnell-Ginet, S. (1998), 'Communities of Practice: Where language and gender and power all live.' In J. Coates (ed.), *Language and Gender: A Reader*. Oxford: Blackwell, pp. 484–494.

Edley, N. (2001), 'Analysing masculinity: Interpretative repertoires, ideological dilemmas and subject positions.' In M. Wetherell, M. Taylor and S. J. Yates (eds), *Discourse as Data: A Guide for Analysis*. London: Sage, pp. 189–228.

Edwards, D. (2005), 'Discursive psychology.' In K. L. Fitch and R. E. Sanders (eds), *Handbook of Language and Social Interaction*. Mahwah, NJ: Lawrence Erlbaum, pp. 257–273.

Edwards, D. and Potter, J. (1992), *Discursive Psychology*. London: Sage.

Ehrenreich, B. (1992), 'The challenge for the left.' In P. Berman (ed.), *Debating PC: The Controversy over Political Correctness of College Campuses*. New York: Laurel, pp. 333–338.

Epstein, S. (1998), 'Gay politics, ethnic identity: The limits of social constructionism.' In P. M. Nardi and B. E. Schneider (eds), *Social Perspectives in Lesbian and Gay Studies*. London: Routledge, pp. 134–159. Reprinted from Socialist Review 93/94 (May-August 1987), pp. 9–54.

Fairclough, N. (1989), *Language and Power*. London: Longman. ［N. フェアクラフ（著）, 貫井孝典（監修）, 吉村昭市・脇田博文・水野真木子（訳）（2008）.『言語とパワー』大阪：大阪教育図書］

Fairclough, N. (1992), *Discourse and Social Change*. Oxford: Wiley-Blackwell.

Fairclough, N. (1993), 'Critical discourse analysis and the marketization of public discourse: The universities.' *Discourse and Society*, 4(2), 133–168.

Fairclough, N. (1994), 'Conversationalization of public discourse and the authority of the consumer.' In K. Russell, N. Whiteley and N. Abercombie (eds), *The Authority of the Consumer*, London: Routledge, pp. 253–268.

316   **References**

Fairclough, N. (1995), *Critical Discourse Analysis*. London: Longman.

Fairclough, N. (1996), 'Technologisation of discourse.' In C. R. Caldas-Coulthard and M. Coulthard (eds), *Texts and Practices: Readings in Critical Discourse Analysis*. London: Routledge, pp. 71-83.

Fairclough, N. (2000a), *New Labour, New Language?* London: Longman.

Fairclough, N. (2000b), 'Language and neo-liberalism.' *Discourse and Society*, 11(2), 147-148.

Fairclough, N. (2001), 'Critical discourse analysis as a method in social scientific research.' In R. Wodak and M. Meyer (eds), *Methods of Critical Discourse Analysis*. London, Thousand Oaks and Delhi: Sage, pp. 121-138.

Fairclough, N. (2003), *Analysing Discourse: Textual Analysis for Social Research*. London: Routledge. [N. フェアクラフ（著），日本メディア英語学会メディア英語談話分析研究分科会（訳）(2012).『ディスコースを分析する――社会研究のためのテクスト分析』東京：くろしお出版]

Fairclough, N. (2009), 'A dialectical-relational approach to critical discourse analysis in social research.' In R. Wodak and M. Meyer (eds), *Methods for Critical Discourse Analysis*. London: Sage, pp. 162-200.

Fairclough, N. and Wodak, R. (1997), 'Critical discourse analysis.' In T. Van Dijk (ed.), *Discourse as Social Interaction*. London: Sage, pp. 258-284.

Fetterman, D. M. (1998), *Ethnography: Step by Step. Second Edition*. Thousand Oaks, CA: Sage.

Foucault, M. (1967), *Madness and Civilisation: A History of Insanity in the Age of Reason*. London: Tavistock Publications.

Foucault, M. (1971), 'Orders of discourse.' *Social Science Information*, 10(2), 7-30.

Foucault, M. (1972), *The Archaeology of Knowledge*. London: Tavistock. Translated by A. M. Sherdidan Smith. [M. フーコー（著），中村雄二郎（訳）(2006).『知の考古学』東京：河出書房新社]

Foucault, M. (1979a), *The History of Sexuality: The Will to Knowledge*.

References

Vol. 1. London: Allen Lane. [M. フーコー（著），渡辺守章（訳）（1986）『知への意志（性の歴史）』東京：新潮社]

Foucault, M. (1979b), *Discipline and Punish*. Harmondsworth: Penguin.

Foucault, M. (1984), 'The order of discourse.' In M. Shapiro (ed.), *Language and Politics*. New York: New York University Press, pp. 108–138.

Foucault, M. (1986), *The History of Sexuality: The Use of Pleasure. Vol. 2*. London: Viking. [M. フーコー（著），田村俶（訳）（1986）.『快楽の活用（性の歴史）』東京：新潮社]

Foucault, M. (1988), *The History of Sexuality: The Care of the Self. Vol. 3*. London: Allen Lane. [M. フーコー（著），田村俶（訳）（1987）.『自己への配慮（性の歴史）』東京：新潮社]

Fowler, R. (1971), *The Languages of Literature*. London: Routledge and Kegan Paul.

Fowler, R. (1977), *Linguistics and the Novel*. London: Methuen. [R. ファウラー（著），豊田昌倫（訳）（1979）.『言語学と小説』東京：紀伊國屋書店]

Fowler, R. (1991), *Language in the News: Discourse and Ideology in the Press*. London: Routledge.

Fowler, R., Hodge, G., Kress, G. and Trew, T. (eds) (1979), *Language and Control*. London: Routledge and Kegan Paul.

Garfinkel, H. (2002), *Ethnomethodology's Program*. New York: Rowman and Littlefield.

Gilbert, G. N. and Mulkay, M. (1984), *Opening Pandora's Box: A Sociological Analysis of Scientists' Discourse*. Cambridge: Cambridge University Press.

Glaser, B. G. (1965), 'The constant comparative method of qualitative analysis.' *Social Problems*, 12(4), 436–445.

Gleason, P. (1983), 'Identifying identity: A semantic history.' *Journal of American History*, 69(4), 910–931.

Goffman, E. (1956), *The Presentation of Self in Everyday Life*. Edinburgh: University of Edinburgh Social Sciences Research Centre. [E. ゴッフマン（著），石黒毅（訳）（1974）.『行為と演技――日常生活

における自己呈示』東京：誠信書房]

Goffman, E. (1963), *Stigma: Notes on the Management of Spoiled Identity*. Englewood Cliffs, NJ: Prentice-Hall. [E. ゴッフマン（著），石黒毅（訳）（2001).『スティグマの社会学――烙印を押されたアイデンティティ』東京：せりか書房]

Goffman, E. (1967), *Interaction Ritual: Essays on Face-to-face Behavior*. New York: Garden City. [E. ゴッフマン（著），浅野敏夫（訳）（2012).『儀礼としての相互行為――対面行動の社会学（叢書・ウニベルシタス）』東京：法政大学出版局]

Goffman, E. (1974), *Frame Analysis: An Essay on the Organization of Experience*. Cambridge: Harvard University Press.

Goffman, E. (1981), *Forms of Talk*. Oxford: Blackwell.

Goodman, S. (1996), 'Market forces speak English.' In S. Goodman and D. Graddol (eds), *Redesigning English: New Texts, New Identities*. London: Routledge, pp. 141-180.

Goode, E. and Ben-Yehuda, N. (1994), *Moral Panics: The Social Construction of Deviance*. Oxford: Blackwell.

Goody, E. (ed.) (1978), *Questions and Politeness: Strategies in Social Interaction. Cambridge Papers in Social Anthropology*, 8. Cambridge: Cambridge University Press.

Gramsci, A. (1971), *Selections from Prison Notebooks*. Translated by Q. Hoare and G. Nowell-Smith. London: Lawrence and Wishart. [A. グラムシ（著），石堂清倫（訳）（1978)『グラムシ獄中ノート』東京：三一書房]

Gramsci, A. (1985), *Selections from the Cultural Writings 1921-1926*. Edited by D. Forgacs and G. Nowell Smith. Translated by W. Boelhower. London: Lawrence and Wishart.

Grice, P. (1975), 'Logic and conversation' In P. Cole and J. Morgan (eds), *Syntax and Semantics 3: Speech Acts*. New York: Academic Press, pp. 41-58.

Grice, P. (1989), *Studies in the Way of Words*. Harvard: Harvard University Press. [P. グライス（著），清塚邦彦（訳）（1998).『論理と会話』東京：勁草書房]

Gumperz, J. (1968), 'The speech community.' In D. Sills (ed.), *Inter-*

References 319

national Encyclopedia of the Social Sciences. New York: Macmillan, pp. 381-386.

Gumperz, J. (1982), *Discourse Strategies.* Cambridge: Cambridge University Press.

Gumperz, J. and Hymes, D. (eds) (1972), *Directions in Sociolinguistics: The Ethnography of Communication.* New York: Holt, Rinehart and Winston.

Habermas, J. (1979), *Communication and the Evolution of Society.* Boston: Beacon Press.

Habermas, J. (1984), *The Theory of Communicative Action: Reason and the Rationalization of Society. Vol. 1.* Translated by T. McCarthy. London: Heinemann.

Habermas, J. (1985), *Legitimation Crisis.* Boston: Beacon Press.

Hall, D. E. (2003), *Queer Theories.* London: Palgrave.

Hall, S. (1973), *Encoding and Decoding in the Television Discourse.* Birmingham University, Centre for Cultural Studies.

Hall, S. (1997), *Representation: Cultural Representations and Signifying Practices.* London: Sage in Association with the Open University.

Hall, S., Critcher, C., Jefferson, T., Clarke, J. and Roberts, B. (1978), *Policing the Crisis.* London: Macmillan.

Halliday, F. (1999), 'Islamophobia reconsidered.' *Ethnic and Racial Studies*, 22(5), 892-902.

Halliday, M. A. K. (1961), 'Categories of the theory of grammar.' *Word*, 17, 241-292.

Halliday, M. A. K. (1978), *Language as a Social Semiotic: The Social Interpretation of Language and Meaning.* London: Edward Arnold Ltd.

Halliday, M. A. K. (1990), 'New ways of meaning: The challenge to applied linguistics.' *Journal of Applied Linguistics*, 6, 7-36.

Halliday, M. A. K. (1994), *An Introduction to Functional Grammar. Second edition.* London: Edward Arnold. [M.A.K. ハリデー（著）, 山口登・筧壽雄（訳）(2001).『機能文法概説——ハリデー理論への誘い』東京：くろしお出版]

Halliday, M. A. K. and Hasan, R. (1976), *Cohesion in English*. London: Longman. [M.A.K. ハリディ・R. ハサン（著），安藤貞雄・多田保行・永田龍男・中川憲・高口圭轉（訳）(1997).『テクストはどのように構成されるか——言語の結束性』東京：ひつじ書房]

Halliday, M. A. K. and Hasan, R. (1985), *Language, Context and Text: Aspects of Language in a Socio-Semiotic Perspective*. Australia: Deakin University Press.

Halliday, M. and Matthiessen, C. (2004), *An Introduction to Functional Grammar. Third Edition*. London: Edward Arnold.

Hamblin, C. L. (1970), *Fallacies*. London: Metheun.

Hardt-Mautner, G. (1995), *Only Connect: Critical Discourse Analysis and Corpus Linguistics*, *UCREL Technical Paper* 6. Lancaster: University of Lancaster. Available at http://www.comp.lancs.ac.uk/ucrel/tech_papers.html.

Harré, R. and Secord, P. F. (1972), *The Explanation of Social Behaviour*. Oxford: Blackwell.

Harré, R., Brockmeier, J. and Mühlhäusler, P. (1999), *Greenspeak: A Study of Environmental Discourse*. London: Sage.

Harrington, K. (2008), 'Perpetuating difference? Corpus linguistics and the gendering of reported dialogue.' In K. Harrington, L. Litosseliti, H. Sauntson and J. Sunderland (eds), *Gender and Language Research Methodologies*. Basingstoke: Palgrave Macmillan, pp. 85–102.

Hart, C. and Luke, D. (eds) (2007), *Cognitive Linguistics in Critical Discourse Analysis: Theory and Application*. Newcastle: Cambridge Scholars.

Harvey, D. (2005), *A Brief History of Neoliberalism*. Oxford: Oxford University Press. [D. ハーヴェイ（著），渡辺治（監訳）森田成也・木下ちがや・大屋定晴・中村好孝（訳）(2007).『新自由主義——歴史的展開と現在』東京：作品社]

Hayward, S. (2000), *Cinema Studies: The Key Concepts*. London: Routledge.

Hekman, S. (2004), *Private Selves, Public Identities: Reconsidering Identity Politics*. University Park: Pennsylvania State University

References

Press.

Heritage, J. (1991), *Garfinkel and Ethnomethodology*, Cambridge: Polity.

Hewings, M. (2005), *Grammar and Context*. London: Routledge.

Hodge, R. and Kress, G. (1988), *Social Semiotics*. Cambridge: Polity Press.

Hoey, M. (1986), 'The discourse colony: A preliminary study of a neglected discourse type.' In R. M. Coulthard (ed.), *Talking about Text, Discourse Analysis Monographs 13*, English Language Research. Birmingham: University of Birmingham, pp. 1–26.

Hogg, M. A. and Abrams, D. (eds) (1999), *Social Identity and Social Cognition*. Malden, MA: Blackwell.

Hoggart, R. (1957), *The Uses of Literacy*. London: Chatto and Windus.

Hollway, W. (1995), 'Feminist discourses and women's heterosexual desire.' In S. Wilkinson and C. Kitzinger (eds), *Feminism and Discourse: Psychological Perspectives*. London: Sage, pp. 86–105.

Holmes, J. (1984), 'Hedging your bets and sitting on the fence.' *Te Reo*, 27, 47–62.

Holmes, J. (1992), *An Introduction to Sociolinguistics*, London: Longman.

Holmes, J. (1995), *Women, Men and Politeness*. London: Longman.

Holmes, J. (2006), *Gendered Talk at Work*. Oxford: Blackwell.

Holmes, J. and Meyerhoff, M. (eds) (2003), *The Handbook of Language and Gender*. Oxford: Blackwell.

Huang, Y. (2007), *Pragmatics*. Oxford: Oxford University Press.

Hunston, S. (2002), *Corpora in Applied Linguistics*. Cambridge: Cambridge University Press.

Hutcheon, L. (1989), *The Politics of Postmodernism*. New York: Routledge.

Hyde, J. (2005), 'The gender similarities hypothesis.' *American Psychologist*, 60(6), 581–592.

Hymes, D. (ed.) (1964), *Language in Culture and Society: A Reader in Linguistics and Anthropology*. New York: Harper and Row.

Hymes, D. (1966), 'Two types of linguistic relativity.' In W. Bright (ed.), *Sociolinguistics*. The Hague: Mouton, pp. 114–158.

Hymes, D. (1972), 'Models of the interaction of language and social life.' In J. Gumperz and D. Hymes (eds), *Directions in Sociolinguistics: The Ethnography of Communication*. Oxford: Blackwell, pp. 35–71.

Hymes, D. (1974), *Foundations in Sociolinguistics: An Ethnographic Approach*. London: Tavistock Publications.

Hymes, D. (1983), *Essays in the History of Linguistic Anthropology*. Amsterdam: John Benjamins.

Israel, M. and Hay, I. (2006), *Research Ethics for Social Scientists*. London: Sage.

Jäger, S. (2001), 'Discourse and knowledge: Theoretical and methodological aspects of a critical discourse analysis and dispositive analysis.' In R. Wodak and M. Meyer (eds). *Methods of Critical Discourse Analysis*. London: Sage, pp. 32–62.

Jaworski, A. and Coupland, N. (eds) (2006), *The Discourse Reader. Second Edition*. London: Routledge.

Jespersen, O. (1922), *Language: Its Nature, Development and Origin*. London: Allen and Unwin. [O. イエスペルセン（著）, 市河三喜・神保格（訳）(1927).『言語——その本質・発達及び起源』東京：岩波書店]

Jørgensen, M. and Phillips, L. (2002), *Discourse Analysis as Theory and Method*. London: Sage.

Jucker, A. H. and Smith, S. W. (1998), 'And people just you know like "wow". Discourse markers as negotiating strategies.' In A. H. Jucker and Y. Zov (eds), *Discourse Markers: Descriptions and Theory*. Amsterdam/Philadelphia: John Benjamins, pp. 171–201.

Kitetu, C. and Sunderland, J. (2000), 'Gendered discourses in the classroom: The importance of cultural diversity.' In A. Yamashiro (ed.). *Temple University of Japan Working Papers 17*. Tokyo: Temple University, pp. 26–40.

Kitzinger, J. (1995), 'Qualitative research: introducing focus groups.' *British Medical Journal*, 311, 299–302.

Klein, N. (2007), *The Shock Doctrine: The Rise of Disaster Capital-*

References

ism. New York: Metropolitan Books/Henry Holt.

Krane, V. (2001), '"We can be athletic and feminine," but do we want to? Challenges to femininity and heterosexuality in women's sport.' *Quest*, 53, 115-133.

Kreidler, C. W. (1989), *The Pronunciation of English: A course book in phonology*. Oxford: Blackwell.

Kress, G. (1982), *Learning to Write*. London: Routledge.

Kress, G. (1997), *Before Writing: Rethinking the Paths to Literacy*. London: Routledge.

Kress, G. (2003), *Literacy in the New Media Age*. London: Routledge.

Kress, G. and Hodge, R. (1979), *Language as Ideology*. London: Routledge.

Kress, G. and van Leeuwen, T. (1990), *Reading Images: the Grammar of Visual Design*. Victoria: Deakin University Press.

Kress, G. and van Leeuwen, T. (2001), *Multimodal Discourse: the Modes and Media of Contemporary Communication*. London: Arnold.

Krippendorff, K. (2004), *Content Analysis: An Introduction to its Methodology. Second edition*. Thousand Oaks, CA: Sage.

Kronman, A. T. (1983), *Max Weber*. London: Edward Arnold.

Krzyzanowski, M. and Wodak, R. (2008), *The Politics of Exclusion: Debating Migration in Austria*. New Brunswick, NJ: Transaction.

Kunda, Z. (1999), *Social Cognition: Making Sense of People*. Cambridge, MA: MIT Press.

Kvale, S. (1996), *Interviews: An Introduction to Qualitative Research Interviewing*. Thousand Oaks, CA: Sage.

Labov, W. (1966), *The Social Stratification of English in New York City*. Columbia University PhD Thesis.

Labov, W. (1972a), *Language in the Inner City*. Philadelphia, PA: University of Pennsylvania Press.

Labov, W. (1972b), 'The logic of nonstandard English.' In P. Giglioli (ed.), *Language and Social Context*. Harmondsworth: Penguin, pp. 179-215.

Labov, W. (1973), *Sociolinguistic Patterns*. Philadelphia, PA: University of Pennsylvania Press.

Labov, W. (1994), *Principles of Sociolinguistics: Internal Factors.* Vol. 7. Oxford: Basil Blackwell.

Labov, W. (2000), *Principles of Sociolinguistics: Social Factors.* Vol. 2. Oxford: Basil Blackwell.

Labov, W. (2001), *Studies in Sociolinguistics by William Labov.* Beijing: Beijing Language and Culture University Press.

Ladau, E. and Mouffe, C. (1985), *Hegemony and Socialist Strategy: Towards a radical democratic politics.* London: Verso.

Lakoff, G. (2004), *Don't Think of an Elephant! Know your Values and Frame the Debate: The Essential Guide for Progressives.* White River Junction, VT: Chelsea Green.

Lakoff, R. (1975), *Language and Woman's Place.* New York: Harper and Row. [R. レイコフ（著），かつえ・あきば・れいのるず・川瀬裕子（訳）(1985).『言語と性——英語における女の地位』東京：有信堂]

Lakoff, R. (1990), *Talking Power: The Politics of Language.* New York: Basic Books.

Lakoff, R. (2001), *The Language War.* Berkeley and Los Angeles, CA: University of California Press.

Landry, D. and MacLean, G. (eds) (1996), *The Spivak Reader.* New York and London: Routledge.

Lave, J. and Wenger, E. (1991), *Situated Learning: Legitimate Peripheral Participation.* Cambridge: Cambridge University Press.

Layder, D. (1993), *New Strategies in Social Research.* Cambridge: Polity Press.

Lazar, M. (ed.) (2005), *Feminist Critical Discourse Analysis: Gender, Power and Ideology in Discourse.* Basingstoke: Palgrave.

Leech, G. (1966), *English in Advertising.* London: Longman.

Leech, G. (1983), *Principles of Pragmatics.* London: Longman. [G. N. リーチ（著），池上嘉彦・河上誓作（訳）(1987).『語用論』東京：紀伊國屋書店]

Leech, G. (2002), 'Recent grammatical change in English: Data, description, theory.' In K. Aijmer and B. Altenberg (eds), *Proceedings of the 2002 ICAME Conference*, Gothenburg, pp. 61–81.

References 325

Leech, G. and Short, M. (2007), *Style in Fiction: A Linguistic Introduction to English Fictional Prose*. Second Edition. Harlow, GA: Pearson.

Levinson, S. (1983), *Pragmatics*. Cambridge: Cambridge University Press. [S.C. レヴィンソン（著），安井稔・奥田夏子（訳）(1990).『英語語用論』東京：研究社]

Levinson, S. (2000), *Presumptive Meanings: The Theory of Generalized Conversational Implicature*. Cambridge, MA: MIT Press. [S.C. レヴィンソン（著），田中廣明・五十嵐海理（訳）(2007).『意味の推定──新グライス学派の語用論』東京：研究社]

Levy, A. (2005), *Female Chauvinist Pigs: Women and the Rise of Raunch Culture*. London: Pocket Books.

Likert, R. (1932), 'A technique for the measurement of attitudes.' *Archives of Psychology*, 140, 1-55.

Lindlof, T. R. and Taylor, B. C. (2002), *Qualitative Communication Research Methods. Second Edition*. Thousand Oaks, CA: Sage.

Linell, P. (1998), *Approaching Dialogue*. Amsterdam: John Benjamins.

Litosseliti, L. (2003), *Using Focus Groups in Research*. London: Continuum.

Lodge, R. A. (2005), *A Sociolinguistic History of Parisian French*. Cambridge: Cambridge University Press.

Louw, B. (1993), 'Irony in the text or insincerity in the writer?—The diagnostic potential of semantic prosodies.' In M. Baker, G. Francis and E. Tognini-Bonelli (eds), *Text and Technology: In Honour of John Sinclair*. Amsterdam and Philadelphia: John Benjamins, pp. 157-176.

Lyons, J. (1977), *Semantics*. Cambridge: Cambridge University Press.

Lyotard, J. F. (1979 [1984]), *The Postmodern Condition: A Report on Knowledge*. Manchester: Manchester University Press. [J. F. リオタール（著），小林康夫（訳）(1989).『ポストモダンの条件──知・社会・言語ゲーム』東京：水声社]

Malinowski, B. (1923), 'The problem of meaning in primitive languages.' In C. Ogden and I. Richards (eds). *The Meaning of Meaning*. London: Routledge, pp. 146-152.

Marshall, C. and Rossman, G. B. (1999), *Designing Qualitative Research*. Thousand Oaks, CA: Sage.

Martin, J., R. and Rose, D. (2003), *Working with Discourse: Meaning Beyond the Clause*. London and New York: Continuum.

Martin, J. (2004), 'Positive discourse analysis: Power, solidarity and change.' *Revista*, 49, 179-200.

Marx, K. and Engels, F. (1848 [1998]), *The Communist Manifesto*. New York: Penguin. [K. マルクス・F. エンゲルス（著），大内兵衛・向坂逸郎（訳）(1971).『マルクス・エンゲルス 共産党宣言』東京：岩波書店]

Marx, K. (1977), *Capital*. London: Dent. [K. マルクス（著），向坂逸郎（訳）(1969).『資本論』東京：岩波書店]

Mason, J. (2002), *Qualitative Researching*. London: Sage.

McEnery, T. (2006), *Swearing in English*. London: Routledge.

McEnery, T. and Wilson, A. (1996), *Corpus Linguistics: An Introduction*. Edinburgh: Edinburgh University Press.

McKee, A. (2003), *Textual Analysis*. London: Sage.

McRobbie, A. (2009), *The Aftermath of Feminism: Gender, Culture and Social Change*. London: Sage.

Memmi, A. (1992), *Rassimus*. Hamburg: Europaische Verlagsanstalt.

Merton, R. K. and Kendall, P. (1946), 'The focused interview.' *American Journal of Sociology*, 51(6), 541-557.

Mey, J. (2001), *Pragmatics: An Introduction*. London: Blackwell. [J. メイ（著），小山亘（訳）(2005)『批判的社会語用論入門——社会と文化の言語』東京：三元社]

Meyer, M. (2001), 'Between theory, method and politics: Positioning of the approaches to CDA.' In R. Wodak and M. Meyer (eds), *Methods of Critical Discourse Analysis*. London: Sage, pp. 14-31.

Meyerhoff, M. (2006), *Introducing Sociolinguistics*. London: Routledge.

Mills, S. (1991), *Discourses of Difference: Women's Travel Writing and Colonialism*. London: Routledge.

Mills, S. (1997), *Discourse*. London: Routledge.

Mills, S. (1998), 'Post-feminist text analysis.' *Language and Literature*,

References

7(3), 235-253.

Mills, S. (2003a), *Michel Foucault*. London: Routledge. [S. ミルズ (著),
酒井隆史 (訳) (2006).『ミシェル・フーコー』東京：青土社]

Mills, S. (2003b), *Gender and Politeness*. Cambridge: Cambridge Uni-
versity Press. [S. ミルズ (著), 熊谷滋子 (訳) (2006).『言語学と
ジェンダー論への問い』東京：明石書店]

Mills, S. (2005), *Gender and Colonial Space*. Manchester: Manchester
University Press.

Mills, S. (2008), *Language and Sexism*. London: Routledge.

Minsky, M. (1975), 'A framework for representing knowledge.' In P. H.
Winston (ed.), *The Psychology of Computer Vision*. New York:
McGraw-Hill, pp. 211-277.

Moi, T. (ed.) (1990), *The Kristeva Reader*. Basil Blackwell, Oxford.

Money, J. (1955), 'Hermaphroditism, gender and precocity in hyperad-
renocorticism: Psychologic findings.' *Bulletin of the Johns Hopkins
Hospital*, 96, 253-264.

Mumby, D. K. and Clair, R. P. (1997), 'Organizational discourse.' In T.
Van Dijk (ed.), *Discourse Studies: Discourse as Social Interaction.
Vol. 2*. London, Thousand Oaks and New Delhi: Sage, pp. 181-
205.

Namaste, V. K. (2000), *Invisible Lives. The Erasure of Transsexual and
Transgendered People*. Chicago, IL: University of Chicago Press.

Norris, S. and Jones, R. H. (eds) (2005), *Discourse in Action: Intro-
ducing Mediated Discourse Analysis*. London: Routledge.

Nussbaum, M. (1995), 'Objectification.' *Philosophy and Public Affairs*,
24(4), 279-283.

Nystrand, M. (1982), *What Writers Know: The Language, Process, and
Structure of Written Discourse*. New York: Academic Press.

O'Halloran, K. (2003), *Critical Discourse Analysis and Language
Cognition*. Edinburgh: Edinburgh University Press.

Ochs, E. (1992), 'Indexing gender.' In B. D. Miller (ed.), *Sex and
Gender Hierarchies*. Cambridge: Cambridge University Press, pp.
335-358.

Partington, A. (2003), *The Linguistics of Political Argument*. London:

Routledge.

Partington, A. (2004), 'Corpora and discourse, a most congruous beast.' In A. Partington, J. Morley and L. Haarman (eds), *Corpora and Discourse*. Bern: Peter Lang, pp. 11-20.

Pauley, B. F. (2002), *From Prejudice to Persecution: A History of Austrian Anti-Semitism*. Chapel Hill, NC: University of North Carolina Press.

Phillips, L. and Jorgensen M. W. (2004), *Discourse Analysis as Theory and Method*. London, Thousand Oaks, New Delhi: Sage.

Pinker, S. (1994), *The Language Instinct: How the Mind Creates Language*. London: Penguin. [S. ピンカー (著), 椋田直子 (訳) (1995). 『言語を生みだす本能』東京：NHK 出版]

Potter, J. (1996), *Representing Reality: Discourse, Rhetoric and Social Construction*. London: Sage.

Potter, J. and Wetherell, M. (1987), *Discourse and Social Psychology: Beyond Attitudes and Behaviour*. London: Sage.

Potter, J. and Wetherell, M. (1995), 'Discourse analysis.' In J. Smith, R. Harré and L. van Langenhove (eds), *Rethinking Methods in Psychology*. London: Sage, pp. 80-92.

Rayson, P., Leech, G. and Hodges, M. (1997), 'Social differentiation in the use of English vocabulary: Some analyses of the conversational component of the British National Corpus.' *International Journal of Corpus Linguistics*, 2, 133-150.

Reisigl, M. and Wodak, R. (2001), *Discourse and Discrimination: Rhetorics of Racism and Antisemitism*. London: Routledge.

Rich, A. C. (1980), 'Compulsory heterosexuality and lesbian existence.' *Signs*, 5(4), 631-660.

Richardson, J. (2004), *(Mis) representing Islam: The Racism and Rhetoric of British Broadsheet Newspapers*. London: Routledge.

Riggins, S. H. (ed.) (1997), *The Language and Politics of Exclusion: Others in Discourse*. Thousand Oaks, CA: Sage.

Routley, R. and Meyer, R. K. (1973), 'Semantics of entailment.' In H. Leblanc (ed.), *Truth, Syntax, and Modality*. Amsterdam: North-Holland, pp. 194-243.

References

Ruhlemann, C. (2007), *Conversation in Context. A Corpus-Driven Approach*. London: Continuum.

Runnymede Trust (1997), *Islamophobia: A Challenge for Us All*. Document downloaded from http://www.runnymedetrust.org/uploads/publications/pdfs/islamophobia.pdf.

Sacks, H., Schegloff, E. A. and Jefferson, G. (1974), 'A simplest systematics for the organization of turn-taking for conversation.' *Language*, 50, 696–735.

Said, E. (1979), *Orientalism*. New York: Vintage. [E. サイード（著）, 今沢紀子（訳）(1993).『オリエンタリズム』東京：平凡社]

Schank, R. C. and Abelson, R. P. (1977), *Scripts, Plans, Goals and Understanding*. Hillsdale, NJ: L. Erlbaum.

Schegloff, E. A. and Sacks, H. (1973), 'Opening up closings.' *Semiotica*, 8, 289–327.

Schmid, H-J. and Fauth, J. (2003), 'Women's and men's style: Fact or fiction? New grammatical evidence.' Paper presented at the Corpus Linguistics Conference, Lancaster, March 2003.

Schiffrin, D. (1987), *Discourse Markers*. Cambridge: Cambridge University Press.

Schiffrin, D. (1994), *Approaches to Discourse*. Oxford: Blackwell.

Schiffrin, D., Tannen, D. and Hamilton, H. (eds) (2001), *The Handbook of Discourse Analysis*. Oxford: Blackwell.

Scollon, R. (1998), *Mediated Discourse as Social Interaction*. London: Longman.

Scollon, R. (2001), 'Action and text: Towards an integrated understanding of the place of text in social (inter) action, mediated discourse analysis and the problem of social action.' In R. Wodak and M. Meyer (eds), *Methods of Critical Discourse Analysis*. London: Sage, pp. 139–183.

Scollon, R. and Scollon, S. W. (1995), *Intercultural Communication: A Discourse Approach*. Oxford: Blackwell.

Scollon, R. and Scollon, S. W. (2003), *Discourses in Place: Language in the Material World*. London: Routledge.

Scott, M. and Lyman, S. (1968), 'Accounts.' *American Sociological*

Review, 31, 46-62.

Searle, J. R. (1969), *Speech Acts: An Essay in the Philosophy of Language*. Cambridge: Cambridge University Press. [J. R. サール (著), 坂本百大・土屋俊 (訳) (1986). 『言語行為──言語哲学への試論』東京：勁草書房]

Searle, J. R. (1975), 'A taxonomy of illocutionary acts.' In K. Gunderson (ed.), *Language, Mind, and Knowledge*. Minneapolis, MN, pp. 334-369.

Secher, H. P. (1962), *Basic Concepts in Sociology*. New York: Citadel Press.

Short, M. (1996), *Exploring the Language of Poems, Plays and Prose*. London: Longman.

Simpson, P. (1993), *Language, Ideology and Point of View*. London: Routledge.

Sperber, D. and Wilson, D. (1986), *Relevance: Communication and Cognition*. Cambridge, MA: Harvard University Press. [D. スペルベル・D. ウイルソン (著), 内田聖二・宋南先・中逵俊明・田中圭子 (訳) (1993). 『関連性理論──伝達と認知』東京：研究社]

Stibbe, A. (2006), 'Deep ecology and language: The curtailed journey of the Atlantic salmon.' *Society and Animals*, 14(1), 61-77.

Stoller, R. (1968), *Sex and Gender: On the Development of Masculinity and Femininity*. New York: Science House.

Stubbs, M. (1983), *Discourse Analysis: The Sociolinguistic Analysis of Natural Language*. Chicago, IL: University of Chicago Press. [M. スタッブズ (著), 南出康世・内田聖二 (訳) (1990). 『談話分析──自然言語の社会言語学的分析』東京：研究社]

Stubbs, M. (1996), *Text and Corpus Analysis*. London: Blackwell.

Stubbs, M. (2001), *Words and Phrases*. London: Blackwell. [M. スタッブズ (著), 南出康世・石川慎一郎 (監訳) (2006). 『コーパス語彙意味論──語から句へ』東京：研究社]

Sumner, W. G. (1906), *Folkways*. New York: Ginn.

Sunderland, J. (2004), *Gendered Discourses*. Basingstoke: Palgrave.

Swales, J. M. (1990), *Genre Analysis: English in Academic and Research Settings*. Cambridge: Cambridge University Press.

References 331

Swann, J. (2002), 'Yes, but is it gender?' In Litosseliti and J. Sunderland (eds), *Gender Identity and Discourse Analysis*. Amsterdam: John Benjamin, pp. 43-67.

Talbot, M. (1995), *Fictions at Work: Language and Social Practice in Fiction*. London: Longman.

Talbot, M. (1998), *Language and Gender. An Introduction*. Cambridge: Blackwell, Polity Press.

Tannen, D. (ed.) (1982), *Coherence in Spoken and Written Discourse*. Norwood, MA: Ablex.

Tannen, D. (1984), *Conversational Style: Analysing Talk among Friends*. Norwood, MA: Ablex.

Tannen, D. (1989), *Talking Voices: Repetition, Dialogue and Imagery in Conversational Discourse*. Cambridge: Cambridge University Press.

Tannen, D. (1990), *You Just Don't Understand: Women and Men in Conversation*. London: Virago. [D. タネン（著），田丸美寿々・金子一雄（訳）(1992).『わかりあえない理由——男と女が傷つけあわないための口のきき方 10 章』東京：講談社]

Tannen, D. (ed.) (1993), Framing in Discourse. New York: Oxford University Press.

Tannen, D. (1995), *Talking from 9 to 5: Women and Men in the Workplace: Language, Sex and Power*. London: Virago.

Tannen, D. (2009), *You Were Always Mom's Favourite: Sisters in Conversation throughout their Lives*. London: Random House.

Tasker, F. (2004), 'Lesbian parenting: Experiencing pride and prejudice.' *Psychology of Women Section Review*, 6, 22-28.

Tasker, F. (2005), 'Lesbian mothers, gay fathers and their children: A review.' *Journal of Developmental and Behavioral Pediatrics*, 26, 224-240.

Te Molder, H. and Potter, J. (eds) (2005), *Conversation and Cognition*. Cambridge: Cambridge University Press.

Thiesmeyer, L. (ed.) (2003), *Discourse and Silencing: Representation and the Language of Displacement*. Amsterdam: John Benjamins.

Thomas, J. (1995), *Meaning in Interaction*. Harlow, London and New

York: Longman. [J. トマス（著），浅羽亮一（監修），田中典子・鶴田庸子・津留﨑毅・成瀬真理（訳）(1998).『語用論入門──話し手と聞き手の相互交渉が生み出す意味』東京：研究社]

Thompson, K. (1998), *Moral Panics*. London: Routledge.

Thornborrow, J. and Coates, J. (2003), *The Sociolinguistics of Narrative*. Amsterdam: John Benjamins.

Tognini-Bonelli, E. (2001), *Corpus Linguistics at Work* (Studies in Corpus Linguistics: 6). Amsterdam/Atlanta, GA: John Benjamins.

Toulmin, E., Rieke, R. and Janik, A. (1979), *An Introduction to Reasoning*. New York: Macmillan.

Troemel-Plotz, S. (1991), 'Review essay: Selling the apolitical.' *Discourse and Society*, 2(4), 489–502.

Van Den Berg, H., Wetherell, M. and Houtkoop, H. (eds) (2003), *Analysing Racist Discourse*. Cambridge: Cambridge University Press.

Van Dijk, T. (1984), *Prejudice in Discourse: An Analysis of Ethnic Prejudice in Cognition and Conversation*. Amsterdam: Benjamins.

Van Dijk, T. (1988), *News as Discourse*. Hillsdale, NJ: L. Erlbaum.

Van Dijk, T. (1991), *Racism and the Press*. London: Routledge.

Van Dijk, T. (1993), *Elite Discourse and Racism*. Newbury Park, CA: Sage.

Van Dijk, T. (1996), 'Discourse, power and access.' In C. Caldas-Coulthard and M. Coulthard (eds), *Texts and Practices: Readings in Critical Discourse Analysis*. London: Routledge, pp. 84–100.

Van Dijk, T. (ed.) (1997), *Discourse As Structure and Process*. London: Sage.

Van Dijk, T. (1998), *Ideology: A Multidisciplinary Approach*. London: Sage.

Van Dijk, T. (2001), 'Multidisciplinarity CDA: A plea for diversity.' In R. Wodak and M. Meyer (eds), *Methods of Critical Discourse Analysis*. London: Sage, pp. 95–120.

Van Dijk, T. (2008), *Discourse and Context: A Socio-cognitive Approach*. Cambridge: Cambridge University Press.

Van Leeuwen, T. (1996), 'The representation of social actors.' In C. Caldas-Coulthard and M. Coulthard (eds), *Texts and Practices:*

References

Readings in Critical Discourse Analysis. London: Routledge, pp. 32–70.

Van Leeuwen, T. (1997), 'Representing social action.' *Discourse and Society*, 6(1), 81–106.

Van Leeuwen, T. (2007), 'Legitimation in discourse and communications.' *Discourse and Communication*, 1(1), 91–112.

Verspoor, M. and Sauter, K. (2000), *English Sentence Analysis*. Amsterdam: John Benjamins.

Vet, C. and Vetters, C. (eds) (1994), *Tense and Aspect in Discourse*. Berlin: Mouton de Gruyter.

Von Sturmer, J. (1981), 'Talking with Aborigines.' *Australian Institute of Aboriginal Studies Newsletter*, 15, 13–30.

Walsh, S. (2006), *Investigating Classroom Discourse*. London: Routledge.

Walvis, T. H. (2003), 'Avoiding advertising research disaster: Advertising and the uncertainty principle.' *Journal of Brand Management*, 10(6), 403–409.

Walton, D. (1990), 'What is reasoning? What is an argument?' *Journal of Philosophy*, 87, 399–419.

Wardhaugh, R. (2005), *An Introduction to Sociolinguistics*. London: Blackwell.

Warner, M. (ed.) (1993), *Fear of a Queer Planet*. Minneapolis, MN: University of Minnesota Press.

Watson, J. and Hill, A. (2000), *Dictionary of Media and Communication Studies*. London: Arnold.

Weber, M. (1925), *Wirtschaft und Gesellschaft*. Tubingen: JCB Mohr.

Weber, M. (1947) *The Theory of Social and Economic Organisation*. New York: The Free Press.

Weber, R. P. (1990), *Basic Content Analysis. Second Edition*. Newbury Park, CA: Sage.

Wernick, A. (1991), *Promotional Culture: Advertising, Ideology and Symbolic Expression*. London: Sage

Wetherell, M. (1998), 'Positioning and interpretative repertoires: Conversation analysis and post-structuralism in dialogue.' *Discourse and Society*, 9, 387–412.

Wetherell, M., Taylor, S. and Yates, S. (eds) (2001a), *Discourse as Data: A Guide to Analysis*. London: Sage.

Wetherell, M., Taylor, S. and Yates, S. (eds) (2001b), *Discourse Theory and Practice: A Reader*. London: Sage.

Wetherell, M. (ed.) (2009a), *Identity in the 21st Century: New Trends in Changing Times*. Basingstoke: Palgrave.

Wetherell, M. (ed.) (2009b), *Theorizing Identities and Social Action*. Basingstoke: Palgrave.

Widdowson, H. G. (2004), *Text, Context, Pretext: Critical Issues in Discourse Analysis*. Oxford: Blackwell.

Widdowson, H. G. (2007), *Discourse Analysis*. Oxford: Oxford University Press.

Wierzbicka, A. (1999), *Emotions across Languages and Cultures: Diversity and Universals*. Cambridge: Cambridge University Press.

Wilkins, B. M. and Andersen, P. A. (1991), 'Gender differences and similarities in management communication: a meta-analysis.' *Management Communication Quarterly*, 5, 6–35.

Williams, R. (1976), *Keywords*. London: Fontana.

Wittig, M. (1992), *The Straight Mind and Other Essays*. Boston: Beacon Press.

Wodak, R. (1996), *Disorders of Discourse*. London: Longman.

Wodak, R. (2001), 'The discourse-historical approach.' In R. Wodak and M. Meyer (eds), *Methods of Critical Discourse Analysis*. London: Sage, pp. 63–94.

Wodak, R. (2009), *The Discourse of Politics in Action: Politics as Usual*. Basingstoke: Palgrave Macmillan.

Wodak, R. and Chilton, P. (eds) (2005), *A New Agenda in (Critical) Discourse Analysis*. Amsterdam: John Benjamins.

Wodak, R., de Cillia, R., Reisigl, M. and Liebhart, K. (2009), *The Discursive Construction of National Identity. Second edition*. Edinburgh: Edinburgh University Press.

Wolcott, H. F. (1999), *Ethnography: A Way of Seeing*. Walnut Creek, CA: Alta Mira.

References

Woodward, K. (1997), *Identity and Difference*. London: Sage.

Wouters, C. (1977), 'Informalisation and the civilising process.' In P. R. Gleichmann, J. Goudsblom and H. Korte (eds), *Human Figurations: Essays for Norbert Elias*. Amsterdam: Amsterdams Sociologisch Tidjschrift, pp. 437–455.

Yule, G. (1996), *Pragmatics*. Oxford: Oxford University Press. [G. ユール（著），高司正夫（訳）（2002）.『ことばと発話状況―語用論への招待』東京：リーベル出版]

訳注に際しての参考文献

Brown, P. and S. C. Levinson (1987) *Politeness: Some Universals in Language Usage*, Cambridge University Press, Cambridge.

Culpeper, J. and M. Haugh (2014) *Pragmatics and the English Language*, Palgrave Macmillan, New York.

Dunkling, L. (1990) *A Dictionary of Epithets and Terms of Address*, Routledge, London.

Fillmore, C. J. (1975) *Santa Cruz Lectures on Deixis 1971*, Indiana University Linguistic Club, Indiana, Blomington.

Fillmore, C. J. (1977) "Scenes-and-Frames Semantics," *Linguistics Structures Processing*, ed. by A. Zampolli, 55-81, North Holland Publishing Company, Amsterdam.

Fillmore, C. J. (1981) "Pragmatics and the Description of Discourse," *Radical Pragmatics*, ed. by P. Cole, 143-166, Academic Press, New York.

Fillmore, C. J. (2003) "Double-decker Definitions: The Role of Frames in Meaning Explanations," *Sign Language Studies* 3 (3), 263-295.

Fillmore, C. J. (2008) "The Merging of "Frames"," *Frames, Corpora, and Knowledge Representation*, ed. by R. R. Favretti, 1-12, Bononia University Press, Bologna.

Fillmore, C. J. and C. Baker (2010) "A Frames Approach to Semantic Analysis," *The Oxford Handbook of Linguistic Analysis*, ed. by B. Heine and H. Narrog, 313-339, Oxford University Press, Oxford.

福田一雄 (2013)『対人関係の言語学——ポライトネスからの眺め』開拓社,東京.

Helmbrecht, J. (2003) "Politeness Distinctions in Second Person Pronouns," *Deictic Conceptualisation of Space, Time and Person*, ed. by F. Lenz, 185-202, John Benjamins Publishing Company, Amsterdam.

Helmbrecht, J. (2013) "Politeness Distinctions in Pronouns," *The World Atlas of Language Structures Online*, ed. by M. S. Dryer and M. Haspelmath, Max Planck Institute for Evolutionary Anthropology, Leipzig. (Available online at http://wals.info/chapter/45, Accessed on 2018-08-26.)

金水敏（2003）『ヴァーチャル日本語　役割語の謎』岩波書店，東京.

金水敏（2015）「役割語」斎藤純男・田口善久・西村義樹（編）『明解言語学辞典』p. 224，三省堂，東京.

Lakoff, G. (2004) *Don't Think of an Elephant*, Chelsea Green Publishing, Vermont.

Langacker, R. W. (1987) *Foundations of Cognitive Grammar, Vol. I*, Stanford University Press, Stanford.

Leech, G. (2004) *Meaning and the English Verbs* (Third Edition), Longman, Harlow.

Levinson, S. C. (1983) *Pragmatics*, Cambridge University Press, Cambridge.

McCready, E. (2010) "Varieties of Conventional Implicature," *Semantics & Pragmatics* 3 (8), 1-57.

Milsark, G. L. (1977) "Toward an Explanation of Certain Peculiarities of the Existential Construction in English," *Linguistic Analysis* 3 (1), 1-29.

Palmer, F. R. (2001^2) *Mood and Modality*, Cambridge University Press, Cambridge.

Potts, C. (2005) *The Logic of Conventional Implicatures*, Oxford University Press, Oxford.

Quirk, R., S. Greenbaum, G. Leech and J. Svartvik (1985) *A Comprehensive Grammar of the English Language*, Longman, London.

澤田治美（1993）『視点と主観性』ひつじ書房，東京.

澤田治美（2006）『モダリティ』開拓社，東京.

澤田治美（編）（2010~2015）『ひつじ意味論講座　1〜7』ひつじ書房，東

京.

澤田治美（2014）『現代意味解釈講義』開拓社，東京.

澤田治美（2016）『続・現代意味解釈講義』開拓社，東京.

澤田治美（2018）『意味解釈の中のモダリティ』（上／下）開拓社，東京.

澤田淳（2015）「ダイクシスからみた日本語の歴史——直示述語，敬語，指示詞を中心に——」加藤重広（編）『日本語語用論フォーラム1』57-100，ひつじ書房，東京.

澤田淳（2016）「指示と照応の語用論」加藤重広・滝浦真人（編）『語用論研究法ガイドブック』49-76，ひつじ書房，東京.

澤田淳（近刊）「フレーム意味論」池上嘉彦・山梨正明（編）『講座　言語研究の革新と継承　認知言語学Ｉ』ひつじ書房，東京.

Sawada, O. (2010) *Pragmatic Aspects of Scalar Modifiers*, Doctoral dissertation, University of Chicago.

Sawada, O. (2013) "The Meanings of Diminutive Shifts in Japanese," *Proceedings of the 42nd Meeting of the North East Linguistic Society*, ed. by S. Keine and S. Sloggett, 163-176, GLSA Publications, Amherst, MA.

Sawada, O. (2018) *Pragmatic Aspects of Scalar Modifiers: The Semantics-Pragmatics Interface*, Oxford University Press, Oxford.

鈴木孝夫（1973）『ことばと文化』岩波書店，東京.

滝浦真人（2005）『日本の敬語論——ポライトネス理論からの再検討』大修館書店，東京.

注記：上記の文献に加えて，『岩波小辞典　社会学』（岩波書店，2003），『現代英文法辞典』（三省堂，1992），『角川世界史辞典』（角川書店，2001），『応用言語学事典』（研究社，2003），『最新英語学・言語学用語辞典』（開拓社，2015）などの専門分野の辞典・事典，ならびに，『大辞林』（第三版）（三省堂，2006），『大辞泉』（第二版）（小学館，2012），『ジーニアス英和辞典』（第5版）（大修館書店，2014），『広辞苑』（第七版）（岩波書店，2018），*Oxford Advanced Learner's Dictionary*（第9版，2015），『リーダーズ英和辞典』（第3版）（研究社，2012），『ウィズダム英和辞典』（第3版）（三省堂，2003）などの辞典のほか，適宜「ウィキペディア」も参照した.

Index
索　引

・日本語は五十音順に，英語はアルファベット順に並べている．
・数字はページ数を表し，太字の数字は Key Terms, Key Thinkers の見出し
　語のページを示す．
・n は脚注（訳注）を示す．

1.　日本語事項索引

［あ行］

あいづち（back channels）　**16**
アイデンティティ（identity）　6,
　　34, 67, **94**, 95, 120, 130, 134,
　　156, 162, 178, 210, 220, 271
アクセス（access）　**2**, 3, 19, 91,
　　144, 176, 180
足場（footing）　24, **77**
アフォーダンス（affordance）　30
表されるもの（what is signified）
　　30, 161, 211
表すもの（signifier）　30, 161, 211
アルチュセール，ルイ（Althusser,

Louis）　95, **257**, 266
暗示（connotation）　**30**, 212
暗示的意味（connotative meaning）
　　212
言い換え（paraphrasing）　197
イーグルトン，テリー（Eagleton,
　　Terry）　125
イェーガー，ジークフリート
　　（Jäger, Siegfried）　42
イエスペルセン，オットー
　　（Jespersen, Otto）　65n, 255,
　　255n
移行適切場所（transition rel-
　　evance place（TRP））　249

異種恐怖症（heterophobia） 180

イスラム嫌悪（Islamophobia）
106

異性愛規範性（heteronormativity）
91

一元論（monism） 187

位置づけ（positioning） 230

位置づけられたジャンル（situated
genre） 87

一般化（genericization） **85**, 184,
222

一般的な会話的推意（generalized
conversational implicature）
99n

イデオロギー（ideology） 17, 50,
90, **95**, 110, 122

意味関係（semantic relations）
205

意味的韻律，意味的プロソディ
（semantic prosody） 57, **204**

意味的選好，優先的意味選択
（semantic preference） 57,
203, 205, 282

意味の場（semantic field） **203**

意味役割（semantic role） **206**

意味的プロソディ → 意味的韻律

インフォームドコンセント
（informed consent） 67

隠喩 → メタファー

韻律，プロソディ（prosody） **175**

ヴァン・デイク，テウン（Van
Dijk, Teun） 2, 33, 42, 50,
164, 219, **284**

ヴァン・レーウェン，テオ（van
Leeuwen, Theo） 1, 7, 12,
16, 22, 26, 42, 53, 70, 80, 93,

96, 100, 111, 137, 138, 184,
221, 222, 233, 275, **285**

ヴィエズビッカ，アナ
（Wierzbicka, Anna） 109

ウィドウソン，ヘンリー
（Widdowson, Henry） **286**

ウィリアムズ，レイモンド
（Williams, Raymond） 109

ウィルスン，ディアドリ（Wilson,
Deirder） 187

ヴェーバー，マックス（Weber,
Max） 163, 163n, 213

ウェザレル，マーガレット
（Wetherell, Margaret） **286**

ウォーフ，ベンジャミン・リー
（Whorf, Benjamin Lee） 199

ヴォダック，ルート（Wodak,
Ruth） 33, 53, **288**

エスノメソドロジー
（ethnomethodology） 34, 59,
69, 272

エリクソン，エリク（Erikson,
Erik） 94

婉曲語法の踏み車（euphemism
treadmill） 198

オースティン，ジョン（Austin,
John（L.）） 73, 84, 145, 222,
223, **258**, 289

オーディエンス・デザイン → 聴
衆デザイン

音の高さ → ピッチ

オリエンタリズム的談話（oriental-
ist discourse） **135**

オリエンタリズム（orientalism）
135, 136

女ことば → 女性語

Index

[か行]

ガーフィンケル，ハロルド
(Garfinkel, Harold) 69
解釈 (interpretation) 41, 47, 71,
79, **102**, 103, 115, 243
解釈実証主義 (interpretative
positivism) **105**
解釈レパートリー (interpretative
repertoire) **104**
解析 (parsing) **141**
下位文化 (subcultures) 284
会話化 (conversationalization)
35, 100, 234, 266
会話的推意 (conversational
implicature) 98n, 99n, 269
会話の格率 → 会話の公理
会話の公理，会話の格率 (conver-
sational maxims) **36**, 187,
269, 296
会話分析 (conversation analysis)
33, 34, 51, 69, 136, 188, 212,
245, 248
確約型 (commissives) 223
過剰語彙化 (overlexicalizaion)
138
仮想共同体 (imagined
community) **96**, 120
語り (narrative) **119**
合算 (aggregation) **8**
過程 → プロセス
過程タイプ → プロセスタイプ
カテゴリー化 (categorization)
22, 80
家父長制 (patriarchy) **144**
カメロン，デボラ (Cameron,

Deborah) **261**
環境批判的談話分析 (eco-critical
discourse analysis) **62**
関係節 (relative clause) 24
関係的プロセス (relational
processes) 172
換言 (rewording) **197**
観察者のパラドックス (observer's
paradox) **131**
観察者の偏向 (observer's bias)
131
慣習的推意 (conventional
implicature) 99n, 269
間接的言語行為 (indirect speech
acts) 224
間接話法 (reported speech,
indirect speech) 47, **190**
感嘆文 (exclamatory) 206
間談話性 → 談話相互性
間テクスト性 → テクスト相互性
間テクスト的 → テクスト相互的
観念的 (ideational) 235, 297
ガンバーズ，ジョン (Gumperz,
John) 101, 225, **269**
換喩 → メトニミー
関連性の公理 (The Maxim of
Relevance) 37, 41
関連性理論 (relevance theory)
187
緩和ストラテジー (mitigating
strategies) **116**
キーワード (keyword) 32, 108,
109
記号 (sign) 30, **211**, 227
記号論 (sign theory) 211
疑似法助動詞 (semi-modals)

101

記述 (description) 41, **46**, 71, 79, 103, 115

擬人化 (personification) **147**

機能化 (functionalisation) 22, **80**, 138

規範 (norm) **126**

規範主義 (prescriptivism) **168**

疑問文 (interrogative) 206

客体化 (objectification) 96, **129**

客観性 (objectivity) **130**, 156

休止 → ポーズ

強化ストラテジー (intensifying strategies) **101**

教室談話, クラスルーム・ディスコース (classroom discourse) **23**

共時的研究 (synchronic studies) **234**

強調された女性性 (emphasized femininity) **63**

協調の原則 (cooperative principle) 36, **38**, 269, 296

共テクスト, コテクスト (co-text) 33, **40**

共犯性 (complicity) 89

共有知識 (shared knowledge) **211**

虚偽 (fallacy) **73**, 180

句 (phrase) **150**

クイア (queer) **178**

クイア理論 (queer theory) 178

空間化 (spatialization) 97, **221**

クールタード, マルコム (Coulthard, Malcolm) **264**

クック, ガイ (Cook, Guy) **263**

グライス, ポール (Grice, Paul) 36, 38, 98, 98n, 99n, 152, 187, 262, **268**, 277

クラスルーム・ディスコース → 教室談話

グラムシ, アントニオ (Gramsci, Antonio) 266

繰り返し (repetition) **189**, 190

クリステヴァ, ジュリア (Kristeva, Julia) 105

クレス, ギュンター (Kress, Gunther) 43, **274**

形容詞 (adjective) **5**

ケインズ, ジョン・メイナード (Keynes, John Maynard) 20

コネクショニズム (connectionism) 42

結束性 (cohesion) 25, **26**, 62, 232, 243

研究 (research) **192**

研究インタビュー (research interview) 60, 69, 182, **194**

研究課題 (research questions) **195**

研究計画 (research agenda) **193**

言語共同体 (speech community) **224**, 273

言語決定論 (linguistic determinism) 199

言語行為, 発話行為 (speech act) **222**

言語行為論, 発話行為論 (speech act theory) 74, 84, 146, 165, 222, **223**, 224, 289

言語使用域 → レジスター

Index 345

言語的相対性（linguistic relativity） 199
言語的プロセス（verbal processes） 172
顕在的な間テクスト性 → 顕在的なテクスト相互性
顕在的なテクスト相互性，顕在的な間テクスト性（manifest intertextuality） 106
言説 → 談話
顕著性 → 重要度
権力，力（power） 2, 19, 36, 50, 68, 75, 77, 90, 117, 144, 152, **163**, 180, 195, 213, 227, 247
語彙（vocabulary） **252**
語彙化（lexicalization） 197
語彙束（lexical bundle） **112**
語彙的結束性（lexical cohesion） 26, **113**
項（arguments） 24
交感的言語使用（phatic communion） **150**
交感的コミュニケーション（phatic communication） 150
考古学（archaeology） **11**
構成的な間テクスト性 → 顕在的なテクスト相互性
構成的なテクスト相互性，構成的な間テクスト性（constitutive intertextuality） 106
構造主義（structuralism） **227**
肯定的談話分析（positive discourse analysis） **155**, 164
公的アイデンティティ（public identity） **175**
公的領域（public sphere） **176**

口頭談話（oral discourse） **134**
行動的プロセス（behavioural processes） 172
合法化（legitimation） **111**
後方照応（cataphora） **20**, 26
コーツ，ジェニファー（Coates, Jennifer） **262**
コード・スイッチング（code switching） **24**, 77
コード・ミキシング（code mixing） 24
コーパス言語学（corpus linguistics） 27, 39, **40**, 43, 45, 109, 112, 177
コーパスに支援された談話研究（corpus-assisted discourse studies（CADS）） **39**, 42, 51
語順（word order） **256**
個人化（individualization） **100**
国家主義的談話（nationalist discourse） **121**
国家的アイデンティティ（national identity） **119**, 121
ゴッフマン，アーヴィング（Goffman, Erving） 72, 77, 78, 95, **268**
固定観念 → ステレオタイプ
コテクスト → 共テクスト
好まれる読み（preferred reading） **167**, 181
語用論（pragmatics） **165**
語用論的標識（pragmatic markers） 54
語連鎖（lexical bundles） 108
コロケーション（collocation） **27**, 40, 203, 204

コロニーテクスト（colony text）
29

コンテクスト（context）　**33**, 34,
287

コント，オーギュスト（Comte,
Auguste）　156

コンピュータ媒介的コミュニケー
ション（computer-mediated
communication（CMC））
30, 150

［さ行］

サール，ジョン（Searle, John）
74, 84, 223, 224, 290

サイード，エドワード（Said,
Edward）　135, 157

再語彙化（relexicalization）　197

再コンテクスト化
（recontextualization）　**182**

再生産（reproduction）　**192**

削除（erasure）　134

サックス，ハーヴェイ（Sacks,
Harvey）　34, **280**

サピア，エドワード（Sapir,
Edward）　199

サピア-ウォーフの仮説（Sapir-
Whorf Hypothesis）　**199**

サブカルチャー　270

作用　→ プロセス

作用タイプ　→ プロセスタイプ

三角法（triangulation）　43, 53,
69, 75, 114, **247**

サンダーランド，ジェーン
（Sunderland, Jane）　16, 49,
55, 83

サンプリング（sampling）　43, **199**

参与者（participants）　**142**

参与者観察（participant
observation）　69, **141**, 177

シェグロフ，エマニュエル
（Schegloff, Emanuel）　34

ジェファーソン，ガイル
（Jefferson, Gail）　34

ジェンダー（gender）　17, **81**, 92

ジェンダー差（gender
differences）　**82**

ジェンダー遂行性（gender
performativity）　81, **84**, 179,
224, 260

ジェンダー談話（gendered
discourse）　49, **83**, 85

視覚デザイン（visual design）
274

自己開示（self-disclosure）　**202**

指示詞（demonstratives）　21n

指示的ストラテジー（referential
strategies）　181, **183**, 184

時制，テンス（tense）　**238**

自然化（naturalization）　**121**, 126

実証主義（positivism）　130, **156**,
177, 187

実践共同体（community of
practice）　**29**, 123

実践のつながり（nexus of
practice）　**123**

質的手法　→ 定性的手法

質の公理（The Maxim of
Quality）　37

視点化（perspectivation）　**148**

シネクドキー, 提喩（synecdoches）
183

Index

指標化 (indexing) **99**

シフリン，デボラ (Schiffrin, Deborah) **281**

資本 (capital) **19**, 216

資本主義 (capitalism) **20**, 28, 31, 35, 100, 119, 123

自民族中心主義 (ethnocentrism) 44, **68**

ジャーゴン (jargon) 11

社会階級 (social class) **216**

社会言語学 (sociolinguistics) **220**

社会言語的なコード・オリエンテーション (sociolinguistic coding orientation) 10

社会構成主義 (social constructionism) 66, **217**

社会構成的 (socially constitutive) **218**

社会的アイデンティティ (social identity) **217**

社会的関係 (social relations) **219**

社会的結束性 (social cohesion) **216**

社会的行為 (social action) **213**

社会的行為者 (social actors) 6, **214**

社会的実践 (social practice(s)) 59, **218**, 219, 228, 231

社会認知的アプローチ (socio-cognitive approach) 42, 44, **219**

社会変革 (social change) **215**

釈明 (accounts) **3**, 5, 59, 280, 299

ジャンル (genre) **86**

従位 (hypotaxis) **92**, 140, 207

集合化 (collectivization) **26**

従属 (subordination) 89, 92, 207, **231**

従属節 (dependent clause) 23

修復 (repair) 34, **188**, 250, 280

重文 (compound sentence) 207

周辺化 (marginalization) 64, 89

重要度，顕著性 (keyness) **108**

主語 (subject) 6, 144, 166, 173, **229**, 243

主題 (theme) 173, 198, **243**

主体位置 (subject position) 196, 217, **230**

主体性 (subjectivity) **231**

述語 (predicate) **166**

受動化 (passivization) **144**, 267

受動化された社会的行為者 (passivated social actors) **143**

受動文動作主削除 (passive agent deletion) **142**

首尾一貫性 (coherence) **25**, 241, 243, 267

受容 (reception) **181**, 196

受容標識 (reception markers) 54

受容理論 (reception theory) 167

準拠テキスト (reference texts) 1

順番構成単位 (turn-construction units) 249

順番交代 (turn-taking) 30, 34, **248**

準備条件 (preparatory conditions) 74

消去 (erasure) 1, **64**, 67

状況的 (circumstantial) 173

消極的フェイス (negative face) 72, **122**, 122n, 152, 155, 277, 292

省察性 (reflexivity) 43, 51, 75, 130, **184**, 193

詳述 (elaboration) 197

象徴化 (symbolization) 138

象徴的暴力 (symbolic violence) 260

消費者女性性 (consumer femininity) 32

消費者フェミニズム (consumer feminism) 31

省略 (ellipsis) 26, **62**

植民地化 (colonization) **28**

叙述的ストラテジー (predicational strategies) **166**

女性語, 女ことば (women's language) 202, 237, **255**

所有的 (possessive) 173

指令型 (directives) 223

人種 (races) 180

新自由主義 (neoliberalism) **122**

人種差別主義 (racism) **180**

人種差別談話 (racist discourse) **181**, 183

身体化 (somatization) **221**

心的プロセス (mental processes) 172

真理条件 (truth conditions) 145, **248**

推意, 含み (implicature) 25, 64, 92, **97**, 187, 269

遂行性 (performativity) **146**

遂行的 (performative) 146

遂行動詞 (performative verb) 145

遂行文 (performative) 74, **145**, 248, 289

推進的文化 (promotional culture) **174**

スウェイルズ, ジョン (Swales, John) 51, 87, **283**

スキーマ (schema) **201**

スクリプト (scripts) **201**

スコロン, ロン (Scollon, Ron) 114, **281**

スタイル, 文体 (style) **228**

スタッブズ, マイケル (Stubbs, Michael) 27, 48, 50, 57, 65, 203, 205, **282**

ステレオタイプ, 固定観念 (stereotypes) 54, 67, 91, 121, 153, 181, **225**, 226, 300

ステレオタイプ化 (stereotyping) 134

スピーキング (speaking) **221**, 274

スピヴァク, ガヤトリ・チャクラヴォルティ (Spivak, Gayatri Chakravorty) 158

スペルベル, ダン (Sperber, Dan) 187

スミス, アダム (Smith, Adam) 20

性 (sex) **207**, 208

成員の資源 (members' resources) **115**

性差別語 (sexist language) 125

性差別主義 (sexism) 92, 202, **208**

性差別談話（sexist discourse）
209
生産（production）39, **174**
誠実性条件（sincerity conditions）
74
政治的公正（political correctness
（PC））125, **153**, 168, 261
正書法（orthography）**136**
性的アイデンティティ（sexual
identity）**210**
生物学的な性（biological sex）
17, 81, 125, 207, 210
セクシュアルハラスメント
（sexual harassment）**209**
節（clause（s））**23**, 206
積極的差別是正措置（affirmative
action）153
積極的フェイス（positive face）
72, 122, 122n, 152, **155**, 277,
292
接続語（connectives）54
説得（persuasion）**149**
説得ストラテジー（persuasive
strategies）**149**
説明（explanation）41, 47, **71**,
79, 103, 115, 243
宣言型（declarations）223
前ジャンル（pre-genre）87
前提（presupposition）63, 73, 98,
169
前方照応（anaphora）**9**, 20, 21n,
26, 232
相互行為的社会言語学（interac-
tional sociolinguistics）51,
101, 165
相対主義（relativism）**186**

装置分析（dispositive analysis）
42
ソシュール，フェルディナン・ド
（Saussure, Ferdinand de）
30, 141, 161, 211, 227, 293
存在的プロセス（existential
processes）172

［た行］

第一波フェミニズム（first-wave
feminism）202
ダイクシス，直示（deixis）45
体系機能言語学（systemic func-
tional linguistics）（SFL）
198, **234**, 271
体系機能文法（systemic func-
tional grammar（SFG））23,
41, 43, 53, **235**, 271, 296
対抗的な読み（alternative
readings）167, 181
第三波フェミニズム（third-wave
feminism）202
対人的（interpersonal）235, 297
態度（attitudes）**13**, 59, 204
第二波フェミニズム（second-wave
feminism）158, **202**
代用（substitution）26, **232**
対立的実践（oppositional
practices）**133**
対立的談話（oppositional
discourses）**133**
大量消費主義（consumerism）**31**
多義性（polysemy）205
脱構築（deconstruction）264
他動性（transitivity）56, 171,

246, 267

タネン，デボラ（Tannen, Deborah） 82, 101, 255, **283**

タブロイド化（tabloidization） **236**

単一他動詞（monotransitive verbs） 246

断言型（assertives） 223

断定緩和表現 → ヘッジ 274

単文（simple sentence） 207

談話，ディスコース，言説（discourse） **48**, 50, 134

談話ストラテジー（discursive strategy） 12, 54, **60**, 148

談話・歴史的アプローチ（discourse-historical approach） 12, 33, 41, 43, **53**, 60, 73, 101, 149, 180, 183

談話共同体（discourse community） 29, **51**, 225, 283

談話心理学（discursive psychology） 4, 51, **59**, 104, 285

談話相互性，間談話性（interdiscursivity） 53, **102**, 106, 133

談話的韻律，談話的プロソディ（discourse prosody） **57**, 204, 205, 282

談話的実践（discursive practice） **59**, 219

談話的プロソディ → 談話的韻律

談話能力（discursive competence） **59**

談話の技術化（technologization of discourse） **238**

談話の常態化（normalization of discourse） **127**

談話の秩序（order of discourse） **134**

談話標識（discourse markers） 48, **54**

談話不変化詞（discourse particles） 54

談話分析（discourse analysis） 33, **50**, 55, 302

談話命名（discourse naming） 49, **55**, 137

力 → 権力

聴衆デザイン，オーディエンス・デザイン（audience design） **14**, 258

重複決定（over-determination） **137**, 147

直示 → ダイクシス

直接話法（direct speech） **47**, 190

直喩，明喩（similes） **213**

チルトン，ポール（Chilton, Paul） **262**

沈黙（silence） 1, 126, **212**

通時的研究（diachronic studies） **47**, 234

詰め物（fillers） 54, 78

抵抗（resistance） 164, **195**

抵抗的読者（resistant reader） 181, **196**

提示的談話標識（present-discourse markers） 54

提示標識（presentation markers） 54

ディスコース → 談話

定性的手法，質的手法（qualitative

methods) 4, **177**, 193

提喩 → シネクドキー

定量的手法，量的手法（quantitative methods） 43, **177**, 193

データ駆動的アプローチ（data-driven approach） **45**

適切性条件（felicity conditions） **73**, 146, 224, 248, 289

テクスト（text） 40, 59, 134, 219, **241**, 243

テクスト指向性（textual orientation） **243**

テクスト相互性，間テクスト性（intertextuality） 39, 41, 50, 102, **105**, 169, 193, 200, 241

テクスト相互的，間テクスト的（intertextual） 53

テクスト的（textual） 235, 297

デュルケーム，エミール（Durkheim, Émile） 156

デリダ，ジャック（Derrida, Jacques） 159, 161, 212, **264**

転写，文字化（transcription） 34, 51, **245**

テンス → 時制

転覆（subversion） 164, **232**

転覆的談話（subversive discourse） **232**

同音異義性（homonymy） 205

同化（assimilation） 8, **12**, 26

同義語過剰使用（overwording） 10, **138**

同義性（synonymy） 205

道具化（instrumentalization） 97

動作主（agent） 6, 7, 8, 206

動作主性（agency） **6**, 7, 104,

143, 215, 229, 233, 247

動詞（verb） 229, 246, **252**

同性愛嫌悪（homophobia） **91**

闘争（struggle） 164, **228**

同定（identification） 22, **93**, 147

特殊化された会話的推意（particularized conversational implicature） 98n

特定化（specification） 85, 184, **222**

土地ことば（vernacular） **252**

特権化された女性性（privileged femininity） **169**

トポス（topos, topoi） 149, 180, **244**, 254

取り出されたジャンル（disembedded genre） 87

［な行］

内部者視点（insider perspective） 141

内包的（intensive） 173

内容分析（content analysis） **32**, 109, 177

二重他動詞（ditransitive verbs） 246

人間化（personalization） **147**

能格性（ergativity） **65**

能格動詞（ergative verb） 65, 246

［は行］

ハーヴェイ，デヴィッド（Harvey, David） 123, 123n

ハーバーマス，ユルゲン

（Habermas, Jürgen） 28, 95, 111, 176

バーンステイン，バジル（Bernstein, Basil） 183, 241

ハイエク，フリードリヒ（Hayek, Friedrich） 20

媒介された談話分析（mediated discourse analysis（MDA）） **114**, 281

背景化（backgrounding） 1, **16**, 25, 64, 71, 91, 124, 143, 184, 215, 233

排除（exclusion） 1, 16, 64, **70**, 91, 134, 184, 233, 254

ハイムズ，デル（Hymes, Dell） 225, 269, **274**

迫害（oppression） **133**

覇権 → ヘゲモニー

覇権的女性性（hegemonic femininity） **88**

覇権的男性性（hegemonic masculinity） 63, **88**, 232

発言権（the floor） 249

発話（utterance） **251**

発話行為 → 言語行為

発話行為（locutionary act） 222

発話行為論 → 言語行為論

発話自律化（utterance autonomization） 97

発語内行為（illocutionary act） 223

発話内の力（illocutionary force） 145

発話媒介行為（perlocutionary act） 223

バトラー，ジュディス（Butler, Judith） 67, 84, 147, 224, 258, **260**

バフチン，ミハイル（・ミハイロビッチ）（Bakhtin, Mikhail (Mikhailovich)） 87, 266

ハリディ，マイケル（Halliday, Michael） 10, 23, 41, 43, 53, 62, 171, 234, 246, 265, **271**, 296

パロール（parole） 111, **141**

バンヴェニスト，エミール（Benveniste, Émile） 109

反義性（antonymy） 206

反言語（anti-language） **10**, 11

反転（inversion） 137

反ユダヤ主義（anti-semitism） **11**

判立，論理的含意（entailment(s)） **63**, 98, 169

非言語コミュニケーション（nonverbal communication） **126**

非性差別語（non-sexist language） **125**, 153, 209

非談話的（non-discursive） **124**

ピッチ，音の高さ（pitch） 55, **151**

被提示的談話標識（presented-discourse markers） 55

非人間化（impersonalization） 147, 184, 215

非人称化（impersonalization） **96**

批判的言語学（critical linguistics） 41, **43**, 53, 235

批判的談話分析（critical discourse analysis（CDA）） 2, 12, 31, 33, **41**, 43, 47, 51, 53,

Index 353

68, 71, 77, 79, 83, 102, 114,
115, 117, 155, 182, 219, 235,
250, 294
評言 (rheme) **198**, 243
表出型 (expressives) 223
表象 (representation) 6, **190**
ファース, ジョン (Firth, John)
235, 271
ファウラー, ロジャー (Fowler,
Roger) 43, 105, **267**
ファノン, フランツ (Fanon,
Frantz) 157
フーコー, ミシェル (Foucault,
Michel) 11, 22, 42, 48, 102,
134, 160, 163, 192, 195, 233,
243, **266**
フェアクラフ, ノーマン (Fair-
clough, Norman) 3, 7, 28,
31, 35, 39, 41, 43, 47, 53, 59,
71, 79, 87, 95, 100, 102, 106,
111, 115, 121, 123-125, 134,
163, 169, 174, 176, 192, 197,
200, 203, 214, 215, 218, 219,
228, 234, 235, 238, 242, 243,
247, **265**, 271, 293, 294, 305
フェイス (face) **72**, 151
フェイス侵害行為 (face-threaten-
ing act) (FTA) 277, 292
フェミニズム的な批判的談話分析
(feminist critical discourse
analysis (FCDA)) **74**
フェミニズム的なポスト構造主義
(的) 談話分析 (feminist post-
structuralist discourse analy-
sis (FPDA)) **75**, 83, 134
フォーカスグループ (focus

group) 60, **76**, 177, 182, 245
付加疑問 (tag question) **237**, 277
副詞節 (adverbial clause) 24
複文 (complex sentence) 207
含み → 推意
不在 (absence) 1
ブチョルツ, メアリー (Bucholtz,
Mary) 299
復権 (reclaiming) **182**, 233
物質的プロセス (material
processes) 172
普遍主義 (universalism) 187
ブラウン, ペネロピ (Brown,
Penelope) 277
ブラジル, デイビッド (Brazil,
David) 264
フリードマン, ミルトン
(Friedman, Milton) 20
プリテクスト (pretext) 287, 287n
ブルームフィールド, ブルーム
(Bloomfiled, Leonard) 224
ブルジョア (bourgeois) **17**
ブルデュー, ピエール (Bourdieu,
Pierre) 19, **259**, 266
フレーム (frames) **77**, 201
フレーム意味論 (frame
semantics) 79n
プロセス, 過程, 作用 (process(es))
142, **170**
プロセス (過程, 作用) タイプ
(process type) **171**
プロソディ → 韻律
文化相対主義 (cultural
relativism) **44**
文体論 (stylistics) 229
文のタイプ (sentence types) **206**

平叙文（declarative） 206
並列（parataxis） 92, **140**, 207
ヘゲモニー，覇権（hegemony）
　　90, 134, 164, 228, 270, 276
ヘッジ，断定緩和表現（hedges）
　　273, 277
ヘリテッジ，ジョン（Heritage,
　　John） 272
ヘリング，スーザン（Herring,
　　Susan） 272
ベル，アラン（Bell, Allan） 14,
　　258
偏見的談話（prejudiced discourse）
　　167
ボアズ，フランツ（Boas, Franz）
　　44, 44n
包含的談話（overarching
　　discourse） **137**
法助動詞（modals） 101
ポーズ，休止（pauses） **145**, 189
ボードリヤール，ジャン
　　（Baudrillard, Jean） 159
ホームズ，ジャネット（Holmes,
　　Janet） 237, **273**
ホール，スチュアート（Hall,
　　Stuart） 178, 181, 190, 226,
　　270
保証（warrants） 149, **254**
ポスト構造主義（post-
　　structuralism） 66, 75, **161**,
　　179, 191
ポスト構造主義者（post-
　　structuralist） 212
ポスト構造主義的談話分析（post-
　　structuralist discourse analy-
　　sis（PDA）） **162**

ポストコロニアル理論（post-
　　colonial theory） 135, **157**
ポストフェミニズム（post-
　　feminism） **158**, 202
ポストモダニズム（post-
　　modernism） 119, **159**, 160
ポッター，ジョナサン（Potter,
　　Jonathan） **279**
ポピュリズム（populism） **154**
ポラーリ（Polari） 11
ポライトネス（politeness） 3, 72,
　　151, 155, 165
本性主義（essentialism） **66**, 217

［ま行］

マリノフスキー，ブロニスワフ
　　（Malinowski, Bronislaw）
　　150
マルクス，カール（Marx, Karl）
　　17, **278**
見せかけの個人化（synthetic
　　personalization） 35, **234**
ミルズ，サラ（Mills, Sara） 209,
　　279
民族誌学（ethnography） **69**, 141,
　　177
名詞（noun） **127**
名詞化（nominalization） 7, **124**
明示的意味（denotative meaning）
　　211
命題（proposition） **175**
命名的ストラテジー（nomina-
　　tional strategies） 183
明喩　→ 直喩
目立ち（prominence） 151

Index

355

メタファー，隠喩（metaphor）
115, 183, 213
メトニミー，換喩（metonymy）
183, 221
目的語（object）　**129**, 229
文字化　→ 転写
モダリティ（modality）　56, **116**,
117n, 267
求められてなされたのではない会
話（unsolicited talk）　**251**
モラル・パニック（moral panic）
117, 261, 271

〔や行〕

優先的意味選択　→ 意味的選好
様態の公理（The Maxim of
Manner）　37
要注意引用符（scare quotes）
200, 200n
抑圧（repression）　191
抑圧的仮説（repressive
hypothesis）　**191**
抑圧的談話（repressive discourse）
191
抑制（suppression）　64, 71, 91,
184, 215, **233**
呼びかけ語（terms of address）
35, **240**

〔ら行〕

ライジグル，マーティン（Reisigl,
Martin）　53
ラクラウ，エルネスト（Laclau,
Ernesto）　265, **276**

ラネカー，ロナルド（Langacker,
Ronald）　171
ラボフ，ウィリアム（Labov,
William）　131, 216, 220, 225,
252, **275**
ラング（langue）　**111**, 141
ランド，アイン（Rand, Ayn）　20
リッカート尺度（Likert scale）
13, 14
略式化（informalization）　**100**,
203, 266
両性愛者（bisexuals）　64
量的手法　→ 定量的手法
量の公理（The Maxim of
Quantity）　36
隣接ペア（adjacency pair）　**4**, 34,
145, 280
リンドスミス，アルフレッド
（Lindesmith, Alfred）　32
倫理（ethics）　**67**, 132
レイコフ，ジョージ（Lakoff,
George）　78
レイコフ，ロビン（・トルマック）
（Lakoff, Robin（Tolmach））
85, 237, 255, **276**
レヴィンソン，スティーヴン
（Levinson, Stephen）　**277**
レジスター，言語使用域（register）
52, **185**
連語（collocation）　166
連鎖前置き（pre-sequences）　280
論証（argumentation）　**12**, 41, 53,
73, 149, 166, 180, 244, 254
論証ストラテジー（argumentation
strategies）　91
論理的含意　→ 判立

2. 英語事項索引

[A]

absence（不在） **1**

access（アクセス） **2**, 3, 19, 91, 144, 176, 180

accounts（釈明） **3**, 5, 59, 280, 299

adjacency pair（隣接ペア） **4**, 34, 145, 280

adjective（形容詞） **5**

adverbial clause（副詞節） 24

affirmative action（積極的差別是正措置） 153

affordance（アフォーダンス） 30

agency（動作主性） **6**, 7, 104, 144, 215, 229, 233, 247

agent（動作主） 6-8, 206

aggregation（合算） **8**

alternative readings（対抗的な読み） 167, 181

Althusser, Louis（アルチュセール, ルイ） 95, **257**, 266

anaphora（前方照応） **9**, 20, 21n, 26, 232

anti-language（反言語） **10**, 11

anti-semitism（反ユダヤ主義） **11**

antonymy（反義性） 206

archaeology（考古学） **11**

argumentation（論証） **12**, 41, 53, 73, 149, 166, 180, 244, 254

argumentation strategies（論証ストラテジー） 91

arguments（項） 24

assertives（断言型） 223

assimilation（同化） 8, **12**, 26

attitudes（態度） **13**, 59, 204

audience design（聴衆デザイン, オーディエンス・デザイン） **14**, 258

Austin, John（L.）（オースティン, ジョン） 73, 84, 145, 222, 223, **258**, 289

[B]

back channels（あいづち） **16**

backgrounding（背景化） 1, **16**, 25, 64, 71, 91, 124, 143, 184, 215, 233

Bakhtin, Mikhail（Mikhailovich）（バフチン, ミハイル（・ミハイロビッチ）） 87, 266

Baudrillard, Jean（ボードリヤール, ジャン） 159

behavioural processes（行動的プロセス） 172

Bell, Allan（ベル, アラン） 14, **258**

Benveniste, Émile（バンヴェニスト, エミール） 109

Bernstein, Basil（バーンステイン, バジル） 183, 241

biological sex（生物学的な性）

Index

17, 81, 125, 207, 210

bisexuals（両性愛者）64

Bloomfiled, Leonard（ブルーム
フィールド，ブルーム）224

Boas, Franz（ボアズ，フランツ）
44, 44n

Bourdieu, Pierre（ブルデュー，ピ
エール）19, **259**, 266

bourgeois（ブルジョア）**17**

Brazil, David（ブラジル，デイ
ビッド）264

Brown, Penelope（ブラウン，ペ
ネロピ）277

Bucholtz, Mary（ブチョルツ，メ
アリー）299

Butler, Judith（バトラー，ジュ
ディス）67, 84, 147, 224,
258, **260**

[C]

CADS → corpus-assisted
discourse studies

Cameron, Deborah（カメロン，
デボラ）**261**

capital（資本）**19**, 216

capitalism（資本主義）**20**, 28, 31,
35, 100, 119, 123

cataphora（後方照応）**20**, 26

categorization（カテゴリー化）
22, 80

CDA → critical discourse
anaysis

Chilton, Paul（チルトン，ポール）
262

circumstantial（状況的）173

classroom discourse（教室談話，
クラスルーム・ディスコース）
23

clause(s)（節）**23**, 206

CMC → computer-mediated
communication

Coates, Jennifer（コーツ，ジェニ
ファー）**262**

code mixing（コード・ミキシン
グ）24

code switching（コード・スイッ
チング）**24**, 77

coherence（首尾一貫性）**25**, 241,
243, 267

cohesion（結束性）25, **26**, 62,
232, 243

collectivization（集合化）**26**

collocation（コロケーション）
27, 40, 203, 204

collocation（連語）166

colonization（植民地化）**28**

colony text（コロニーテクスト）
29

commissives（確約型）223

community of practice（実践共同
体）29, 123

complex sentence（複文）207

complicity（共犯性）89

compound sentence（重文）207

computer-mediated communica-
tion (CMC)（コンピュータ
媒介的コミュニケーション）
30, 150

Comte, Auguste（コント，オー
ギュスト）156

connectionism（コネクショニズ
ム）42

connectives（接続語）54

connotation（暗示）**30**, 212

connotative meaning（暗示的意味）212

constitutive intertextuality（顕在的なテクスト相互性，顕在的な間テクスト性）106

consumer femininity（消費者女性性）32

consumer feminism（消費者フェミニズム）31

consumerism（大量消費主義）**31**

content analysis（内容分析）**32**, 109, 177

context（コンテクスト）**33**, 34, 287

conventional implicature（慣習的推意）99n, 269

conversation analysis（会話分析）**33**, 34, 51, 69, 136, 188, 212, 245, 248

conversational implicature（会話的推意）98n, 99n, 269

conversationalization（会話化）**35**, 100, 234, 266

conversational maxims（会話の公理，会話の格率）**36**, 187, 269, 296

Cook, Guy（クック，ガイ）**263**

cooperative principle（協調の原則）36, **38**, 269, 296

corpus-assisted discourse studies（CADS）（コーパスに支援された談話研究）**39**, 42, 51

corpus linguistics（コーパス言語学）27, 39, **40**, 43, 45, 109,

112, 177

co-text（共テクスト，コテクスト）33, **40**

Coulthard, Malcolm（クールタード，マルコム）**264**

critical discourse analysis（CDA）（批判的談話分析）2, 12, 31, 33, **41**, 43, 47, 51, 53, 68, 71, 77, 79, 83, 103, 114, 115, 117, 155, 182, 219, 235, 250, 294

critical linguistics（批判的言語学）41, **43**, 53, 235

cultural relativism（文化相対主義）**44**

[D]

data-driven approach（データ駆動的アプローチ）**45**

declarations（宣言型）223

declarative（平叙文）206

deconstruction（脱構築）264

deixis（ダイクシス，直示）**45**

demonstratives（指示詞）21n

denotative meaning（明示的意味）211

dependent clause（従属節）23

Derrida, Jacques（デリダ，ジャック）159, 161, 212, **264**

description（記述）41, **46**, 71, 79, 103, 115

diachronic studies（通時的研究）**47**, 234

direct speech（直接話法）**47**, 190

directives（指令型）223

discourse（談話，ディスコース，言説）**48**, 50, 134

Index

discourse analysis（談話分析）
33, **50**, 55, 302

discourse community（談話共同
体）　29, **51**, 225, 283

discourse-historical approach（談
話・歴史的アプローチ）　12,
33, 41, 43, **53**, 60, 73, 101, 149,
180, 183

discourse markers（談話標識）
48, **54**

discourse naming（談話命名）
49, **55**, 137

discourse particles（談話不変化
詞）　54

discourse prosody（談話的韻律，
談話的プロソディ）　**57**, 204,
205, 282

discursive competence（談話能力）
59

discursive practice（談話的実践）
59, 219

discursive psychology（談話心理
学）　4, 51, **59**, 104, 285

discursive strategy（談話ストラテ
ジー）　12, 54, **60**, 148

disembedded genre（取り出され
たジャンル）　87

dispositive analysis（装置分析）
42

ditransitive verbs（二重他動詞）
246

Durkheim, Émile（デュルケーム，
エミール）　156

[E]

Eagleton, Terry（イーグルトン，

テリー）　125

eco-critical discourse analysis（環
境批判的談話分析）　**62**

elaboration（詳述）　197

ellipsis（省略）　26, **62**

emphasized femininity（強調され
た女性性）　**63**

entailment(s)（判立，論理的含意）
63, 98, 169

erasure（削除）　134

erasure（消去）　1, **64**, 67

ergative verb（能格動詞）　65, 246

ergativity（能格性）　**65**

Erikson, Erik（エリクソン，エリ
ク）　94

essentialism（本性主義）　**66**, 217

ethics（倫理）　**67**, 132

ethnocentricism（自民族中心主義）
44, **68**

ethnography（民族誌学）　**69**, 141,
177

ethnomethodology（エスノメソド
ロジー）　34, 59, **69**, 272

euphemism treadmill（婉曲語法の
踏み車）　198

exclamatory（感嘆文）　206

exclusion（排除）　1, 16, 64, **70**,
91, 134, 184, 233, 254

existential processes（存在的プロ
セス）　172

explanation（説明）　41, 47, **71**,
79, 103, 115, 243

expressives（表出型）　223

[F]

face（フェイス）　**72**, 151

face-threatening act (FTA)（フェ
イス侵害行為） 277, 292
Fairclough, Norman（フェアクラ
フ，ノーマン） 3, 7, 28, 31,
35, 39, 41, 43, 47, 53, 59, 71,
79, 87, 95, 100, 102, 106, 111,
115, 121, 123–125, 134, 163,
169, 174, 176, 192, 197, 200,
203, 214, 215, 218, 219, 228,
234, 235, 238, 242, 243, 247,
265, 271, 293, 294, 305
fallacy（虚偽） **73**, 180
Fanon, Frantz（ファノン，フラン
ツ） 157
FCDA →feminist critical
discourse analysis
felicity conditions（適切性条件）
73, 146, 224, 248, 289
feminist critical discourse analy-
sis (FCDA)（フェミニズム
的な批判的談話分析） **74**
feminist post-structuralist dis-
course analysis (FPDA)
（フェミニズム的なポスト構
造主義的談話分析） **75**, 83,
134
fillers（詰め物） 54, 78
first-wave feminism（第一波フェ
ミニズム） 202
Firth, John（ファース，ジョン）
235, 271
focus group（フォーカスグルー
プ） 60, **76**, 177, 182, 245
footing（足場） 24, **77**
Foucault, Michel（フーコー，ミ
シェル） 11, 22, 42, 48, 102,

134, 160, 163, 192, 195, 233,
243, **266**
Fowler, Roger（ファウラー，ロ
ジャー） 43, 105, **267**
FPDA →feminist post-structur-
alist discourse analysis
frame semantics（フレーム意味
論） 79n
frames（フレーム） 77, 201
Friedman, Milton（フリードマン，
ミルトン） 20
functionalisation（機能化） 22,
80, 138

[G]
Garfinkel, Harold（ガーフィンケ
ル，ハロルド） 69
gender（ジェンダー） 17, **81**, 92
gender differences（ジェンダー
差） **82**
gendered discourse（ジェンダー
談話） 49, **83**, 85
gender performativity（ジェン
ダー遂行性） 81, **84**, 179,
224, 260
generalized conversational
implicature（一般的な会話的
推意） 98n
genericization（一般化） **85**, 184,
222
genre（ジャンル） **86**
Goffman, Erving（ゴッフマン，
アーヴィング） 72, 77, 78,
95, **268**
Gramsci, Antonio（グラムシ，ア
ントニオ） 266

Grice, Paul（グライス，ポール）
36, 38, 98, 98n, 99n, 152, 187,
262, **268**, 277
Gumperz, John（ガンパーズ，ジョ
ン）　101, 225, **269**

[H]

Habermas, Jürgen（ハーバーマス，
ユルゲン）　28, 94, 111, 176
Hall, Stuart（ホール，スチュアー
ト）　178, 181, 190, 226, **270**
Halliday, Michael（ハリディ，マ
イケル）　10, 23, 41, 43, 53,
62, 171, 234, 246, 265, **271**,
296
Harvey, David（ハーヴェイ，デ
ヴィッド）　123, 123n
Hayek, Friedrich（ハイエク，フ
リードリヒ）　20
hedges（ヘッジ，断定緩和表現）
273, 277
hegemonic femininity（覇権的女
性性）　**88**
hegemonic masculinity（覇権的男
性性）　63, **88**, 232
hegemony（ヘゲモニー，覇権）
90, 134, 164, 228, 270, 276
Heritage, John（ヘリテッジ，ジョ
ン）　**272**
Herring, Susan（ヘリング，スー
ザン）　**272**
heteronormativity（異性愛規範性）
91
heterophobia（異種恐怖症）　180
Holmes, Janet（ホームズ，ジャ
ネット）　237, **273**

homonymy（同音異義性）　205
homophobia（同性愛嫌悪）　**91**
Hymes, Dell（ハイムズ，デル）
225, 269, **274**
hypotaxis（従位）　**92**, 140, 207

[I]

ideational（観念的）　235, 297
identification（同定）　22, **93**, 147
identity（アイデンティティ）　6,
34, 67, **94**, 95, 120, 130, 134,
156, 162, 178, 210, 220, 271
ideology（イデオロギー）　17, 50,
90, **95**, 110, 122
illocutionary act（発語内行為）
223
illocutionary force（発話内の力）
145
imagined community（仮想共同
体）　**96**, 120
impersonalization（非人称化）
96, 147, 184, 215
implicature（推意，含み）　25, 64,
92, **97**, 187, 269
indexing（指標化）　**99**
indirect speech　→ reported
speech
indirect speech acts（間接的言語
行為）　224
individualization（個人化）　**100**
informalization（略式化）　**100**,
203, 266
informed consent（インフォーム
ドコンセント）　67
insider perspective（内部者視点）
141

instrumentalization（道具化） 97

intensifying strategies（強化スト
ラテジー） **101**

intensive（内包的） 173

interactional sociolinguistics（相
互行為的社会言語学） 51,
101, 165

interdiscursivity（談話相互性，間
談話性） 53, **102**, 106, 133

interpersonal（対人的） 235, 297

interpretation（解釈） 41, 47, 71,
79, **102**, 103, 115, 243

interpretive repertoire（解釈レ
パートリー） **104**

interpretative positivism（解釈実
証主義） **105**

interrogative（疑問文） 206

intertextual（テクスト相互的，間
テクスト的） 53

intertextuality（テクスト相互性，
間テクスト性） 39, 41, 50,
102, **105**, 169, 193, 200, 241

inversion（反転） 137

Islamophobia（イスラム嫌悪）
106

[J]

Jäger, Siegfried（イェーガー，
ジークフリート） 42

jargon（ジャーゴン） 11

Jefferson, Gail（ジェファーソン，
ガイル） 34

Jespersen, Otto（イエスペルセン，
オットー） 65n, 255, 255n

[K]

Keynes, John Maynard（ケイン
ズ，ジョン・メイナード）
20

keyness（重要度，顕著性） **108**

keyword（キーワード） 32, 108,
109

Kress, Gunther（クレス，ギュン
ター） 43, **274**

Kristeva, Julia（クリステヴァ，
ジュリア） 105

[L]

Labov, William（ラボフ，ウィリ
アム） 131, 216, 220, 225,
252, **275**

Laclau, Ernesto（ラクラウ，エル
ネスト） 265, **276**

Lakoff, George（レイコフ，ジョー
ジ） 78

Lakoff, Robin (Tolmach)（レイ
コフ，ロビン（・トルマック））
85, 237, 255, **276**

Langacker, Ronald（ラネカー，ロ
ナルド） 171

langue（ラング） **111**, 141

legitimation（合法化） **111**

Levinson, Stephen（レヴィンソン，
スティーヴン） **277**

lexical bundle（語彙束） 108, **112**

lexical cohesion（語彙的結束性）
26, **113**

lexicalization（語彙化） 197

Likert scale（リッカート尺度）
13, 14

Lindesmith, Alfred（リンドスミ

ス，アルフレッド） 32
linguistic determinism（言語決定
　論） 199
linguistic relativity（言語的相対
　性） 199
locutionary act（発語行為） 222

[M]

Malinowski, Bronislaw（マリノフ
　スキー，ブロニスワフ） 150
manifest intertextuality（顕在的な
　テクスト相互性，顕在的な間
　テクスト性） 106
marginalization（周辺化） 64, 89
Marx, Karl（マルクス，カール）
　17, **278**
material processes（物質的プロセ
　ス） 172
MDA → mediated discourse
　analysis
mediated discourse analysis
　（MDA）（媒介された談話分
　析） **114**, 281
members' resources（成員の資源）
　115
mental processes（心的プロセス）
　172
metaphor（メタファー，隠喩）
　115, 183, 213
metonymy（メトニミー，換喩）
　183, 221
Mills, Sara（ミルズ，サラ） 209,
　279
mitigating strategies（緩和ストラ
　テジー） **116**
modality（モダリティ） 56, **116**,

117n, 267
modals（法助動詞） 101
monism（一元論） 187
monotransitive verbs（単一他動
　詞） 246
moral panic（モラル・パニック）
　117, 261, 271

[N]

narrative（語り） **119**
national identity（国家的アイデン
　ティティ） **119**, 121
nationalist discourse（国家主義的
　談話） **121**
naturalization（自然化） **121**, 126
negative face（消極的フェイス）
　72, **122**, 122n, 152, 155, 277,
　292
neoliberalism（新自由主義） **122**
nexus of practice（実践のつなが
　り） **123**
nominalization（名詞化） 7, **124**
nominational strategies（命名的ス
　トラテジー） 183
non-discursive（非談話的） **124**
non-sexist language（非性差別語）
　125, 153, 209
nonverbal communication（非言
　語コミュニケーション） **126**,
　127
norm（規範） **126**
normalization of discourse（談話
　の常態化） **127**
noun（名詞） **127**

[O]

object（目的語） **129**, 229

objectification（客体化） 96, **129**

objectivity（客観性） **130**, 156

observer's bias（観察者の偏向）
131

observer's paradox（観察者のパラ
ドックス） **131**

oppositional discourses（対立的談
話） **133**

oppositional practices（対立的実
践） **133**

oppression（迫害） **133**

oral discourse（口頭談話） **134**

order of discourse（談話の秩序）
134

orientalism（オリエンタリズム）
135, 136

orientalist discourse（オリエンタ
リズム的談話） 135

orthography（正書法） **136**

overarching discourse（包含的談
話） **137**

over-determination（重複決定）
137, 147

overlexicalizaion（過剰語彙化）
138

overwording（同義語過剰使用）
10, **138**

[P]

paraphrasing（言い換え） 197

parataxis（並列） 92, **140**, 207

parole（パロール） 111, **141**

parsing（解析） **141**

participant observation（参与者観

察） 69, **141**, 177

participants（参与者） **142**

particularized conversational
implicature（特殊化された会
話的推意） 98n

passivated social actors（受動化
された社会的行為者） **142**

passive agent deletion（受動文動
作主削除） **143**

passivization（受動化） **144**, 267

patriarchy（家父長制） **144**

pauses（ポーズ，休止） **145**, 189

PC → political correctness

PDA → post-structralist dis-
course analysis

performative（遂行的） 146

performative（遂行文） 74, **145**,
248, 289

performative verb（遂行動詞）
145

performativity（遂行性） 146

perlocutionary act（発話媒介行為）
223

perlocutions（発語媒介行為） 289

personalization（人間化） **147**

personification（擬人化） **147**

perspectivation（視点化） **148**

persuasion（説得） **149**

persuasive strategies（説得ストラ
テジー） **149**

phatic communication（交感的コ
ミュニケーション） **150**

phatic communion（交感的言語使
用） **150**

phrase（句） **150**

pitch（ピッチ，音の高さ） 55,

151

Polari（ポラーリ） 11

politeness（ポライトネス） 3, 72, **151**, 155, 165

political correctness（PC）（政治的公正） 125, **153**, 168, 261

polysemy（多義性） 205

populism（ポピュリズム） **154**

positioning（位置づけ） 230

positive discourse analysis（肯定的談話分析） **155**, 164

positive face（積極的フェイス） 72, 122, 122n, 152, **155**, 277, 292

positivism（実証主義） 130, 156, 177, 187

possessive（所有的） 173

post-colonial theory（ポストコロニアル理論） 135, **157**

post-feminism（ポストフェミニズム） **158**, 202

postmodernism（ポストモダニズム） 119, **159**, 160

post-structuralism（ポスト構造主義） 67, 75, **161**, 179, 191

post-structuralist（ポスト構造主義者） 212

post-structuralist discourse analysis（PDA）（ポスト構造主義的談話分析） **162**

Potter, Jonathan（ポッター，ジョナサン） **279**

power（権力，力） 2, 19, 36, 50, 68, 75, 77, 90, 117, 144, 152, **163**, 180, 195, 213, 227, 247

pragmatic markers（語用論的標

識） 54

pragmatics（語用論） **165**

predicate（述語） **166**

predicational strategies（叙述的ストラテジー） **166**

preferred reading（好まれる読み） **167**, 181

pre-genre（前ジャンル） 87

prejudiced discourse（偏見的談話） **167**

preparatory conditions（準備条件） 74

prescriptivism（規範主義） **168**

presentation markers（提示標識） 54

present-discourse markers（提示的談話標識） 55

presented-discourse markers（被提示的談話標識） 54

pre-sequences（連鎖前置き） 280

presupposition（前提） 63, 73, 98, **169**

pretext（プリテクスト） 287, 287n

privileged femininity（特権化された女性性） **169**

process(es)（プロセス，過程，作用） 142, **170**

process type（プロセス（過程，作用）タイプ） **171**

production（生産） 39, **174**

prominence（目立ち） 151

promotional culture（推進的文化） **174**

proposition（命題） **175**

prosody（韻律，プロソディ）

175

public identity（公的アイデンティティ） **175**

public sphere（公的領域） **176**

[Q]

qualitative methods（定性的手法, 質的手法） 4, **177**, 193

quantitative methods（定量的手法, 量的手法） 43, **177**, 193

queer theory（クイア理論） **178**

queer（クイア） **178**

[R]

races（人種） 180

racism（人種差別主義） **180**

racist discourse（人種差別談話） **181**, 183

Rand, Ayn（ランド, アイン） 20

reception markers（受容標識） 54

reception theory（受容理論） 167

reception（受容） **181**, 196

reclaiming（復権） **182**, 233

recontextualization（再コンテクスト化） **182**

reference texts（準拠テキスト） 1

referential strategies（指示的ストラテジー） 181, **183**, 184

reflexivity（省察性） 43, 51, 75, 130, **184**, 193

register（レジスター, 言語使用域） 52, **185**

Reisigl, Martin（ライジグル, マーティン） 53

relational processes（関係的プロセス） 172

relative clause（関係節） 24

relativism（相対主義） **186**

relevance theory（関連性理論） **187**

relexicalization（再語彙化） 197

repair（修復） 34, **188**, 250, 280

repetition（繰り返し） **189**, 190

reported speech, indirect speech（間接話法） 47, **190**

representation（表象） 6, **190**

repression（抑圧） 191

repressive discourse（抑圧的談話） **191**

repressive hypothesis（抑圧的仮説） **191**

reproduction（再生産） **192**

research（研究） **192**

research agenda（研究計画） **193**

research interview（研究インタビュー） 60, 69, **194**

research questions（研究課題） **195**

resistance（抵抗） 164, **195**

resistant reader（抵抗的読者） 181, **196**

rewording（換言） **197**

rheme（評言） **198**, 243

[S]

Sacks, Harvey（サックス, ハーヴェイ） 34, **280**

Said, Edward（サイード, エドワード） 135, 157

sampling（サンプリング） 43, **199**

Index

Sapir, Edward（サピア，エドワード）　199

Sapir-Whorf Hypothesis（サピア-ウォーフの仮説）　**199**

Saussure, Ferdinand de（ソシュール，フェルディナン・ド）　30, 141, 161, 211, 227, 293

scare quotes（要注意引用符）　**200**, 200n

Schegloff, Emanuel（シェグロフ，エマニュエル）　34

schema（スキーマ）　**201**

Schiffrin, Deborah（シフリン，デボラ）　**281**

Scollon, Ron（スコロン，ロン）　114, **281**

scripts（スクリプト）　**201**

Searle, John（サール，ジョン）　74, 84, 223, 224, 290

second-wave feminism（第二波フェミニズム）　158, **202**

self-disclosure（自己開示）　**202**

semantic field（意味の場）　**203**

semantic preference（意味的選好，優先的意味選択）　57, **203**, 205, 282

semantic prosody（意味的韻律，意味的プロソディ）　57, **204**

semantic relations（意味関係）　**205**

semantic role（意味役割）　**206**

semi-modals（疑似法助動詞）　101

sentence types（文のタイプ）　**206**

sex（性）　**207**, 208

sexism（性差別主義）　92, 202, **208**

sexist discourse（性差別談話）　**209**

sexist language（性差別語）　125

sexual harassment（セクシュアルハラスメント）　**209**

sexual identity（性的アイデンティティ）　**210**

SFG　→ systemic functional grammar

SFL　→ systemic functional linguistics

shared knowledge（共有知識）　**211**

sign theory（記号論）　211

sign（記号）　30, **211**, 227

signifier（表すもの）　30

silence（沈黙）　1, 126, **212**

similes（直喩，明喩）　**213**

simple sentence（単文）　207

sincerity conditions（誠実性条件）　74

situated genre（位置づけられたジャンル）　87

Smith, Adam（スミス，アダム）　20

social action（社会的行為）　**213**

social actors（社会的行為者）　6, **214**

social change（社会変革）　**215**

social class（社会階級）　**216**

social cohesion（社会的結束性）　**216**

social constitutive（社会構成的）　218

social constructionism（社会構成主義）　66, **217**

social identity（社会的アイデン

ティティ) **217**

socially constitutive(社会構成的)**218**

social practice(s)(社会的実践) 59, **218**, 219, 228, 231

social relations(社会的関係)**219**

socio-cognitive approach(社会認知的アプローチ) 42, 44, **219**

sociolinguistic coding orientation(社会言語的なコード・オリエンテーション) 10

sociolinguistics(社会言語学)**220**

somatization(身体化) **221**

spatialization(空間化) 97, **221**

speaking(スピーキング) **221**, 274

specification(特定化) 85, 184, **222**

speech act(言語行為,発話行為)**222**

speech act theory(言語行為論,発話行為論) 74, 84, 146, 165, 222, **223**, 224, 289

speech community(言語共同体)**224**, 273

Sperber, Dan(スペルベル,ダン) 187

Spivak, Gayatri Chakravorty(スピヴァク,ガヤトリ・チャクラヴォルティ) 158

stereotypes(ステレオタイプ,固定観念) 54, 67, 91, 121, 153, 181, **225**, 226, 300

stereotyping(ステレオタイプ化)

134

structuralism(構造主義) **227**

struggle(闘争) 164, **228**

Stubbs, Michael(スタッブズ,マイケル) 27, 48, 50, 57, 65, 203, 205, **282**

style(スタイル,文体) **228**

stylistics(文体論) **229**

subcultures(下位文化) 284

subject(主語) 6, 144, 166, 173, **229**, 243

subject position(主体位置) 196, 217, **230**

subjectivity(主体性) **231**

subordination(従属) 89, 92, 207, **231**

substitution(代用) 26, **232**

subversion(転覆) 164, **232**

subversive discourse(転覆的談話) **232**

Sunderland, Jane(サンザーランド,ジェーン) 16, 49, 55, 83

suppression(抑制) 64, 71, 91, 184, 215, **233**

Swales, John(スウェイルズ,ジョン) 51, 87, **283**

symbolic violence(象徴的暴力) 260

symbolization(象徴化) 138

synchronic studies(共時的研究)**234**

synecdoches(シネクドキー,提喩) 183

synonymy(同義性) 205

synthetic personalization(見せかけの個人化) 35, **234**

Index

systemic functional grammar （SFG）（体系機能文法） 23, 41, 43, 53, **235**, 271, 296

systemic functional linguistics （SFL）（体系機能言語学） 198, **234**, 271

[T]

tabloidization（タブロイド化） **236**

tag question（付加疑問） **237**, 277

Tannen, Deborah（タネン，デボラ） 82, 101, 255, **283**

technologization of discourse（談話の技術化） **238**

tense（時制，テンス） **238**

terms of address（呼びかけ語） 35, **240**

text（テクスト） 40, 59, 134, 219, **241**, 243

textual orientation（テクスト指向性） **243**

textual（テクスト的） 235, 297

the floor（発言権） 249

The Maxim of Manner（様態の公理） 37

The Maxim of Quality（質の公理） 37

The Maxim of Quantitiy（量の公理） 36

The Maxim of Relevance（関連性の公理） 37, 41

theme（主題） 173, 198, **243**

third-wave feminism（第三波フェミニズム） 202

topoi → topos

topos, topoi（トポス） 149, 180, **244**, 254

transcription（転写，文字化） 34, 51, **245**

transition relevance place（TRP）（移行適切場所） 249

transitivity（他動性） 56, 171, **246**, 267

triangulation（三角法） 43, 53, 69, 75, 114, **247**

TRP → transition relevance place

truth conditions（真理条件） 145, **248**

turn-construction units（順番構成単位） 249

turn-taking（順番交代） 30, 34, 132, **248**

[U]

universalism（普遍主義） 187

unsolicited talk（求められてなされたのではない会話） **251**

utterance autonomization（発話自律化） 97

utterance（発話） **251**

[V]

Van Dijk, Teun（ヴァン・デイク，テウン） 2, 33, 42, 50, 164, 219, **284**

van Leeuwen, Theo（ヴァン・レーウェン，テオ） 1, 7, 12, 16, 22, 26, 42, 53, 70, 80, 93, 96, 100, 111, 137, 138, 184,

221, 222, 233, 275, **285**

verb（動詞） 229, 246, **252**

verbal processes（言語的プロセ
ス） 172

vernacular（土地ことば） **252**

visual design（視覚デザイン）
274

vocabulary（語彙） **252**

[W]

warrants（保証） 149, **254**

Weber, Max（ヴェーバー，マック
ス） 163, 163n, 213

Wetherell, Margaret（ウェザレル，
マーガレット） **286**

what is signified（表されるもの）
30, 161, 211

Whorf, Benjamin Lee（ウォーフ，
ベンジャミン・リー） 199

Widdowson, Henry（ウィドウソ
ン，ヘンリー） **286**

Wierzbicka, Anna（ヴィエズビッ
カ，アナ） 109

Williams, Raymond（ウィリアム
ズ，レイモンド） 109

Wilson, Deirder（ウィルスン，
ディアドリ） 187

Wodak, Ruth（ヴォダック，ルー
ト） 33, 53, **288**

women's language（女性語，女こ
とば） 202, 237, **255**

word order（語順） **256**

訳者あとがき

　本書を翻訳しながら，学生時代に読んだ本のことが思い出された．その本とは，河合栄治郎著『学生に与う』である．筆者がこの本を手にしたのは，1966 年 1 月のことである（手元に残っているこの本は，社会思想社刊で，奥付には，昭和 40 年 11 月 5 日三版第 16 刷とあり，S41.1.7 というペン書きの筆者のメモがある）．当時，筆者は島根県松江市にある島根大学文理学部の 1 年生であった．松江市は，宍道湖のほとりにある情緒豊かな城下町で，1891 年（明治 24 年）に英語教師として松江に赴任したラフカディオ・ハーン（小泉八雲）がこよなく愛した街である（「小泉八雲旧居」は松江城の内堀に面して位置している）．

　本書の中で，著者の河合栄治郎は，（学生の）「日常生活」について語る際に，「高等学校の寄宿舎にいるとしてのプラン」を述べているが，当時，筆者はキャンパス内の小高い丘にある学生寮に住んでいた．旧制高校の面影を残す木造の男子寮には 200 名ほどの，出身地も，学年も，専攻分野も，性格も違う学生が共同生活をしていた．携帯電話もスマホもない時代のことである．誰かの部屋に集まって議論したり，自室で一人読書にふける時間はありあまるほどあった．残念ながら，この寮は，今はすでにない．跡地に「降る雪や，寮は試験の灯をつらね」の句を刻んだ碑が立っているのみである．

　『学生に与う』の「第二部　私たちの生き方」の中の「一　読むこと」という章に次のような文章がある．外国語を読む際の心得である．

書くことと読むこととは関係が深い．それだから読めれば書ける．そして本当に読むことを稽古するには書くのが必要なので，和文外訳ができないと，外国語の真の意味がわからないと思う．それかあるいは外国語の本を翻訳することが，言葉に通じるには非常に役に立つので，私は今まで翻訳書を出したことは一度もないけれども，学校でも卒業したての若い時に，非常によい本で割合に分量の少いのを，翻訳して置きたかったと思う．

　幸いなことに，これまで，「非常によい本で割合に分量の少い」本を数冊翻訳する機会に恵まれた．2 冊挙げるとすれば，J. コーツ『英語法助動詞の意味論』（研究社出版，1992）と E. E. スウィーツァー『認知意味論の展開——語源学から語用論まで』（研究社，2000）である．前者の本の著者である Jennifer Coates はイギリスの社会言語学者であり，「重要思想家・学者」のところに名前が載っている．また，後者の本の著者である Eve Sweetser は，アメリカの著名な認知言語学者である．

　このたび，開拓社編集部の川田賢氏から，*Key Terms in Discourse Analysis* という，「非常によい本で割合に分量の少ない」本の翻訳の仕事の話をいただいた時，二つ返事でお引き受けした．しかも，筆者，澤田治，澤田淳の 3 人での共訳という形にしていただいた．川田氏のご配慮に，感謝の言葉もないほどである．

　翻訳を進めている最中に，学生時代に読んだことのある本，著者名は知っていたがまだ読んでいない本，これまで著者名も書名も知らなかった本を書店から取り寄せた．これらの本のいくつかは，筆者を，言語学という狭い枠から解放し，自由な気分にさせてくれた．もう一度，学生時代に戻った気がした．それらの本とは，例えば，以下のような本である．

　　○ ジャック・デリダ『根源の彼方に——グラマトロジーについて
　　　上・下』（足立和浩訳）（現代思潮新社，1972）
　　○ ピエール・ブルデュー『再生産——教育・社会・文化』（宮島喬

訳者あとがき 373

訳）（藤原書店，1991）
○ ジュディス・バトラー『ジェンダー・トラブル―フェミニズムとアイデンティティの攪乱』（竹村和子訳）（青土社，2018）
○ アーヴィング・ゴッフマン『儀礼としての相互行為―対面行動としての社会学』（新訳版）（浅野敏夫訳）（法政大学出版局，2002）
○ ミシェル・フーコー『狂気の歴史―古典主義時代における―』（田村俶訳）（新曜社，1975）
○ マックス・ヴェーバー『プロテスタンティズムの倫理と資本主義の精神』（大塚久雄訳）（岩波書店，1989）
○ デヴィッド・ハーヴェイ『新自由主義―その歴史的展開と現在』（渡辺治監訳）（作品社，2007）

これらの本を読んで，訳者の苦労が身に染みてわかり，つくづく翻訳の有難みを感じた．

　翻訳に際して，関西外国語大学大学院博士課程後期の Jessica Tynes さんとの議論は極めて有益であった．記して感謝の意を表したい．
　末筆ながら，3 人の訳者を代表して，ここに，開拓社の川田賢氏に深い感謝のことばを申しあげるものである．筆者は，『モダリティ』，『現代意味解釈講義』，『続・現代意味解釈講義』，『意味解釈の中のモダリティ』（上／下）に続いて，このたびも最初の企画段階から川田氏の献身的なご援助をいただいた．氏の行き届いたご配慮，気配り，入念かつ用意周到な編集がなかったら本書はとうてい誕生できなかった．感謝の気持ちでいっぱいである．
　本書の一部は，JSPS 科研費 JP17K02830 の助成を受けたものである．

　2018 年 8 月 30 日

訳者代表　澤田治美

著者・訳者紹介

[著者]

Paul Baker （ポール・ベイカー）

ランカスター大学言語学・英語学科 (Department of Linguistics and English Language, Lancaster University) 教授，専門分野はコーパス言語学，（批判的）談話分析.

主要業績： *Polari: The Lost Language of Gay Men* (2002, Routledge)， *Public Discourses of Gay Men* (2005, Routledge)， *Using Corpora in Discourse Analysis* (2006, Continuum)， *Sociolinguistics and Corpus Linguistics* (2010, Edinburgh University Press)， *Discourse Analysis and Media Attitudes: The Representation of Islam in the British Press* (Costas Gabrielatos, Tony McEnery と共著，2013, Cambridge University Press)， *Using Corpora to Analyse Gender* (2014, Bloomsbury USA Academic)

Sibonile E. Ellece （シボナイル・エレス）

ボツワナ大学人文学部英語学科 (Department of English, University of Botswana) 上級講師，専門は，語用論，社会言語学，談話分析.

主要業績： "Gender and Language in Sub-Saharan Africa: A valid epistemology." (*Gender and Language in Sub-Saharan African Contexts: tradition, struggle and change*, John Benjamins, pp. 1–26, 2013)， "The 'Tinto' image in contemporary Tswana songs" (*Gender and Language in Sub-Saharan African Contexts: tradition, struggle and change*, John Benjamins, pp. 149–176, 2013)， "The 'placenta' of the nation: Motherhood discourses in Tswana marriage ceremonies" (*Gender and Language* 6(1), 2012), "Asking for a 'Water Calabash': Metaphor and Gender in 'Patlo' Marriage Ceremonies in Botswan" (2010)

［訳者］

澤田　治美　（さわだ　はるみ）　1946 年生まれ.
関西外国語大学外国語学部　教授. 専門分野は意味論, 語用論.
　主要業績：『視点と主観性——日英語助動詞の分析』（ひつじ書房, 1993）［1993 年度市河賞受賞］, 『モダリティ』（開拓社, 2006）［2007 年度第 8 回英語語法文法学会賞受賞］, 『ひつじ意味論講座』（全 7 巻単独編集）（ひつじ書房, 2010 ～ 2015）『現代意味解釈講義』（開拓社, 2014）, 『続・現代意味解釈講義』（開拓社, 2016）, 『意味解釈の中のモダリティ』（上／下）（開拓社, 2018）

澤田　治　（さわだ　おさむ）　1977 年生まれ.
三重大学人文学部　准教授. 専門分野は意味論, 語用論.
　主要業績： *Pragmatic Aspects of Scalar Modifiers: The Semantics-Pragmatics Interface* (Oxford University Press, 2018), "The Japanese negative *totemo* 'very': Toward a new typology of negative sensitive items" (*Chicago Linguistic Society* 52, 2017), "An utterance situation-based comparison" (*Linguistics and Philosophy* 37, 2014), "The comparative morpheme in Modern Japanese: Looking at the core from 'outside'" (*Journal of East Asian Linguistics* 22, 2013), "Pragmatic aspects of implicit comparison: An economy-based approach" (*Journal of Pragmatics* 41, 2009)

澤田　淳　（さわだ　じゅん）　1979 年生まれ.
青山学院大学文学部　准教授. 専門分野は語用論, 文法論.
　主要業績：「日本語の授与動詞構文の構文パターンの類型化——他言語との比較対照と合わせて——」（『言語研究』145, 2014）, 「視点, 文脈と指標性——英語指示詞における聞き手への指標詞シフトの現象を中心に——」（『語用論研究』15, 2014）, 「ダイクシスからみた日本語の歴史——直示述語, 敬語, 指示詞を中心に——」（加藤重広（編）『日本語語用論フォーラム 1』ひつじ書房, 2015）, 「日本語の直示移動動詞

「行く／来る」の歴史──歴史語用論的・類型論的アプローチ──」（山梨正明他（編）『認知言語学論考 No. 13』ひつじ書房，2016），「指示と照応の語用論」（加藤重広・滝浦真人（編）『語用論研究法ガイドブック』ひつじ書房，2016）

談話分析キーターム事典

2018 年 12 月 7 日　第 1 版第 1 刷発行

著　者	Paul Baker・Sibonile Ellece
訳　者	澤田治美・澤田　治・澤田　淳
発行者	武村哲司
印刷所	日之出印刷株式会社

発行所　　株式会社　開 拓 社

〒113-0023 東京都文京区向丘 1-5-2
電話　（03）5842-8900（代表）
振替　00160-8-39587
http://www.kaitakusha.co.jp

Japanese edition © 2018 H. Sawada et al.　　ISBN978-4-7589-2267-8　C3080

JCOPY ＜出版者著作権管理機構 委託出版物＞

本書の無断複製は著作権法上での例外を除き禁じられています．複製される場合は，その
つど事前に，出版者著作権管理機構（電話 03-3513-6969，FAX 03-3513-6979，e-mail:
info@jcopy.or.jp）の許諾を得てください．